金满楼 ◎ 著

治官手册

雍正和他的大臣们

山西出版传媒集团
山西人民出版社

图书在版编目（CIP）数据

治官手册：雍正和他的大臣们／金满楼著.—太原：山西人民出版社，2015.4

ISBN 978-7-203-08997-1

Ⅰ.①治… Ⅱ.①金… Ⅲ.①雍正帝（1723～1735）-人物研究②官制-研究-中国-清前期 Ⅳ.①K827=49②D691.4

中国版本图书馆 CIP 数据核字（2015）第 049914 号

治官手册：雍正和他的大臣们

著　　者：金满楼
责任编辑：李　鑫
装帧设计：刘彦杰
出 版 者：山西出版传媒集团·山西人民出版社
地　　址：太原市建设南路 21 号
邮　　编：030012
发行营销：0351-4922220　4955996　4956039
　　　　　0351-4922127（传真）　4956038（邮购）
E - mail：sxskcb@163.com　发行部
　　　　　sxskcb@126.com　总编室
网　　址：www.sxskcb.com
经 销 者：山西出版传媒集团·山西人民出版社
承 印 厂：山西出版传媒集团·山西人民印刷有限责任公司
开　　本：720mm×1010mm　1/16
印　　张：17.75
字　　数：235 千字
印　　数：1—6000 册
版　　次：2015 年 4 月　第 1 版
印　　次：2015 年 4 月　第 1 次印刷
书　　号：ISBN 978-7-203-08997-1
定　　价：35.00 元

如有印装质量问题请与本社联系调换

楔子

千里送荔枝，半夜打老虎

雍正三年十月初四日晚，京城发生件诡异事：一只野老虎从西便门进正阳门，随后沿西江米巷一路溜达，最后跳进了"年大将军"年羹尧家的旧宅。其间，这头白额野虎如入无人之境，一路上还将躲避不及的无辜群众咬伤数人。接报后，九门提督阿齐图率领众卫士匆忙赶到，折腾大半宿才将这野虎放枪打死（也有说是鸟枪打伤后在花园用矛扎死的）。

这等咄咄怪事，连雍正都被惊动了，其降下谕旨，大意是：年羹尧现正在解送入京的路上，我的本意呢还是想宽宥他，没想到今晚他家竟然跑出一只野老虎，看来年羹尧真是天意当诛！我倒听说，年羹尧生时有白虎之兆——既然如此，就把这死老虎仍送还他家！再者，都城人烟稠密，环卫森严，竟没人看出这野虎的由来，看来这事不是偶然……①

白额虎当然不是年羹尧的化身，因为老年此刻正在被押解入京的路上。在漫天的风尘中，昔日威风凛凛、不可一世的"年大将军"或许怎么也想不明白，之前还被恩宠异常、冠绝群臣的他，今日竟会落到如此下场。

遥想雍正元年，时为川陕总督的年羹尧收到由兵部快递而来的两瓶钦赐鲜荔枝，其后特写专折奏谢：窃念荔枝产于岭南，臣昔年

---

① 萧奭：《永宪录》，第238页。

在京也不能轻得，在陕西更非易有之事。今蒙圣恩越数千里而远颁于臣，此等荣宠，真是"分为君臣，恩犹父子"，实不能以一日忘也。

次年七月，雍正再次御赐鲜荔枝两瓶、茶叶两种及枷楠黄带一围至西安，年羹尧在谢恩折中称，皇上所赐乃"非分之荣，人臣罕见"，"忽睹圣躬服用之物，心往神驰"，自己恨不能"身生两翼，奋飞御座之前"。老年的谢恩折写得很萌，雍正的批答那就更肉麻了，什么"尔之真情，朕实鉴之"，"朕亦甚想你，亦有些朝事和你商量"，西北如今"大功告成，西边平静，君臣庆会，亦人间大乐事"①。

关于送荔枝这点事，读者难免想起晚唐诗人杜牧《过华清宫》中的名句，"一骑红尘妃子笑，无人知是荔枝来"，这说的是当年唐明皇、杨贵妃的风流韵事。杨贵妃喜欢吃鲜荔枝，唐明皇遂命蜀中、南海并献，一路驿骑传送，六七日间飞驰数千里送至长安而色味未变，这与雍正令兵部专递荔枝与年羹尧颇有异曲同工之妙。只是，由唐明皇与杨贵妃联想到雍正与年羹尧这对君臣，这感觉总让人十分异样。

当然，怪异只是对局外人而言，对于雍正本人来说，简直入局太深。从元年七月到二年九月（即第一次送荔枝到年羹尧赴京觐见前），短短十五个月时间里，雍正总共赏赐年羹尧三十二次，每次都是派专人送到陕西，搞得年大将军隔三差五就要焚香摆案，跪接雍正发来的"皇家快递"。

这些赏赐，雍正元年的有四次：七月二十六，荔枝两瓶；八月初三，三鸠砚一方；八月初九，诗扇两柄；十二月二十八，四团龙貂皮褂、貂帽、蟒袍、鼻烟壶、荷包等。至于雍正二年，那就更频繁了，试列举如下：

正月初三，荷包一对、玉环两件、人参四十斛；正月初五，鹿尾、野鸡、橙柚、奶饼等；正月初八，元狐袍褂两件；正月十一，

---

① 季永海等点校：《年羹尧满汉奏折译编》，第260、299页。

茶叶四瓶、大小皮盘一百二十面；正月十九，西洋规矩两匣；正月二十二，东珠一颗，其妻耳坠一副及鹿尾二十个。

二月初九，珐琅双眼翎两枝，单眼翎十枝，奶酥奶瓶两匣；二月十四，鸟枪一杆，铅药皮袋全副；二月二十二，鹿尾二十个；二月三十，平安丸、太乙锭、黎洞丸各一包，各种珐琅器具一匣；三月十一，天王补心丹、加味交感丸一匣，弓两张并小刀、鼻烟壶等物；三月十七，自鸣表一只；三月二十五，糟鹿尾两匣。

四月十一，四团龙补褂一袭，珐琅瓷器五对；四月二十二，珐琅茶杯两匣；四月二十九，枷楠暖手一件，乳酥一匣；闰四月二十一，御制排律横披一幅。

五月初三，紫金锭、离宫锭、盐水锭等；五月二十，御赐药品、香囊、药扇等；五月二十六，手巾束两件，鼻烟壶四件。

六月十二，词扇两件；六月二十二，西洋规矩匣三种，鹿尾二十四个；六月三十，珐琅鼻烟壶两件，各种新茶四匣。

七月初九，荔枝两瓶，茶叶两种及枷楠黄带一围；七月十八，御书词扇一柄，手尺一件。

八月初三，鲜枣两篓，闽茶两瓶；八月十一，中秋饼果八篓，御书苏轼中秋词一幅。

九月十六，紫扯手鞍绺全幅并鹿尾、鹿肉等。①

由此赏赐过于频繁，年羹尧也觉得有些过意不去，他担心别人会因此而羡慕嫉妒恨，但雍正却毫不在意，其在朱批中称，如有小人造谣中伤，那不过是"螳螂伎俩"，"亦不能阻天恩浩荡、频加赐佑也，徒增其愧忿而已"②！

不仅是赏赐，雍正还在各折批答中说了好些个肉麻的话，如元年九月，年羹尧奏报陕西丰收，雍正朱批："真正可喜之事。有你这样封疆大臣，自然蒙上苍如此之佑，但朕福薄，不能得如你之十

---

① 季永海等点校，《年羹尧满汉奏折译编》，第260页至303页，所记日期均为到达时间。

② 季永海等点校，《年羹尧满汉奏折译编》，第301页。

来人也。朕何可谕,'勉之'二字耳。"再如二年正月的谢恩折批示:"朕要不做个出色的皇帝,就对不起你如此对朕;你要不做个英武超群的大臣,就不能回报朕对你的知遇之恩。但愿我们两个能给后人做千古榜样。"同年三月的奏谢折朱批:"从来君臣之遇合,私意相得的也不是没有,但未必比得过我们两个。且让我二人做个千古君臣知遇榜样,令天下后世钦慕流涎就是矣。"①

等到青海平定后,雍正的话更是肉麻到起鸡皮疙瘩的程度了,什么"朕实不知如何疼你,方有颜对天地神明也。西宁危急之时,即一折一字恐朕心烦惊骇,委屈设法,间以闲字,尔此等用心爱我处,朕皆体得。……总之你待朕之意,朕全晓得就是矣。所以你此一番心,感邀上苍,如是应朕,方知我君臣非泛泛无因而来者也,朕实庆幸之至。"

不仅如此,雍正还将自己对年羹尧的好评公之于众,其谕令诸王大臣:对于年羹尧这样为国出力、立有大功的人,"不但朕心倚眷嘉奖,朕世世子孙及天下臣民当共倾心感悦。若稍有负心,便非朕之子孙也;稍有异心,便非我朝臣民也"②。

说说私房话笼络臣心也就算了,雍正还要后代牢记年羹尧的丰功伟绩,否则就不是他的子孙;天下臣民必须对年羹尧的业绩功德心服口服,否则就是有异心,有被开除国籍的危险。试想想,听了雍正如此这般的甜言蜜语,年羹尧哪能不云里雾里、浑身飘飘然?

不仅对年羹尧推崇有加,雍正对其家人也是关怀备至,如年贵妃(年羹尧之妹)和外甥福惠的情况、年羹尧父亲(原工部侍郎年遐龄)的身体状况,等等,雍正也会在手谕中一一告知。此外,年羹尧手腕受伤、年妻患病,雍正也都不忘关心,并一再赐送药品,嘘寒问暖,令年家人如沐春风。

年羹尧的儿子年熙一向体弱多病,到二年六月后更是重病缠身,

---

① 季永海等点校,《年羹尧满汉奏折译编》,第264、268、276页。
② 以上见清世宗"朱谕",第12函,转引至冯尔康:《雍正传》,第101页。

难以调治。为此，雍正未与年羹尧商量即将年熙送给另一宠臣、"舅舅"隆科多为义子，并改名为"得住"。原来，雍正曾给年羹尧看过命相，说他命中"克长子"，因而有此过继"冲喜"一举。事后，雍正还绘声绘色地告诉年羹尧，隆科多收到这一钦点的"义子"后欣喜异常，说："我命中应有三子，如今只有两个，皇上之赐，即是上天赐的一样，今合其数。大将军命应克者已克，臣命应得者又得，从此得住自然全愈，将来必大受皇上恩典。"①可惜的是，过继给隆科多的"得住"还是未能保全性命，雍正怕年羹尧伤心，又特加"谆谆慰诲"。

可惜啊，天下有多少因爱生恨的意乱情迷，就有多少由宠而辱的翻云覆雨。就在雍正二年十月入京觐见后，雍正对年羹尧的态度突然来了个一百八十度大转弯，仿佛一夜之间，年羹尧就由一个人人吹捧的"香饽饽"变成了一堆人人避之不及的臭狗屎。正所谓当局者迷，旁观者清，而其中缘由，又有谁知？

三年正月，雍正在给年羹尧的回折中批答说："可惜朕恩，可惜己才，可惜奇功，可惜千万年声名人物，可惜千载寄逢之君遇合。若不知悔，其可惜处不可枚举也。"②其语含讥带讽，口气显然大不寻常了。

三个月后，年羹尧被调任杭州将军。在其例行谢恩折上，雍正特别做出大段批示，其中有一段即不阴不阳地说：我曾听过一个谣言，说是"帝出三江口，嘉湖作战场"。你之前倒也奏过浙省观象之论，我如今就让你去做这个杭州将军。如果你果真自称帝号，这也是天命所在，我难抗拒。你若不肯为，那你统率了数千军兵，断不会允许别人在三江口称帝。这个谣言，我不知道你听说了没有？另，你交回的两份奏本我已看完，实在令人心寒之极！看样子，你并不知改悔。我曾对上天发誓，若是我对不起你，就该天诛地灭；相反，

楔子

---

① 季永海等点校，《年羹尧满汉奏折译编》，第296页。
② 季永海等点校，《年羹尧满汉奏折译编》，第311页。

若你背叛了我,那也怕难逃天诛!举头三尺有神明,你我二人都该扪心自问,你若总是惯用讥讽文章,口是心非,暗里给我安上听信谗言、猜忌功臣的恶名,那我也只能顾及我的君道而管不了你的臣节了。总之,天下后世,我先占了一个"是"字。你若是想当然的自作聪明,想蒙混过关,那你我君臣一场,昔日的畅心快事,无非让天下后人笑话一场罢了!每想至此,我简直羞愧满面,没法落笔,真是可愧!可怪!可怪!①

话说到这份上,年羹尧的政治生命算是彻底完结了。随后,在各路大臣的猛烈揭发下,年羹尧之前的各种贪腐罪行相继暴露无遗,被贬为杭州将军的老年又相继被削去太保之衔,后又降为二等公、三等公。紧接着,老年又从杭州将军的位置上被赶下而贬为闲散章京,之后又相继降为一等子、一等男、一等轻车都尉,一辱再辱。到雍正三年九月,年羹尧所有职衔都被革去,雍正仍不解恨,又下令将之锁拿进京治罪。

正如《红楼梦》中说的,"忽喇喇似大厦倾,昏惨惨似灯将尽",昔日声名显赫的一等公,尔今沦为满面沧尘的大罪臣,期间不过两个月。而此时,距年羹尧受命大将军又正好两年。祸不单行的是,深受雍正宠爱的年贵妃此时也是危在旦夕,年家人由此陷入了更大的恐慌……

月儿弯弯照九州,几家欢乐几家愁。雍正和年羹尧这对"千古君臣"为何会闹到这般田地?里面究竟发生了什么,又为了什么?请看后文。

----

①季永海等点校,《年羹尧满汉奏折译编》,第321页。

目 录

君威难犯·我是雍正我怕谁

年羹尧的发迹并非偶然	003
盛极则衰：皇上翻脸如翻书	011
犯君威者，虽亲必诛	021
庇主有风险，拍马须谨慎	035
蔡珽：命数这东西有时真不好说	044
隆科多：握着领导把柄的人没好下场	053
不臣者死：查嗣庭的杀身之祸	061
八王余党：一个也不能放过	069

宠臣难当·自古伴君如伴虎

李绂告状：一石激起千层浪	079
陪斩恶作剧：打击科甲没商量	087
能臣田文镜：姜还是老的辣	096
李卫当官：我读书少，可官品好	105
知心大臣鄂尔泰：和皇上切磋切磋	113
孙嘉淦：图名不图利，说了就无妨	123

旧人戴铎：聪明反被聪明误 ……………………………… 131
梦断红楼：翻脸不认娘家人 ……………………………… 141

治国理财·精明皇帝管钱忙

清查亏空：抄家才是硬道理 ……………………………… 153
耗羡归公：浑水变清难摸鱼 ……………………………… 161
养廉银：名义收入太低背后的道德陷阱 ………………… 170
摊丁入亩：有田者纳税，无田者不纳税 ………………… 180
废除贱籍：人人平等才是新气象 ………………………… 187

立国立制·惟以一人治天下

军机处：一等大秘张廷玉 ………………………………… 197
密折制：大触霉头杨名时 ………………………………… 206
尊老尊孔：教化才是第一位 ……………………………… 215
秘密建储：好皇上从竞争上岗开始 ……………………… 224

雍正之死·古来皇帝都寂寞

勤政皇帝第一：朕就这样的任性 ………………………… 233
死因众说纷纭：雍正或是过劳死 ………………………… 240

余论·治国就是治吏
　　——雍正的人才观与吏治观 ………………………… 247
雍正朝大事记 ……………………………………………… 257
雍正治官语录 ……………………………………………… 260
参考书目 …………………………………………………… 266
后记 ………………………………………………………… 269

君威难犯

我是雍正我怕谁

年羹尧的发迹并非偶然

电视剧《雍正王朝》中,年羹尧被塑造成粗蛮霸道的武将形象,实则"年大将军"是地道的文臣出身。早在康熙三十八年(1699年),年羹尧考中举人,年仅二十岁;次年,又顺利通过会试并在殿试中以三甲第二百一十八名考中进士,其科场之顺畅,足以令万千读书人为之艳羡。

年羹尧中榜的庚辰科(1700年)是康熙朝录取进士最多的一次,除一甲三名外,二甲共六十名,三甲二百四十二名,合计三百零五人。按说,年羹尧的成绩并不算好,但幸运的是,他与同榜的张廷玉、史贻直、励廷仪等四十三人都被点为庶吉士,拨入翰林院深造。

按清朝考试制度,一甲前三名在殿试后直接授为翰林院修撰(状元)及编修(榜眼、探花),其他新科进士们还须经过一次朝考才能分配工作。其中,表现优异者有望进入翰林院深造(称庶吉士),成绩不佳者即外放为州县官或选为各部院主事、中书等,昔日读书人的漫漫科考路,到此为止。

翰林院一向号称"玉堂清望之地",没什么实权与实惠,但作为"卿相之摇篮,人文之渊薮",日后高官多出此处,其地位毋庸待言。一般来说,朝中一二品大员乃至各省督抚多为翰林出身,"非翰林不拜相",而新进士一旦外放,如无特别才干及机缘,其仕途通常在四品以下迁转挪移,难有再入庙堂的机会。由此,新科进士们大都希望进入翰林院深造，尤其排名靠后的，更是珍惜朝考的机会。①

当然，是否点为庶吉士也不完全取决于殿试及朝考成绩，其中考生年龄及体貌等也很重要。首先，考生年纪不能太大，最好在二三十岁，否则没有培养的价值（大叔们考得再好也没用，除非一甲三名，否则均外放了事）。其次，个人体貌不能过于特殊（如晚清阎敬铭长相怪异即吃大亏），一表人才、仪表堂堂是上上之选，毕竟将来都有做高官的可能，个人形象关乎朝廷体面，不可小视。再次，每科庶吉士人数并不完全固定，多一人少一人全凭皇上钦点，因而考生的履历、家庭关系都可能发生微妙作用（换言之，官二代或有优势）。

年羹尧金榜题名时，其父年遐龄正在湖广巡抚任上，这是否会影响到康熙的抉择，局外人当然无从揣测。不过，殿试成绩相当靠后的年羹尧能进入翰林院，或与以上诸因素有着莫大的关系，因为其在年龄、相貌、家庭背景上均占优势。至于其朝考成绩，想必也不会太坏，否则也有些说不过去。

当然，新科庶吉士们进入翰林院也不是进了保险箱，因为他们还只是预备，三年后还需进行被称为"散馆"的甄别考试（类似于毕业大考，淘汰率六成以上），其中成绩合格的，原二甲进士授为编修，原三甲进士授为检讨，到这时，他们才能被称为翰林。至于那些成绩不佳的，那可就糟了，他们将与昔日同年们一样被外放各省州县或各部内用，不仅仕途为之顿挫，还白白耽误了三年时间。

年羹尧牛就牛在这个地方，他是越战越勇，仕途越走越顺。散馆考试后，年羹尧被授为翰林院检讨（从五品），前途远大，可想而知。这不，康熙四十四年，年羹尧就被外放为四川乡试正考官；三年后，又被外放为广东乡试正考官，可谓皇恩眷浓，春风得意。康熙四十八年，年羹尧再迁内阁学士兼礼部侍郎（从二品），年底又升

---

①康熙年间，朝考制度是先选后考（通过性考试），雍正朝后改为先考后选（选拔性考试）。如晚清名臣曾国藩，其在殿试中仅列名三甲第四十二名，但朝考中跃升为一等第三名，由此顺利进入翰林院。

任四川巡抚（正二品），成为皇榜有数的封疆大吏。而此时，年羹尧刚刚三十出头，其官场升迁之速，在当时绝对是难得的异数了。

也就在这年，皇四子胤禛（即雍正）被封为雍亲王，年羹尧所属的汉军镶黄旗被划入其门下，年羹尧之妹也于当年被选为雍正侧妃，年家人由此与雍正建立了极密切的联系。之后，年妃分别于康熙五十四年、五十九年、六十年、雍正元年生下皇四女、皇七子福宜、皇八子福惠、皇九子福沛，而在此期间，雍正并无其他子女诞生，可见其对年妃的专宠之深。

不过，年羹尧虽属雍正门下并有郎舅之姻，但在后者继位前，年羹尧的不断升迁主要来自个人的才干努力及康熙的提拔重用，与雍正并无太大关系。作为康熙钦点的庶吉士，年羹尧显然属于朝廷的重点栽培对象，如后者上任四川巡抚前，康熙即谆谆教导说："为巡抚者，若一到任即欲清丈地亩、增加钱粮，即不得民心矣。……尔须使百姓相安，钱粮以渐次清查可也，此为四川第一要事。至于刑名，尤宜慎重。人命关系至大，审结之事，达部亦难更改。若有疑处，即须驳审，尔当留心。地方武官，每获一小贼辄张大声势，自以为大有劳绩。盗贼何处无有，但须严行巡缉，不可将小事看大了。武官当勿令生事，然亦须稍留余地，使伊等养给其家。尔为巡抚，须文武和衷，不可偏刻。"

教诲之外，康熙还特别警告年羹尧说，你此次外放，切不可四处钻营，请托在京之人，以通讯息。你们汉军旗中，所出督抚为数不少，如张长庚、白如梅、屈尽美、张自得、韩世琦、贾汉复等，但最后都以贪污致富，结果"子孙零落殆尽，可见做官不善之报"。你上任之后，"须念一丝一粒，民脂民膏。得一钱，须知从何处来。尔不可学从前汉军行事，总之以安静为要耳"①。

对一个即将上任的年轻官员，康熙的这番教导可谓事无巨细，足见其期许之深。对此，年羹尧也是感恩戴德，其到四川后，即派

---

①《康熙朝实录》，康熙四十八年冬十月，己酉。

家人魏之耀亲自递送密折至京，其中称自己"一介庸愚，三世受恩"，自当"竭力图报"，"上不负皇上高厚之恩，下可尽臣父未尽之志"（年羹尧之父年遐龄已于康熙四十三年病退回京）。折中，年羹尧对四川各级官员的私派、浮征及官场习气等情形做了详细汇报，并表示自己已带头做出表率，拒收节礼，严禁私派，"甘心淡泊，以绝徇庇"，同时还提出了一些兴利除弊的举措。康熙接报后很是满意，其批示说："向日风闻四川如此，未知其详。览奏折方知是真。尔封疆大吏，只得始终固守做一好官，此朕之深望也。"

康熙五十年六月，年羹尧听说康熙身体欠佳，随后上折请求入京觐见，但其要求未获批准。原折发回时，年羹尧发现折中"新穀初登"的"穀"字写成了"谷"字，错字已被朱笔改正，如同对待门生一般。同年，年羹尧因与上司四川总督殷泰闹矛盾而要单独具奏，康熙特批示说，"凡事公则不论小大，可以自持；若少有私意，即难久远，尔着量公私之间即是。"年羹尧收到后，表示"亲承明海"，"爽然顿觉"①。由此可见，康熙不批准年羹尧的觐见要求，不仅是因为其刚上任不久，而且也是猜到他想进京告御状，这才有此"公、私"之别的训导。

康熙五十七年十月十二日，由于蒙古准噶尔部首领策妄阿拉布坦侵入西藏，十四阿哥胤禵被任命为抚远大将军，驻节青海西宁，准备加以进剿。八天后，年羹尧也由四川巡抚升任为四川总督。对此，有人认为这是康熙有意让十四阿哥接班，这才让年羹尧辅佐其建功立业。也有人说，年羹尧升任四川总督是雍正提前布下棋子，以防止十四阿哥在将来的"继位之争"中提兵造反。这两种说法，看似都有些道理，但真正的事实是，年羹尧的这次升迁，实为他自己主动要来的。

查故宫秘档，年羹尧于当年十月初一向康熙提出，四川各镇营伍诸种弊病，但他身为巡抚而无权节制，因而希望康熙能赏他一个

---

① 以上见季永海等点校，《年羹尧满汉奏折译编》，第 174、186 页。

总督虚衔,"令臣节制各镇,一年之后,必当改观",而且,年羹尧还保证,"事竣臣即奏缴,不敢久于忝窃"①。

清朝惯例,一省同时设有总督、巡抚的话,前者掌管军队,后者是没有军事权的。年羹尧的这一密折,说得好听那叫毛遂自荐,说得难听那就是求官、求权,其急切之态,跃然而纸上。这种事,若是换了别的领导,如此露骨的要官、要权,难免会招致不信任乃至灭顶之灾,但康熙是中国历史上少有的明君,他倒以为,年羹尧既是可造之才,主动要求升迁也无不可,于是予以批准。至此,年羹尧不仅升为一品大员,而且由文及武,迈过其仕途中极为关键的一步。

事后证明,康熙的这一任命并没有看走眼,年羹尧在之后进剿中确实发挥了重要作用,尤其在军需后勤方面更是如此。待西藏平定后,年羹尧进京入觐并获康熙嘉奖,随后又升为川陕总督,这是康熙六十年的事了。

年羹尧的成功并非偶然,而是其能力才干的体现。在翰林院及外放乡试正考官时,年羹尧展示了他的优渥文才;在四川巡抚任内,年羹尧体现出他的行政能力;在总督任上,年羹尧又表现出统军领兵的才能。在外历练十二年后,此时的年羹尧可谓年富力强,意在自满,并赢得了康熙的信任与好评。

相比而言,尽管年羹尧归于雍亲王门下,但两人关系在康熙年间未必见佳,康熙五十六年的"孟光祖事件"即可看出些端倪。孟光祖是三阿哥胤祉府上的人,其打着诚亲王的名号在各省招摇,形迹可疑(或与当时储位之争有关)。事情败露后,康熙大为震怒,其在谕旨中痛责,"孟光祖在各处诓骗数年,并无一人奏闻。……此事若不发觉,外省汉人即认作实事,编书记载。诬枉之事,尚有甚于此者耶!……(孟光祖)在各省指称阿哥名色,诓骗行走,殊属可恶。虽凌迟处死,不足以蔽其辜"。康熙还特别指出,外省官员如收

---

① 杨启樵:《雍正篡位说驳难》,第126页。

到阿哥们的赏赐礼物，理应将差人留住并叩禀各阿哥，采买物件也应同此办理，断不可纵容差人游荡各省，任由其败坏阿哥们的声名。①

"孟光祖案"把年羹尧也给牵扯进去了，因为孟在供述中称，曾以诚亲王的名义将凉帽、靴袜、刀子等物馈赠给年羹尧，后者也回赠了白银四十两、骡子一头等。事后，经刑部等衙门合议，年羹尧被革职留任。值得注意的是，同涉此案、同样情形的江西巡抚佟国勤被革职而未留任，其惩罚力度远大于年羹尧，因为"革职留任"是去其名而留其实，革职未留任则名实俱去。从这个意义上说，康熙是有意对年羹尧网开一面，而所谓的"革职留任"其实比降级还来得实惠，因为后者会让数年的为官资历化为乌有，而前者无非是严重警告，嗣后遇到恩典或立功即可复还原职（年羹尧即因筹备军需有功而于次年复职）。

再说年羹尧，其被康熙严责后上折辩解："孟光祖当日一到成都，臣即面加切责，勒令起身，彼时果有亲王所赏物件，臣已收受，即不奏明，应有谢启。若直受而不禀谢，臣系旗人，虽至愚必不敢无礼至此"；再者，"臣属雍亲王门下，八载于兹。雍亲王并未遣人至川赏赐物件，则诚亲王何故遽有赏赐，此又臣之至愚所能辨晰者。"②

年羹尧把自己撇得很干净，但深知内情的雍正却对其一顿痛骂，并于信中当场揭穿："汝与孟光祖馈遗授受，不但众所共知，而且出自于汝家人之亲口以告我者，尚敢朦胧皇上，得以漏网？即此一事，即汝现在所以负皇上，而将来之所以必负我者也！"

这封信中，雍正的火气相当大，其开篇即大骂年羹尧"儇佻恶少，屡逢侥幸。……尔狂昧无知，具启称职，出自何典？屡谕尔父，尔犹抗违不悛，不从腹诽，而竟公然饰词诡拒，无父无君，莫此为甚！况妃母千秋大庆，阿哥完婚之喜，而汝从无一字前来称贺，六七个月无一请安启字，视本门之主已成陌路人矣！"

---

① 《康熙朝实录》，康熙五十六年夏四月，癸卯。
② 《年羹尧满汉奏折译编》，192页。

之后，雍正抓住年羹尧的一句话大做文章，"今日之不负皇上，即异日之不负我者，是何言欤！？以无法无天之谈而诱余以不安分之举也，岂封疆大吏之所当言者？'异日'二字，足可以诛羹尧全家！"

对于年羹尧信中落款不称奴才而称职务的做法，雍正尤其愤怒，"在朝廷称君臣，在本门称主仆，故自亲王、郡王、贝勒、贝子以至公等莫不皆称主子、奴才，此通行常例也。且汝父称奴才，汝兄称奴才，汝父岂非封疆大臣乎？而汝独不然者，是汝非汝兄之弟，亦非汝父子矣！又何必称我为主！既称为主，又何不可自称奴才耶！……不遵父训、抗拒本主，无父无君，万分可恶！若汝或另有所见，或别有委曲，汝不妨具折启奏，申明汝之大典。我亦将汝不肯称奴才之故，以至妃母大庆阿哥喜事，并于我处终年无一字请安，以及孟光祖之事与汝所具'异日'之启，好好存留在此，一一奏明，谅皇上自有定夺也。"

狠话说到这里，雍正还不过瘾，接着又开骂："观汝今日藐视本门主子之意，他日为谋反叛逆之举，皆不可定！汝父见汝此启，当余之面痛哭气恨倒地，言汝风狂乱为。汝如此所为而犹敢以伪孝欺人，腆言父子天性，何其丧心病狂一至于此？况汝父在京，我之待他恩典甚重，谅汝无父之人亦未必深悉其委曲也。然圣主以孝治天下，而于我惜老之夙心有所不忍，故不惜如此申斥，警汝愚蒙。汝诚能于此爽然自失，真实悔悟，则诚汝之福也！其犹执迷不悛，则真所谓噬脐莫及者矣！汝其图之！"

话尽于此，已非痛骂而形同威胁了。最后，雍正以"汝父年老，汝子自当代汝奉养"为借口，命令年羹尧将十岁以上的子侄全部送回京城管束，这种做法，简直有些扣为人质的味道。说到这里，倒要补充下年羹尧的名字来历。据范晔《后汉书》之《李固传》，其中有一句，"昔尧殂之后，舜仰慕三年，坐则见尧于墙，食则睹尧于羹，斯所谓聿追来孝，不失臣子之节者。"这句的大意是：尧死后，舜日夜追怀，三年之中，坐着便看到尧的形象在墙上，吃饭时就看到尧的形象在羹中。这一典故说的是晚辈对前辈的追怀仰慕之情，

年父以此取名，其中也暗含节孝之义。

话说回来，年羹尧的问题倒不是孝与不孝，而是忠与不忠。康熙末年，储位之争正值敏感时期，此时大阿哥胤禔和太子胤礽固然早已出局，八阿哥胤禩一派也已是支离破碎，但至少有三个人，即三阿哥胤祉、四阿哥胤禛及十四阿哥胤禵仍为皇位的有力争夺者。如果按年龄老成来排的话，三阿哥胤祉恐怕比雍正更有一些小优势。再者，当时皇子中，能与康熙经常来往走动也就胤祉和雍正，年羹尧在"孟光祖事件"中两边讨好的做法，作为门主的雍正岂能不大动肝火？

说白了，年羹尧是哪个阿哥也不想得罪、不敢得罪，因为当时老年也看不出谁有继位的可能，他只能左右取巧、四处周旋，万不敢把鸡蛋放在一个篮子里。按他的想法，如果雍正继位那最好，可要是三阿哥接了班呢？那要是得罪了孟光祖，到时岂不吃不了兜着走？年羹尧作如此想，其他官员又何尝不是如此。由此，孟光祖才得以在各省招摇，各督抚大员不敢得罪而只求其尽早离去，哪里还敢按规定上报天听？

年羹尧的投机心理，在雍正看来是一种"不纯"，而其自称职务而不称奴才的做法，更是逾越"不敬"而近乎"不忠"的表现。按清朝官场惯例，汉员称"臣"而旗人称"奴才"，年羹尧既属汉军旗，其作为雍亲王管领之下的属人，对本门门主应称"奴才"而不称，难怪雍正极为警觉并去信切责。[①]而且，从这一事件也可看出，年羹尧对康熙谨慎有惧，对雍正则自大自如，远不如对前者的敬畏谦恭，这也在某种程度上埋下了日后异变的祸根。

[①]著名作家二月河在康雍乾系列小说中多次称年羹尧为雍亲王的包衣奴才，实则不然。年羹尧之父、兄均已出仕，既为国家官员，即非诸王之奴隶，何况年羹尧乃科举出身，更不可能是包衣身份。而且，清朝时期，"奴才"未必比"臣"更低级，反有一种"自家人"的亲切感与优越感。另，雍正登基后一度禁止旗员自称奴才，但因积习难改，旗人仍行旧俗至清末。见萧奭：《永宪录》，第137页。

盛极则衰：皇上翻脸如翻书

曾有人说，雍正之所以上位成功，主要靠"一内一外"。所谓"一内"，指的是隆科多利用步军统领的职权封闭京城九门，让雍正的反对派们成了瓮中之鳖，既断了他们与外界的联系，又稳定了新君即位后的京师秩序。所谓"一外"，即雍正通过川陕总督年羹尧震慑并钳制十四阿哥胤禵，如后者举兵造反的话，断难通过年羹尧这一关。

类似的说法有一定合理性，但并非事情全部。对于隆科多来说，确实是事实俱在，但在年羹尧这边，则有其势而无其实。原因很简单，十四阿哥并没有造反的打算，所谓"钳制"，充其量也只是一种"无形的威胁"，非说对雍正夺取皇位有多大帮助，似乎也有些言过其实。

事实上，在胤禵被召回京后，年羹尧与延信共同受命执掌军务，但对此任命，年羹尧似乎有些疑惑不定。其在雍正元年正月初二上折称，"国家大事莫重于用兵，委任人臣莫重于军务"，如今我等受命会同办理军务，虽"思之又思，慎之又慎"，但也难保尽合机宜；如有错误，我等获罪还是小事，最怕有人指责皇上用人不当。由此，年羹尧提出入京觐见的请求，并保证往返不过一个月，断不会耽误前方军务。

雍正接报后批示：我本不想你来，主要考虑到地方安靖要紧，但看了你的奏折，若不让你来一趟的话，似乎也有些难处，舅舅隆科多也说,有些事还得让你过来商量商量。既如此,如地方情况尚可,那就你乘马速来吧!①

这次的觐见果然效果显著。是年三月,年羹尧受封三等公,加太保衔;五月,雍正命年羹尧总理西路军事,凡调遣军兵、动用粮饷等"一切事务",均由其一应办理,边防办饷大臣及川陕、云南督抚提镇等也统归年羹尧管辖。由此,年羹尧由川陕总督一跃成为雍正在西南地区的代言人,权势更在昔日的"大将军王"十四阿哥之上。

世上有些事,还真是来得早不如来得巧。当年十月,距年羹尧掌管西部军务还不到半年,青海的乱子来了。关于这事,还得从当时的满蒙关系说起。早在明末清初时,北方的主要游牧势力蒙古部落分为三大部,一是内附的漠南蒙古(今内蒙古一带),二是与满洲结盟的漠北喀尔喀蒙古,三是游牧于天山以北的漠西蒙古——这却在清廷控制之外。

漠西蒙古即明时瓦剌,又称厄鲁特蒙古,分准噶尔、和硕特、土尔扈特、杜尔伯特四部,其中又以准噶尔部势力最强。噶尔丹统治时期,准噶尔部不断兼并周边部落而对清廷统治构成了强大威胁,最终迫使康熙三次御驾亲征,几经血战才解除了这一塞外巨患。噶尔丹死后,其侄子策妄阿拉布坦不断收容旧部,并逐步恢复了昔日的势力。康熙五十六年,策妄阿拉布坦趁西藏内乱而派部将策凌敦多布攻入拉萨并袭杀拉藏汗,由此引发"大将军王"十四阿哥胤禵出征讨伐。

关于拉藏汗,这里还得说说漠西蒙古的和硕特部。明朝末年,和硕特部在首领图鲁拜琥的率领下由乌鲁木齐南徙青海,之后又控制了西藏。清顺治十年(1653年),图鲁拜琥受封为"固始汗",其后裔分两支,在西藏的一支即拉藏汗,青海及河套地区的为鄂其图汗和阿拉山王。康熙征讨噶尔丹时期,青海固始汗的子孙投入清廷一边,其中固始汗之子达什巴图被封为亲王,其他授予郡王、贝勒、

---

① 季永海等点校:《年羹尧满汉奏折译编》,第234页。

贝子等爵位不等，青海和硕特部由此归顺清廷。

在将准噶尔势力逐出西藏的过程中，继为亲王的达什巴图之子罗卜藏丹津也曾率兵前往助阵，按其设想，藏事平定后理应由他接替拉藏汗掌控西藏。但令其大失所望的是，清廷为加强对青海的控制，非但没让他在西藏取得任何权势，原为郡王的察罕丹津反被提升为亲王，其他台吉也分别提升为贝勒、贝子等，分而治之的牵制意图明显。之前，罗卜藏丹津是青海和硕特唯一的亲王并一向以固始汗的嫡系子孙自居，清廷之举令其"感到茫然若失，十分不悦"，但慑于清军的威势而一时不敢发作。

康熙驾崩、雍正继位后，胤禵被召回京城，罗卜藏丹津认为时机已到，于是暗中勾结策妄阿拉布坦，并胁迫青海诸台吉会盟察罕托罗海，要求他们仍用旧号，不得称亲王、贝勒等。由于罗卜藏丹津当时还没有足够的威势，已被提为亲王、贝勒的察罕丹津等人当然不肯从命，于是青海乱起，察罕丹津等被罗卜藏丹津击败后逃至甘肃河州，为清军收容。①

罗卜藏丹津的叛乱对刚上位的雍正是个不小的考验，而其背后的策妄阿拉布坦更是极大的威胁。对此，曾亲历噶尔丹之役的雍正当然不敢掉以轻心。考虑再三后，雍正命年羹尧接任抚远大将军并坐镇西宁指挥平叛。受命后，年羹尧兵分三路，一路驻守永昌和布隆吉河，以防叛军内犯；一路分兵固守巴塘、里塘等地，以截断叛军的入藏通道；一路屯兵吐鲁番与噶斯泊，以断绝叛军与准噶尔部的联系。

部署既定后，清军相继拔除叛军在西宁周边的据点，之后又剿灭了郭隆寺、石门寺等处附乱的喇嘛僧众。在清军打击下，除罗卜藏丹津所部仍盘踞柴达木外，其他青海蒙古部落相继降清，主力决战的时机已到！雍正二年初，经充分准备，年羹尧下令诸将"分道深入，捣其巢穴"，短短半个月内，各路大军跃进千里，将罗卜藏丹

---

① 梁希哲：《雍正传》，第 226 页。

津叛军打得落花流水，溃不成军。其中，尤以四川提督、"奋威将军"岳钟琪的表现最为神勇，其率五千精兵顶风冒雪，一路突袭，直捣敌穴。猝不及防之下，叛军阵脚大乱，尚在睡梦中的罗卜藏丹津仓皇间改换女装才得以逃脱。大败之余，罗卜藏丹津仅率两百余残兵败将投奔策妄阿拉布坦，自此一蹶不振。是役后，"年大将军"威名远扬，大江南北，人所皆知。

青海之役是清廷与准噶尔部百年征战的重要一环。因为从战略角度而言，准噶尔部雄踞西北，囊括西域及青海等广大地区，加之东有同种同族的喀尔喀蒙古和漠南蒙古，南有同信黄教的和硕特蒙古和西藏僧俗势力，其雄心与实力足与清廷相抵。如准噶尔部复制元朝南进的战略，南下即染指西藏，东进则威胁陕、甘、滇、蜀，其中凶险，不言而喻。正因为如此，康熙才不惜三次亲征，用数十万大军及全国之力三征噶尔丹，以消灭祸端于萌芽状态。但即便如此，准噶尔部在噶尔丹死后仍迅速复兴，雍正一朝虽巩固了清廷在西藏的地位并将青海收入囊中，但彻底征服准噶尔部并开土新疆，则是乾隆朝的事了。这是后话。

中国历史上，历代新君常有以"外战树内威"的传统。以此而言，年羹尧这次立下的不仅仅是赫赫战功，关键还是对雍正初期稳固其皇位的巨大贡献。对此，雍正当然看在眼里、放在心上。捷报传来之时，其在朱批中激动不已地赞叹："岳钟琪尔等二人，真大将军也！真将军也！朕惟合什，感激天恩、圣祖圣灵保佑。……皆尔出力，费尽心血。尔等之功绩，施以何恩，方才报答尔等，此忠心可嘉。朕实不能以笔表达朕之喜悦。"待心情稍平静后，雍正又说了一段颇为中肯的赞誉："尔等此一番效力，是成全朕君父未了之事之功。据理而言，皆朕之功臣；据情而言，自尔以下以至兵将，凡实心用命效力者，皆朕之恩人也。言虽粗鄙失礼，尔等不敢听受，但朕实实居如此心，作如此想。"①

---

① 季永海等点校：《年羹尧满汉奏折译编》，第84、277页。

光口头表扬还不行,得来点实在的。《永宪录》中记载,"以败贼功,给抚远大将军年羹尧内貂一千两百张,内缎百端,库缎千疋,分奖有绩官将",足见雍正言出必行,有功必赏——皇室专用的貂皮、锦缎都拿出来了。雍正二年三月底,年羹尧奏报奋威将军岳钟琪班师,雍正朱批:"观之喜悦庆快。问全军好。告诉大家甚辛苦!"①

作为统筹全局的前军统帅,年羹尧更是受到雍正的格外恩遇,先后受封三等公、二等公、一等公,位极人臣,当年鳌拜、索尼也不过如此。此外,年羹尧的家人也跟着沾光,其父年遐龄退养在家多年,仍被封为一等公加太傅衔;其长子年斌,赏给一子爵;次子年富,赏加一等男世职。年家恩遇之隆,历朝历代并不多见。

在雍正的宠信下,年羹尧在西北大权独揽,说一不二,但凡他保举的人,"文官自督抚以至州县,武官自提镇以至千把",吏部、兵部都优先录用(时称"年选"),由此而形成一个"年记"小集团。更有甚者,雍正居然在朱批中问年羹尧,你所保举的陕西官员,如调往他省升用的话,"你舍得舍不得","陕西目今甚要紧,又不好动你的"。因此,雍正"二意不决",让年羹尧"据实情奏来,朕依尔所请敕行"②。如此情形,简直把官员任免权下放给年羹尧,雍正要调用还得事前听听老年的意思!

朝廷事务上,雍正也常征询年羹尧的意见,如是否推行"耗羡归公"。朝野上下议论纷纭,一时拿不定主意的雍正特地问老年:"此事朕不洞彻,难定是非,和你商量。你意如何?"另外,其他各省官员的任免,雍正也常让年羹尧推荐人选或听取其看法。如某次河南开归道出缺,雍正一时"想不起人来",就问年羹尧是否有好的人选;再如江西南赣总兵出缺,雍正初拟用宋可进,但年羹尧奏称宋不能胜任而请以黄起宪补授,最后雍正即按其意见办理。

论理,年羹尧只是川陕总督兼抚远大将军,但雍正的过度宠信

---
①萧奭:《永宪录》,第170页;季永海等点校:《年羹尧满汉奏折译编》,第106页。
②季永海等点校:《年羹尧满汉奏折译编》,第260页。

让前者的影响力由西北走向了全国。各种奏折中，年羹尧不仅动辄对国家大事发表意见，而且还肆意评论各省官员的优劣，雍正对此不但不以为忤，反令各省督抚视年为标杆，一切行止，均以年羹尧为榜样。在年羹尧进京期间，雍正还命其与总理事务大臣马齐、隆科多一同处理军国大事，并令其"传达旨意，书写上谕"，让老年客串了一把总理事务大臣。

皇上太热情、太信任，做臣子的还真是把持不住。这不，年羹尧一高兴，脑子就糊涂了，他就像被宠坏的孩子一样，也开始居功自傲，专横跋扈，经常做出些超越本分的傻事。譬如在西安都督府，年羹尧借口循允禵"大将军王"的旧例，令文武官员逢五、逢十做班，辕门、鼓厅也画上四角龙，俨然皇宫一般。此时的老年确是威风八面，他赏人物件称"赐"，吃饭叫"用膳"，请客用"排宴"，属员送礼称"恭进"，新到官员须"引见"，活脱脱一"西北皇上"。此外，年羹尧在与其他督抚、将军的行文中常使用皇帝才有的命令口气，令同僚们侧目以视，敢怒而不敢言。如二月河在《雍正皇帝》中描述的，就连雍正派去的御前侍卫，也都被当成了迎前随后的下人厮役，只配在年羹尧的鞍前马后执鞭坠镫。①

所谓"天威难测，盛极则衰"，正当年羹尧志得意满，完全处于被恩宠、被奉承的自我陶醉中时，其中的危险已悄然逼近。雍正二年九月，年羹尧奉命入京，而这也成为他从权势高位上迅速跌落的转折点。

就在入京前，年羹尧与雍正的关系还很正常，甚至透出几分亲热。当年七月，雍正在年羹尧的请安折上批示："朕躬安好。你好？你父身体甚健旺，全家皆好。京城内外甚安。"②在之后两天的另一谢恩折上，雍正还在关心年的"足疼可全愈否"，即使没什么大事，也可随便写点东西奏来。不仅如此，雍正还在朱批最后不惜笔墨给

---

① 萧奭：《永宪录》，第202、182页。
② 季永海等点校：《年羹尧满汉奏折译编》，第138页。

年羹尧讲了个笑话,曰:"京中有一刘姓的道人,久有名的,说他几百岁,寿不可考。前者怡(亲)王见他,此人惯言人之前生,他说怡王前世是个道士。朕大笑说:这是你们前生的缘法,应如是也,但只是为什么商量来与我和尚出力?王未能答。朕说不是这样真佛、真仙、真圣人,不过是大家来为利益众生,栽培自己福田,那里在色像上着脚。若是力量差些的,还得去做和尚、当道士,各立门庭,方使得。大家大笑一回。闲写来令你一笑。"

此时,雍正已批准年羹尧的觐见要求,可见其心情相当好,而年羹尧对即将到来的君臣会面也是相当期待。在当年八月二十一日的谢准入觐折上,年羹尧称:"睹此恩旨,心神喜跃,一年以来,薄书军旅之劳,顷刻释然,不自知其乐之至于斯也。……伏念君臣团聚,为期不远,便得申奏一切,而此时欢感之衷,迥异寻常。"雍正收折后朱批:"朕亦甚畅快!"

临行前,年羹尧上折奏报陕甘秋谷丰收,雍正在折后批示说:"实慰朕怀。大兵之后得如此大有之年,出朕意望之外。喜庆之私,不可名言。此皆卿之忠诚感格之所致上苍明显示应也。君臣欢会在迩,见面时互相道喜耳。"九月二十四日,年羹尧从西安启程,雍正接报后朱批:"览奏,朕实欣悦之至。一路平安到来,君臣庆会,何快如之!"①

十月十一日,年羹尧入宫陛见,随后在京待了一月有余。也就这期间,两人关系在没有特别明显的信号下发生了惊天逆转。当然,说完全没有征兆也不尽然,只是年羹尧未必觉察而已。如十一月中旬年羹尧尚未离京时,京中出现"皇上赏兵乃是年羹尧主意"的谣言,雍正即在上谕中指桑骂槐地说:"朕又不是三岁小孩,难道还要年羹尧的指点!难道因为年羹尧强为陈奏,朕才赏兵的么?这不过是有人借此陷害年羹尧罢了!以年羹尧的才能,做个大将军或者总督是有余的,但怎么可能具备天子的聪明才智?!"

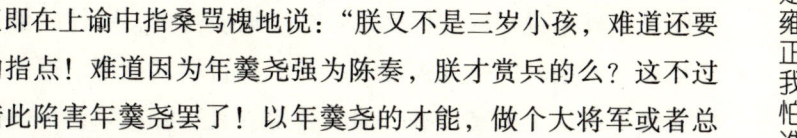

① 季永海等点校:《年羹尧满汉奏折译编》,第297—303页。

同时期，雍正在给其他大臣的批示中也明显透露出对年的不满，如对四川巡抚王景灏说的，"年羹尧今来陛见，甚觉乖张，朕有许多不取处。不知其精神颓败所致，抑或功高自满而然"。雍正还特别告诫王景灏，你虽是年羹尧荐举，但得此位"乃尔自勉与朕恩之所致"，宜"幡然醒悟"，毋"首鼠两端"。另外，你与年同为相等之封疆大臣，"应同者同之，当异者异之"，务必认真甄别川省官员的优劣，不可全听年羹尧的指挥而定其去留。在给直隶总督李维钧的批示中，雍正称"近日年羹尧陈奏数事，朕甚疑其居心不纯，大有舞智弄巧、潜蓄滥权之意。……今年羹尧既见疑于朕，故明白谕卿，以便与之疏淡，宜渐远之，不必令伊知觉"①。这几道密谕均写于年羹尧离京前后，由此可见，雍正对其态度已发生根本转变。

世上没有无缘无故的爱，也没有无缘无故的恨。众所周知，雍正擅长搞特务情报，其耳目遍布京城内外，各路消息，悉达天听。也就在这段时间，各种不利于年羹尧的消息纷至沓来，不得不让雍正起疑心。据《永宪录》中记载，年羹尧赴京途中，"一路垫道浦桥，省石平路。行台相望，堂官幕宾皆设公馆。劳民伤财，怨声载道。其辕门行走之人俱恃公府之名欺压平民，甚至逼死"。到保定时，老年竟令都统范时捷、直隶总督李维钧等跪接跪送。到京后，王公以下官员出城跪迎，年羹尧坐在马上，安然行过，看都不看一眼。王公大臣下马向他问候，他也只是点点头，完全不放在眼里。年羹尧的跋扈，一度引起了京城士大夫们的公愤。更有甚者，年羹尧在雍正面前，居然也"箕坐无人臣礼"②。

当年十二月下旬，年羹尧回到西安后向雍正奏报抵署日期并谢蒙陛见，其中说了些官样文章："臣秉质薄劣，赋性疏懒，奔走御座之前三十余日，毫无裨益于高深，只自增其愆谬。返己扪心，惶汗交集。我皇上弘慈广被，曲示优容。且一载以来，……极人臣罕

---

① 以上见杨启樵：《雍正篡位说驳难》，第143页。
② 萧奭：《永宪录》，第182页；昭梿：《啸亭杂录》，第272页；对王公无礼处见《清史稿》，转引至杨启樵：《雍正篡位说驳难》，第144页。

见之遭逢,而萃于臣之一门四世矣。……稍具人心,能不矢志竭诚,图报于生生世世耶?"

接报后,雍正在折上批了这么一段:"据此不足以报君恩父德。必能保全始终,不令一身致于危险,方可谓忠臣孝子也。凡人臣图功易,成功难;成功易,守功难;守功易,终功难。……若倚功造过,必致反恩为仇,此从来人情常有者。尔等功臣,一赖人主防微杜渐,不令至于危地;二在尔等相时见机,不肯蹈其险辙;三须大小臣工避嫌远疑,不送尔等至于绝路。三者缺一不可。……我君臣期勉之,慎之!"

之前,雍正对年羹尧的批语通常是嘉奖、推崇甚至亲昵,但这次却是一反常态,如"倚功造过,必致反恩为仇,……送尔等至于绝路"等语,何止是不客气,简直就是严峻的警告。读此朱批后,年羹尧想必也是冷汗直流,其在回奏中称自己禀赋庸愚,知识暗昧,"皇上不忍即加摒斥,又复明白诫谕","如此格外宏慈,臣非草木,宁不知感"?

对此,雍正朱批说:"览此奏,朕心稍喜,过能改则无过矣,只恐不能心悦诚服。"①接着,雍正连用了五个"可惜"(见前文楔子),其中明显对年羹尧的话心存怀疑。也就在年羹尧具折这天(三年正月十八日),原广东布政使图里琛受命调任西安布政使,雍正还在给年羹尧的批示中半戏谑半认真地说:"图里琛是在广东拿住你哥哥的人,叫他也来拿拿你看?"

而在这时,年羹尧接到雍正五个"可惜"的朱批后,方才意识到事态严重,其急忙上折,说:"(自己)伏读未竟,不自知其泪之如水也。……敬读严训以至于今,寝食不宁,自怨自责,几无地以自容。……今蒙圣谕及此,臣神魂飞散。……伏祈圣主怜而鉴之,臣不胜悚惶之至。"对此,雍正更是罕见的——没有朱批!

雍正懒得给年羹尧批示,想必因其句句空言,完全没有搔到痒

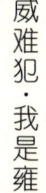

---

① 以上见季永海等点校:《年羹尧满汉奏折译编》,第309、311页。

处。三年二月，新任陕西巡抚石文悼奉命给年羹尧传口谕："你下旨与年羹尧，怎么连他也不知道朕呢？着他回奏。"年羹尧却还在那里装糊涂，回奏称："惊闻传谕，恐惧汗流，……伏祈弘慈宽宥，仍赐明自指示（雍正冷冷批道：还要如何指示明白）。使臣得以亟图改过，不致彷徨莫措，是在圣主格外之恩施也（雍正批示：彷徨莫措，亦自信不及耳。如果知恩，何罪可待）。"

年羹尧在京期间究竟发生了什么，局外人自难得知，而这对"千古君臣"，却就此打起了哑谜。事后，年羹尧干脆推病，说自己二十余年食禄图报，但今日"心血耗损已极，精神日见短少"，恳请"圣主鉴察臣心，频施教诲，臣当时时遵守圣训，尽此心力，以求始终保全己耳"。

对此不诚之语，雍正更是毫不客气地说，"凡有言及你病者，朕皆难信矣。况你再不得病？不用这些作为，君臣彼此徒寒心耳"；"你不用朕教诲，你若肯自己教诲，尽足用矣"。

期间，雍正接见了由年羹尧推荐的新任甘肃巡抚胡期恒，其在事后的批示中大发雷霆："你实在昏聩了！胡期恒这样东西，岂是你年羹尧在朕前举保巡抚的人，岂有此理！你忍得这样待朕，朕实愧而下泣。即此字，朕实含泪对灯书成者。时常将头抬一抬，将心抚一抚，朕亦时常如此自问也！"

事后，年羹尧又向雍正告病，说自己入春以后，"饮食减少，夜不能睡，于二月初一、二、三等日，吐血数次"，之所以在谢恩折内陈述病状，是希望皇上知道"臣为病所累，料理不妥之处，俯祈矜宥"。对此，雍正更是直接驳斥："如有不妥，岂可矜宥？此席乃列祖之神器，朕何敢私？"对年羹尧说自己"实不肯有所作用以自蹈于天地鬼神之所不佑"，雍正冷冷批道："共诛！"[1]

自古伴君如伴虎，皇上翻脸如翻书。话已至此，年羹尧算是要彻底完蛋了。

---

[1] 以上来往奏折与朱批见季永海等点校：《年羹尧满汉奏折译编》，第310, 316—320页。

犯君威者，虽亲必诛

《易经》中有一卦名"亢龙有悔"，意在飞得太高而有所懊悔；《管子·枢言》中也说，"釜鼓满，则人概之；人满，则天概之"。"釜鼓"为量器，"概"者，刮平也。所谓"亢龙有悔"，潜台词乃"盈不可久"，若用在官场，则居高位而倨傲者不免招祸。

按说，年羹尧翰林出身，知书达理，"满招损，谦受益"的道理他不会不明白，但其跋扈与僭越亦非他人诬告，各种见证，事实俱在，就连年羹尧本人也不曾否认。细想来，年居高位而不知体统，其原因有三：一则居功自傲，二则郎舅之亲，三则雍正太热情。

年羹尧高干子弟出身，但其年少有为，非一般纨绔所能比拟。尤其在康熙的长期栽培下，年之仕途极为顺畅，其膺任封疆大吏多年，非但未有大的挫折，反而在雍正继位后立下盖世奇功，这确是他可以自傲的资本。据清史学者杨启樵先生的考证，年羹尧只比雍正小一岁，论位属君臣，论亲则小舅子，这层关系非他人所能相比。要认真说，年羹尧的飘飘然与雍正的过度亲善实有莫大关系：您说一个皇上，遇点事就动辄要和臣属商量，而后者还是年龄相仿的小舅子，难怪年羹尧朝见时太过随便，"箕坐无人臣礼"——好比现在领导召见下属，下属却跷起二郎腿，一副自大自如的样子，那领导（皇上）的权威何在，尊严又岂不受伤？

雍正即位之初，曾写了一副对联叫："愿以一人治天下，不以天下奉一人。"这天下是雍正的天下，岂容年羹尧撒泼？雍正自己也

是个好表现的人，他甚至跟曾静这种小人物打嘴仗，还颁示天下，怎能容忍别人说自己受年羹尧支配？功非至高而思盖主，这还了得？雍正要的是顺从而不是友臣，给你特殊待遇只是一种表示，并不代表作臣子的可以安然承受——承受的结果就是自己倒霉。专制时代，君臣大义最重要，想和皇帝做朋友甚至骑在皇帝头上的人，最后都不得好死，这已经是千古不变的真理了。

所以说，领导把下属当兄弟，这是好事也未必是好事，尤其是后者忘了自己的本分，顺着杆子跟领导称兄道弟时，那十有八九要吃不了兜着走。雍正性情喜怒不定，对人好则会好到非常，一旦发现被蒙骗，则必睚眦杀人。在其世界观里，为臣者应"必诚必敬"、"毋隐毋欺"，如此才能"君臣一心"，"忠敬诚直，勤慎廉明"如怡亲王允祥那样的，才是好下属。现在好，我对你年羹尧恩赏尽出，如此这般之好，你却狂妄自大，丝毫不把我放在眼里，还跟我装糊涂、打哑谜，丝毫不肯承认自己的"不敬"之罪，那真是自寻死路，怪不得别人了。

话说回来，狂悖不敬，罪在诛心，年羹尧承认不承认都是死路一条。在雍正看来，他对年羹尧一片赤诚，可后者表现却令人大失所望，好比投入至多而收获极少，其心理落差与被欺蒙的感觉自然让雍正心生恨意。加上康熙末年"九王夺储"时，身为雍亲王门下的年羹尧在诸皇子间大搞平衡术——谁也不得罪，如此"不忠、不纯"！那真是旧怨新恨，一时涌上心头，雍正惟仰面视天，冷笑而已。

亲热过头非好事，翻脸只在一瞬间。主意既定，修理年羹尧的过程也就开始了。由于担心之前对年宠信太过火，臣属们一时转不过弯来，雍正不得不私下与他们打招呼，除前文提到的直隶总督李维钧及四川巡抚王景灏外，其他与年羹尧关系密切的如安徽巡抚李成龙，雍正也在朱批中暗示他："近日年羹尧擅作威福，逆奸纳贿，朕甚恶之。"在给湖广总督杨宗仁的上谕中，雍正将心中疑惑和盘托出："年羹尧何如人也？据尔所知，据实奏闻。'纯'一字可许之乎？"对带兵的武将们，雍正也是重点关照，如对署凉州总兵宋可进说的:"年羹尧不喜尔,尔须加意防范,勿露破绽,被伊指摘。"再如,雍正对镇海将军署江苏巡抚何天培的警告:"年羹尧作威作福,深负朕恩,尔当绝迹远之。否则,不特无益,而反受其害也。"

雍正给各省官员们打招呼,意在分化瓦解"年党",下一步即公开发出"倒年"信号。巧的是,雍正三年二月出现了一次难得的天文异象,即所谓"日月合璧、五星联珠",这在当时被视为国泰民安的盛世祥瑞,大臣们纷纷上表祝贺,年羹尧也不例外,但别人的马屁都没事,偏偏他不小心拍到了马脚上。原来,年在表中字迹潦草,而且把"朝乾夕惕"①写成了"夕惕朝乾",结果赞美之言变成了讽刺之语。

雍正接阅后大怒,"年羹尧平日非粗心办事之人,直不欲以'朝乾夕惕'四字归于朕耳。观此,年羹尧自恃己功,显露不臣之迹,其乖谬之处,断非无心!"事后,年羹尧一再进折请罪,但雍正仍就此抓住不放,并借此整治年羹尧。

为防止年羹尧在任上作乱,雍正将其川陕的亲信官员如甘肃巡抚胡期恒、四川提督纳秦等一一撤换,之后一纸调令,命年羹尧交出大将军印,改任浙江杭州将军。受此打击,年羹尧仍心存幻想,其在赴杭州途中借故在江苏仪征停留,想看看事态有无转圜的余地,但雍正接奏后却毫不客气地严责:"逗留中途,旷废职守,迁延观望,不知何心?"

到杭州后,雍正又借年羹尧只上报到任日期而不谢恩一事大做文章,说"以总督补将军,亦属升任",而年"并不谢恩,有失大臣之体","情殊可恶,着革退"。结果,年羹尧在杭州将军的位置上尚未坐热,即被革为闲散章京,仍安置于杭州,不准回京。

这时,知府高大魁奉旨奏报年羹尧赴任情形,其中有"一车两马,仆从数人,布围轿车"等语,雍正阅毕又是一股无名火腾腾而

---

① "朝乾夕惕"语出《周易》:"君子终日乾乾,夕惕若厉,无咎。"大意是早自强、晚自慎,持之以恒,不懈努力。

起,其在上谕中严厉斥责:"年羹尧平日狂妄贪婪、狼藉之处不可枚举,如今以总督升授将军,究竟有何屈抑?而故意作此困苦怨望之状,不过想让我担负折辱功臣的恶名罢了!好,年羹尧既故作清廉状,那我倒听说其私财散藏于各处,尤以直隶、四川、江南最多。那些寄放之家,现在自首尚可免罪,倘有隐漏,一经发觉,照党逆立斩!查办不严的督抚官员,也一并从重治罪。"①

高大魁系年羹尧拣选的官员,因而其奏报很大程度上是在袒护老主子。就此而言,雍正的直觉是对的。事实上,年羹尧赴杭途中远没有高说的那么可怜寒碜而仍为"大将军"气象,"其所坐之船,先到者已三十余只,闻未到者尚有四十余只。而家奴复有家奴,到杭者男女已不下千人,后来者尚未知其数"。至于其私藏财物,"除隐顿西安本城不计外,先后发寄骡驮二千余载,骡轿二百余乘,大车数百辆"②。另据《啸亭杂录》中载,年羹尧任杭州将军时,常坐在涌金门旁发呆,挑柴卖菜者慑于其威势而不敢过其门,曰:"此年大将军也。"其余威竟至于此。

当然,跋扈之外,年羹尧的屁股也不干净,其经营川陕十余年,身居高位,招权纳贿也是在所难免,再如侵蚀军需、勒索属员,等等——一般官员常有的劣迹,年羹尧也没落下。如被年奏参过的鸿胪寺少卿葛继孔,靠向年羹尧行贿古玩、字画等物才得以过关。同样被年密奏罢官的原直隶总督赵之垣,向年行贿十万两银子的珠宝后,年又保举其复起。再如在青海的战事中,年羹尧被查出冒销四川军费白银一百六十余万两等;从青海各喇嘛寺抄没的金佛、貂皮、珠宝等,也被其私吞。再有私占盐利,委派家人贩卖马匹、木材,经营典当等业以牟取暴利等,不可胜举。

据事后调查,年羹尧在直隶各州县即置有田地三百顷,房屋千余间,仅保定一处房产即查到银五万余两,另有箱、匣、捆包等四

---

① 以上见萧奭:《永宪录》,第220、202页。
② 以上汇报来自署理川陕总督岳钟琪及浙江巡抚甘国奎,详见杨启樵:《雍正篡位说驳难》,第32页。

百余件；而在西安知府赵世朗家中，共藏匿皮箱、板箱各二百余件。粗略估计，其聚敛的财富少说也有数百万两白银。当然，这若在康熙朝或与雍正的"蜜月期"，上头或许睁一眼闭一眼就过去了，但在这节骨眼上，可就在所难逃了。

鼓破万人捶，墙倒众人推。在雍正的一再猛击下，再迟钝的人也看清了形势。于是乎，朝廷内外，大小官员们一个个挺身而出，落井下石，大力揭发年羹尧的罪状——他们早就对老年不满了！其中，尤以直隶总督李维钧最为积极，其连奏四本，痛斥年羹尧"挟威势而作威福，招权纳贿，排异党同，冒滥军功，侵吞国帑，杀戮无辜，残害良民"，等等，没有丝毫的客气。另外，山西巡抚伊都立、都统范时捷、原兵部主事钱元昌、副都统董玉祥等也都先后奏报年羹尧的种种罪行，雍正收到后，将这些揭发材料逐一发给年羹尧，令其明白回奏。这下，年羹尧终于尝到众叛亲离、四面楚歌的滋味了。

在众大臣的群策群力下，年羹尧被彻底打翻在地，最后的审理结果——九十二款大罪，分别为：大逆罪五条，欺罔罪九条，僭越罪十六条，狂悖罪十三条，专擅罪六条，忌刻罪六条，残忍罪四条，贪婪罪十八条，侵蚀罪十五条。这一纪录，不仅远远超过了当年的权臣鳌拜（三十条），就是有清一朝，也无人能破此纪录。

随后，大臣们乘胜追击，一致要求对年羹尧明正典刑，以彰国法。雍正接报后假惺惺地说，这九十二款中应服极刑及立斩的就有三十多条，但念及年羹尧功勋卓著，杀了他怕天下人不服，自己还要背上杀戮功臣的恶名，受"鸟尽弓藏"之讥！因此，雍正命各省将军、督抚、提镇"各秉公心，各抒己见"，以求"佥谋划一"。这时，也有个别大员如云贵总督杨名时等上奏请求"保全"，雍正一时有些犹豫，没有立即下令处死年羹尧。

年羹尧得以暂时不死，很大程度上是因为年妃的存在。或许因身体一向不佳，或许因对兄长及年家人命运的担忧，年妃自"年案"后即一病不起，且病势日渐沉重。是年十一月十五日，雍正为抚慰重病中的年妃而命礼部加封其为皇贵妃，谕旨中称："贵妃年氏，

君威难犯·我是雍正我怕谁

秉性柔嘉，持躬淑慎。朕在藩邸时，事朕克尽敬慎。在皇后前，小心恭谨，驭下宽厚和平。……妃素病弱，三年以来，朕办理机务，宵旰不遑，未及留心商确诊治，凡方药之事，悉付医家，以致耽延日久。目今渐次沉重，朕心深为轸念。……"

在清朝后妃制度中，皇贵妃的地位仅次于皇后，但雍正之举仍未能挽回年妃的生命。加封之时，年妃已濒病危，并于七天后在圆明园去世。年妃入雍亲王府后备受专宠，深得雍正的宠爱，其去世后，雍正命辍朝五日，以示悼念。十年后，按雍正遗嘱，年妃附葬泰陵，这也是清代皇贵妃与皇帝合葬的首例。

年妃的病情让雍正在是否处死年羹尧的问题上有所犹豫，但只是一时。十月初四，白额野虎窜入年羹尧家旧宅，这一"异事"最终让雍正下定决心：处死年羹尧。在署理直隶总督蔡珽的奏折上，雍正批示说，"年羹尧之诛否，朕意实未决"，但"野虎"事件后，"朕实惊喜之至"。原来，雍正是崇信"天人感应"的，在其看来，既然年羹尧是白虎托生，如今野虎又蹊跷的死在他家，可见"天意"亡年，处死年羹尧乃是"顺乎天意"。到这份上，年羹尧就是不死也得死了。

果然，年妃死后未及一月，雍正即下达处死年羹尧的谕旨。值此生死关头，年羹尧还在幻想雍正只是吓吓他，最后会饶他不死。据说，年羹尧接到雍正命他自裁的谕令后，一直不肯动手，他向雍正上书哀求说："臣今日一万分知道自己的罪了，求主子饶了臣，臣年不老，留下这一犬马，为主子慢慢效力。除皈命竭诚恳求主子，臣再无一线之生路。伏地哀鸣，望主子施恩，臣实不胜呜咽！"

千古艰难唯一死，可惜啊，世上并无后悔药可买。此时的雍正，决心已定，其在给年羹尧最后的谕旨中厉声责问："朕以尔实心为国，断不欺罔，故尽去嫌疑，一心任用。尔作威福，植党营私，如此辜恩负德，于心忍为乎？""尔亦系读书之人，历观史书所载，曾有悖逆不法如尔之甚者乎？自古不法之臣有之，然当未败露之先，尚皆假饰勉强，伪守臣节。如尔之公行不法，全无忌惮，古来曾有其人乎?"

在雍正看来,令年羹尧自裁以全名节而免遭断首之类的酷刑已属格外开恩,"今宽尔死,令尔自裁,又赦尔父兄子孙伯叔等死罪。尔非草木,亦当感涕也"。最后,雍正还加了一句,"尔自尽后,稍有含冤之意,则佛书所谓永堕地狱者,虽万劫不能消汝罪孽也"。瞧瞧,年羹尧还没死呢,雍正先诅咒上了。苦笑无奈之下,年羹尧只好拿根绳子自尽了。

关于年羹尧的死,历来有多种说法,有说是年羹尧帮助雍正谋取皇位,因知道的机密太多,以致被斩草除根的;也有人认为年羹尧专横擅权、目无君长而自招其咎的。以笔者看来,第一种说法略显牵强,第二种说法则系主因。

此外,杨启樵先生提出了一种新看法,即年羹尧罹罪原因在于其破坏了雍正的情报网。当时,为收集各地信息并监视各省大员,雍正采取了密折与派遣侍卫的两种办法,年羹尧处也派有亲信侍卫,"名为效力军前,实则有监视之意"。但令雍正感到愤怒的是,在年羹尧的威胁利诱之下,这些人竟如同厮役,对年的相关情况也大多隐而不报。后来,这批人也都被打成了"年党",雍正在上谕中说,这些人原本是"朕左右随侍之人,至彼贪其资财,竟以奴仆听命。既甘卑贱,即令仍随年羹尧前往杭州",其结局可想而知。①

值得注意的是,年羹尧在雍正兄弟间尤其是允禟、允祹的问题上,自认为处理灵活妥当,但因未能真正体会雍正的用意而在无意中触犯了后者的大忌。在雍正继位前,年羹尧即在"孟光祖事件"上栽过跟头,但看来他对雍正的敏感神经还是没有给予足够的重视。

雍正元年七月的收荔枝折上,雍正在给年羹尧的朱批中说了这样一段闲话:"九贝子(允禟此时正被流放在青海西宁)要来京,奏了个折子,我也没批准,只浑沦说了个'知道了'。他若借此要来,使不得。你只说不曾有旨与你,不要放他来。"此前,年羹尧奏

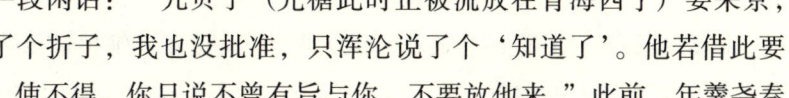

---

① 杨启樵:《雍正篡位说驳难》,第 149 页;萧奭:《永宪录》,第 187 页。

报西海驻兵事宜时提及由副将黄喜林任西宁总兵,雍正就特别叮嘱说,"防九贝子要紧,速移为是。黄喜林千万不要叫九贝子哄了去"。

在与年羹尧关系闹崩后,雍正又因允䄉的事而在朱批中大光其火:"楚宗奏允䄉在大同,兵民卖买人俱称贤王,普概感激,而其下人遂日射箭嬉戏,毫无为难之色。问其何以致此,皆言一切交易,上下人任买卖人之价取与,因此而得名等云云。与你之闻见何如?你与允䄉来往字迹、光景、言辞怎么样?若有存留者,送些来看!"①

在允䄉的问题上,年羹尧并不赞成雍正斩尽杀绝的做法。在他看来,允䄉既无才,也不值得花大力气去提防,就算允䄉再怎么跟雍正斗气,他毕竟还是先皇之子,如没有主动闹事,又何必大动干戈,让天下人看笑话。对此,雍正很是不以为然,并进而怀疑年羹尧为允䄉说好话是因为被其收买所致。

另外,在"岳周事件"上,年羹尧又被雍正帝斥为"悖谬乖张""昏聩之极"。岳周是廉亲王允禩的亲信,其任工部郎中时因拖欠工部钱粮而面临革职,后来还是允禩帮他凑了几千两银子才得以免受处分。之后,岳周又拿出两万两银子向年羹尧行贿,请后者荐他为布政使。事情曝光后,雍正大为恼怒,因为在他看来,允禩之举,意在收买人心,而年羹尧为了区区两万两银子而帮助政敌,基本的大是大非都搞不清,着实可恶至极。

最后还有一种看法是认为年羹尧被处死是因为他想称帝。如《啸亭杂录》中说,雍正命年羹尧将大将军印交给岳钟琪时,年迟至第三天才移交。当时也有幕客劝其造反,"年默然久之,夜观天象,浩然长叹曰:'事不谐矣!'始改就臣节"。《永宪录》中也提到,占象人邹鲁曾给年羹尧看相,说他将"位至三公,掌天下兵权,大贵极矣,或者还要封王"。年羹尧说"封王还不止","我已有川陕两省,据天下上流,更兼兵马强壮,谁人敢当"。接着,邹鲁还供述年羹尧曾带他看屋上的白气,说是"王气",又说他"生时金光满室",

---

① 以上见季永海等点校:《年羹尧满汉奏折译编》,第 243、260、319 页。

种种异象,看来是要做皇帝的。事后,邹鲁按谋反罪被凌迟处死。①

年羹尧是否夜观天象不得而知,但从审讯记录来看,邹鲁显然是个满嘴跑火车的江湖骗子,他为了从年羹尧那里骗取钱财而投其所好,一度还以此悖乱之语要挟年羹尧之子,等到"年案"爆发,最后聪明反被聪明误,把自家性命也给搭进去了。

年羹尧会不会造反,首先要看他能不能造反。诚然,年大将军手握兵权,其亲信故旧遍布川陕,但雍正一纸调令即令其乖乖就范,原因无他,在传统专制社会中,个人是无法对抗整个皇权机器的,正如清末之袁世凯,摄政王载沣一句"足疾"即可一脚将之踢回老家。雍正也曾说:"朕之不防年羹尧,非不为也,实有所不必也。"在当时条件下,即使年羹尧想造反,其手下兵将也未必会听命,因为失败的风险太大,而年掌握的资源和雍正比起来,相差何止万里。事实证明,雍正的判断极为准确,年羹尧在其整治下,除俯首就范、乞求雍正法外施恩外,毫无办法。

不过话说回来,年羹尧除做人比较失败外,其实对雍正并无二心。年的失败,很大程度上也是个性使然。《皇朝琐屑录》记了年羹尧的一首诗,曰:"魑魅随身总等闲,肩挑龙虎亦徒然。羡君这幅超凡骨,不炼金丹也是仙。"诗言志,足见其傲岸不群。《清代之竹头木屑》中也记了这样一个故事:年羹尧随父往湖北巡抚任上时,一日大风,江中浪涌如山,而他非要过江游览黄鹤楼,家人百方拦阻而不听,最后竟自驾舟过江。游毕,复冒险而回。有人问他为何非要如此,答曰:"吾方年幼,正当力学之时,若吾后福无穷,遇险必济;否则葬于江鱼之腹,亦了此一生。"虽为野史,但记录者的点评之语却颇为中肯:"髫龀之时,已如此桀骜,是以大功虽立,终以跋扈伏诛也。"

但凡桀骜者,多为有才之人。在青海之役及其善后中,年羹尧无疑做得非常出色,一些野史也对其非凡的才干有所记载。如《郎

---

① 昭梿:《啸亭杂录》,第273页;萧奭:《永宪录》,第245页。

潜纪闻》中说，平定青海叛乱时，年羹尧某日传令，让军中士卒次日行军，人手须携带稻草一束、木板一片。众人不解其意。次日，大军行至一淤泥深坑前，年令士卒把稻草投入坑内，上铺木板，兵马遂通行无阻。叛军本据此为天险，故未设防，由此被打了个措手不及。另，某日半夜，大营西边突然传来一阵风声，瞬即消失。年羹尧立命一参将率三百士卒往西南密林里搜索，果然尽歼来敌。下属惊为神人，年笑道："只响一阵，则非风吹而为飞鸟。宿鸟半夜被惊，必有来敌，西南十里处有丛林密树，必有敌潜伏，遂搜索之。"

关于年羹尧的威势，《餐樱庑随笔》中有这样一则记载，说某日大雪，年羹尧乘轿出门，随行卫士把手攀在轿辕上，以防轿子滑倒。不久，卫士们的手背上都积了寸许厚的雪。年羹尧可怜他们，遂下令"去手"。众卫士会错了意，以为是让他们砍掉自己的手而毫不犹豫地集体抽刀自断其腕。其令出必行，竟至于此。

天下之理，满则招损，亢则有悔；日中而昃，月盈则亏，此至当不易之理。年羹尧的被诛，可谓咎由自取，罪有应得，其由功臣到罪人，当然是自己"恃功骄纵"所致，但反过来说，雍正也并非没有责任。高阳先生即说，年羹尧固有取死之道，但他本人责任只有三分之一；雍正的纵容形同陷阱，占三分之一；而误会又占三分之一。①诚然，年羹尧有力有才，可任繁剧，但权势太重必致尾大不掉，有功应奖而未免赏赐过多过滥。君臣之界由己先破，雍正的过度热情何尝不是给年羹尧喂下的毒药、预备的绳索？

事后，雍正也在批判中做了一点自我批评，其中说，"大凡才不可恃，年羹尧乃一榜样，终罹杀身之祸"；"朕深恨辨之不早，宠之太过，愧悔交集，竟无辞以谢天下，唯有自咎而已"。在给河北镇总兵纪成斌的朱批谕旨中，雍正也说，年羹尧之负恩，"殊令朕愧

---

①高阳：《柏台故事》，第82页。

见天下臣工"①。是啊,由"千古君臣"变成"第一负恩人",雍正的"辨之不早,宠之太过",又何尝不是重要原因?

不管怎么说,昔日叱咤风云、目空一切的年大将军是一命呜呼了,最后还落得个身败名裂、家破人亡的悲惨结局。不过总体来说,雍正对年羹尧的家人还算从宽处理,而没有按照"谋反罪"诛灭九族。对此,雍正解释如下:"年羹尧刚愎残逆之性,朕所夙知。其父兄之教,不但素不听从,而向来视其父兄犹如草芥。年遐龄、年希尧尚皆忠厚安分之人,着革职宽免其罪,一应赏赉御服御笔等物,俱着收回。"

至于年羹尧自己家人,其子"年富居心行事与年羹尧相类,着立斩决","其余十五岁以上之子发遣广西、云南、贵州极边烟瘴之地充军。年羹尧之妻系宗室之女,均发还母家。所有家资俱抄没入官。其父兄族中有现任候补文武官员者,俱着革职。年羹尧嫡亲子孙将来长至十五岁者皆次第照例发遣,永不许赦回,亦不许为官"。至此,"年案"落下帷幕。

不过,原为工部侍郎的年羹尧之兄年希尧没多久即被起为内务包衣昂邦(即总管),治宫禁内事,算是变相复职。至于被发遣边远的年羹尧之子,不久也被赦回,交由年遐龄管束。数年后,年羹尧之父年遐龄去世,雍正命赏还原品级。②由此可见,雍正对年家人尚属仁慈,这应与已逝的年妃有关。再者,雍正痛恨的只是年羹尧一人,其家人不过被牵连而已。

《栖霞阁野乘》中有一文叙及年子下落之谜,试录如下:年羹尧曾请某沈姓塾师前来教导其幼子,待遇一流,专门服侍塾师的书童即有八名。塾师早上起来,书童们便赶来侍候。为首一人顶着银盆,请塾师盥洗;其他人或拿洗漱用具,或拿毛巾,或端镜子、拿香皂,八人围着塾师团团转。塾师心中惊慌,让书童们把东西放着,让他

---

① 邹范平:《君臣道:盛世朝堂的存亡法则》,第 147 页。
② 萧奭:《永宪录》,第 335 页。

自己来。为首书童大恐,说:"年将军有令,'服侍先生要像服侍我一样,不得有违'。我们服侍年将军都是如此,不然就有大祸临头。"塾师硬是不肯,书童没办法,只好把盆放在盥洗架上。不料正当塾师洗脸时,年羹尧突然带着侍卫们进来,见书童没有顶着银盆,大怒,向身边的侍卫使了使眼色,侍卫便把书童带出,没多久,便提着书童的人头进来,禀告说:"书童不敬先生,已将之斩首。"乖乖,这下把塾师给吓得是魂飞魄散!

还有一次,年羹尧和塾师共进晚餐,不巧饭碗里有粒谷子,塾师便将之挑出。年羹尧见后不悦,回头把侍卫招来,低声吩咐了一下。不久,侍卫又提了个人头进来,说已经将那个拣米不干净的厨子斩了。年羹尧谈笑如常,而塾师这顿饭吃得是牙齿直打颤。

一次年羹尧出征大捷回来,塾师正在假山后散步,突然听到不远处一片哀痛之声,塾师便问书童是怎么回事。书童说:"年将军凯旋后,正在厅堂里对部下考功过,定赏罚。"塾师说:"我们且去看看。"书童不敢违令,便带着塾师偷偷地潜伏在厅堂后面窥视。

当时只见厅堂之内,年羹尧高坐在上,下面甲士林立,刀斧耀眼,旁边则有文官根据记录在逐一报告诸人功过。念到功多的,立刻换上应升的品服,酌酒赐座;念到过多的,那就麻烦了,年羹尧沉着脸,把人叫过来当面斥责,说某战你丧失了机会,某事你承办不力,应斩。下属苦苦哀求,年羹尧不为所动,喝令立刻推出斩了。言毕,侍卫们便上前剥其品服,推出门外,砍首以献。只可怜年羹尧为人严苛,赏少罚多,被杀被罚的不在少数。

见此恐怖场景,塾师在后面看得脚软,不觉晕头转向,碰了门屏后倒地不起。年羹尧发现厅后有声音,便在处理完公事后前来查看,只见塾师还倒卧在地,几个书童扶都扶不起。年羹尧亲自动手,将先生挽回卧室,并命立刻将安神丸送来。待塾师醒后,年羹尧从容地问道:"是谁告诉先生这事,让先生受此惊吓的?"

塾师早已见识了年羹尧的严酷,不敢吐露实情连累那些书童,便说,"是公子告诉我的"。塾师心想,虎毒不食子,年羹尧不会去为难自己的儿子罢。年羹尧去后没多久，仆人和侍女们仓皇奔进来，跪到塾师面前哀求道："大将军正在鞭打公子，快要打死了，夫人求先生赶紧去救他！"塾师急得团团转，说："我不能进内室，这可怎么办啊？"仆人说："大将军素来敬重先生，只要先生说马上要见公子，大将军也许会放他过来。"塾师便让仆人赶紧前去，没多久，仆人便把公子抱了过来，小公子当时全身已被打得满是鞭痕，奄奄一息了。塾师怕年羹尧余怒不止，便命仆人将公子的卧具搬到自己的房间，一直到养好伤才放回去。

后来塾师辞馆回家看望家人。年羹尧特命一队卫士保护，并派了几艘大船，将这几年塾师所穿所用的所有东西，包括书房中的书桌、书籍、古玩等，全部给塾师运回去，说是怕先生思念旧物，所以全部赠送。塾师回到家乡后，地方上的文武百官都亲自前来迎接，塾师心中不安，说我无德无能，何敢惊动上官的大驾？众官员连连说，年大将军都把先生奉为上宾，我等岂敢怠慢？！

塾师回到自己的家，却见旧宅早已不见，面前唯有一高府大院，门第轩昂，乃非富即贵之家。塾师在外面看了半天，徘徊不敢进。原来的邻家翁见塾师不敢进，便上前说："这是年将军为你建的大宅，你怎么不进去？"塾师进去后，发现奴仆成群，自己的父母则高坐堂中，身上居然穿着四品朝服！塾师大惊，便问怎么回事。父母惊诧地说："这不都是因为你跟随年大将军立下军功才得到的吗？你怎么会自己不知道的？"塾师这才明白，原来一切都是年羹尧的安排。不仅如此，年羹尧还为沈家置了大量良田，价值不菲。

塾师得知年羹尧被雍正捉拿后，赶紧北上买通了看管的人，见到了年羹尧。见后，塾师大哭，年羹尧笑道："大丈夫视死如归，皇上既然要定我死罪，我也不存生还的希望。我以儒生起家，一生南征北战，风光一时，各种荣华富贵也早已享受过，此生无憾。只是幼子放心不下，还望先生多多照应。"不久，年羹尧便被雍正赐令自尽，年家随后被抄，诸子弟也被遣戍边疆，不得善终。幸好塾师教的幼子因年纪小且未担任官职，这才得以脱漏。

某夜，从北方来了两个乞丐，沈家看门人给他们钱，他们也不走，坚持说："但得见主人一面，虽死无憾。"塾师出去一看，原来是年之幼子和昔日老仆。塾师见后大哭，赶紧让两人进屋藏匿，这才保住了年羹尧的后人。野史生动有趣，虽不足以入正史，但也从侧面反映了年羹尧之个性威势。只是，这一切对年羹尧来说，不过是些沧海浮云罢了。

庇主有风险，拍马须谨慎

中国有句古话叫"鸟尽弓藏，功尽人亡"，历朝历代，功臣难以善终似乎是个难以跳出的怪圈，年羹尧也不能例外。在其风光之时，有位来自浙江钱塘的举人汪景祺在胡期恒的引荐下投书年羹尧，其中大肆奉承说，"阁下乃词林之真君子，当代之大丈夫"；"承闻阁下奉扬天讨，立不世之奇勋"，"制敌之奇，奏功之速"，史上无人可及；什么郭子仪、李元昊、裴度之流，和"年大将军"相比不过是"萤光之于日月，勺水之于沧溟"；"阁下勋名如此其大，功业如此其隆"，不啻于"大清之第一伟人"，如不能与"年大将军"一见，简直是此生虚度，云云。

上书还不够，汪景祺又写了六首专门吹捧年羹尧的七言律诗，其中有这么几句，"词臣帝简抚巴川，开府拓疆十二年。克敌星奔千里寇，宁人月静百城烟"，"叠鼓鸣笳听凯奏，前歌后舞望车尘。芜词敬赋从军乐，欲谒千秋第一人"。诚可谓马屁拍得山响。

要认真说，拍马屁也是门官场学问，汪景祺的功夫就很到位，年羹尧阅后心花怒放，于是将其收入幕中。汪景祺是个不得志的帮闲文人，他去见年羹尧原本只为打秋风，谁知这一打，给自己打出了大灾祸。

不久后，汪景祺又给年羹尧上了一书叫《功臣不可为》，其中说：功臣之所以难做，问题出在主子身上。那些主子既害怕别人作乱，又要依靠功臣去戡乱，但平乱后，往往又猜疑功臣，认为功臣

既能定乱，必也能作乱，因此对功臣起疑惧之心。功臣得到主子的封赏后，往往被小人嫉恨并在主子面前大肆中伤，要是功臣仗着自己的功绩，在主子面前直言相谏的话，往往被主子认为骄横，进而怒之、厌之。如此一来，"进不得尽其忠节，退不得保其身家"，功臣无论如何都要获罪，难逃一死。

汪景祺上书之日，正是年羹尧受宠之时，他对汪的劝告不以为然，未作理会。不料后来"年案"爆发，浙江巡抚福敏、杭州将军鄂弥达奉命查抄年羹尧住所时，汪景祺所写的《西征随笔》被发现，由此成了年羹尧的一大罪状。

据福敏等人的奏报："臣等公同搜查年羹尧内室并书房，橱柜内书信并无一纸。随将伊家人夹讯。据供，年羹尧于九月十二日将一应书札尽行烧毁等语。及问年羹尧，供词无异。臣等再加细搜粗重家伙，于乱纸中得抄写书二本，书面标题《读书堂西征随笔》（简称《西征随笔》），内有自序，系汪景祺姓名。臣等细观，其中所言，甚属悖逆，不胜惊骇。……"

待雍正看到《西征随笔》后，那真叫恨得咬牙切齿，其在书封上痛批："悖谬狂乱，至于此极！惜见此之晚，留以待他日，弗使此种得漏网也！"据说，"此、种"二字间似脱漏一"杂"字，雍正之怒，直透纸背。

那么，汪景祺究竟何许人也？他在《西征随笔》里又写了什么，竟惹得雍正如此大动肝火呢？说来此人也非下层，其父汪霖曾任户部侍郎，其兄汪见祺曾任礼部主事，也算是高干子弟，而汪景祺少时即有文名，只是科场上远没有年羹尧那般一帆风顺，一直熬到康熙五十三年，年届四十的他才考中举人，其功名之渺茫、仕途之惨淡，几乎已成定数。

虽说久困于科场，但汪景祺一向恃才傲物，目中无人，如其在《西征随笔》中说的，"忆少年豪迈不羁，谓悠悠斯世，无一可与友者"，直到五十岁后，"渐知素昔之非，降心从人，折节下士"。也就在这段时期，汪景祺被年羹尧延请入幕，随同游历，之后即将西北地区的见闻记录成书，献给年大将军作纪念收藏。事后，年羹尧未以此书为不是，获罪时亦忘记加以销毁，由此牵涉两人，成此大狱。

除以上马屁诗文及《功臣不可为》外，《西征随笔》中触怒雍正处颇多，其中有妄议朝政的，有对年羹尧、胡期恒歌功颂德的，更有拿康熙老爷子开玩笑说"皇帝挥毫不值钱"的。所有这些，最后都成了定罪的依据。

汪景祺最严重的当然是"皇帝挥毫不值钱"这句，其中原委是这样：康熙南巡无锡时，士人杜诏道左献诗，康熙颇许可之，遂赐御书绫字，杜捧归启视，则有"云淡风轻近午天"之句。某无锡人听说后，以为皇上题词未免浅薄，遂戏作一七言绝句，曰：皇帝挥毫不值钱，献诗杜诏赐绫笺；千家诗句从头写，云淡风轻近午天。

"云淡风轻近午天"出于北宋著名理学家程颢的名诗《春日偶成》，原诗为：云淡风轻近午天，傍花随柳过前川；时人不识余心乐，将谓偷闲学少年。想必是知道其中的危险，汪景祺在书中并未说这个无锡人是谁，但"不欲言其姓名"的结果则成了自己有意讥讪康熙皇帝（不排除这首戏诗就是出自汪手）。退一步说，即使不是汪景祺所作，其将此事此诗纪以入书，已有明显的讥讪故意。这在当时，可是要被杀头的。

另外，汪景祺在书中对年羹尧和胡期恒的吹捧也让雍正觉得十分讨厌。其中称，罗卜藏丹津叛乱时，其势甚横，年大将军单骑至西宁，城中仅一千五百老弱残兵，令其出战，则股栗不能出声。后罗卜藏丹津攻至西宁，向城上发火器，而年大将军屹坐城楼，不为所动，罗卜藏丹津惊为神人，云云。文末，又一段总结性歌功颂德："向使年大将军至西宁迟数日，则西宁必破。年大将军至后，罗卜藏丹津并力攻城，西宁亦不可守。……年大将军不世奇功，亦近代所未见也。"

又有对胡期恒的吹捧。说什么"吏治之坏，莫甚于陕西。数十年来，督抚藩臬皆以满洲人为之，目不知书，凡案牍批答，第责之

君威难犯·我是雍正我怕谁

幕客，官方贤否，但委之堂官，虽判曰亦假手于人，吏治民生，皆不过而问焉，惟以刻剥聚敛，为恒舞酣歌之计而已"。而胡期恒上任后，"洗刷数十年之陋习，整顿数千里之封疆，风雨以时，妇子相保，可谓上不愧君父，中不愧属吏，下不愧民生者矣。"试想，年、胡二人是雍正最痛恨的人，汪景祺如此露骨的吹捧并讽刺旗人当政，岂能不大触霉头？再有对时政的讥讽，说清查亏空以来，"诸臣承望风旨，搜根剔齿"，惟以刻薄为能事，甚至"辱及妇女，祸至儿孙"，如山西介休知县"卒于官，亏帑数百金"，山西巡抚诺敏行文陕西清查其乾州老家，仅查得"破屋十余间，基地五分，又地五十余亩而已"，而惊恐之下，"两子皆惧罪亡命"。再如西安府临潼县令丁某，病故后亦以亏帑，后查其家产，仅银戒指六枚、银簪二枝，及男女衣服十六件，"并妇人之亵衣在焉"。"亵衣"即今之所谓内衣，汪景祺对此大发议论："呜呼！罪人不孥于妇人，何罪而至褫其亵衣以为快？况所值几何耶？"

此外，汪景祺在书中大肆菲薄吏部尚书兼文华殿大学士张鹏翮，并借机妄议康熙及皇太后尊号，说什么德妃"皇太后"及康熙"清圣祖"之尊号都来自张鹏翮的自作主张，并连用了三句"谁敢有异议者"，以增加其戏剧性。在这篇文章中，最前一段说张鹏翮在翰林院时，"貌如好女子，诸同年皆戏弄之"，散馆时康熙也说他竟似"戏旦"，张鹏翮大惭之余，才"矫强修饰，自称道学先生"。后面一段就更不像话，他说张鹏翮为部郎时，一日早朝归，"朝衣未脱"而与仆妇行淫，结果被夫人抓个正着——张"朝衣冠偕寸丝不挂之仆妇跪受责"。

张鹏翮是康熙朝的名臣，雍正初殁后被树为典型，其为官数十年，素有清廉之名，汪景祺之谈多属无稽，而其文中用笔轻薄，如同有色段子，这是不甚妥当的。最令雍正不可容忍的是，书中竟将康熙及皇太后的尊号来历以讲笑话的方式揉入，这等大不敬，比吹捧年羹尧、胡期恒之类更为严重得多。此外，汪景祺还曾非议"雍正"之年号，说"正"字有"一止之象"，历来有"正"字的年号如

"正德"、"正统"等都非吉号。①这等妄议,在当时何止会断送自己性命,就连家人、亲友也得被连累。

事后,汪景祺按"大逆不道"罪被斩立决并枭首示众,其妻发遣黑龙江与穷披甲之人为奴;其亲兄弟及侄辈俱革职,发遣宁古塔;五服内族人,无论现任及候选、候补者,查出后俱革职,并交由原籍地方官管束,不得出境。这等牵涉面,比年羹尧还要严重。

汪景祺或许有些无聊或无耻,但他怎么也没想到,这本小册子竟会带来如此灾祸。据说,其妻遭发遣时,"家人设危跳,欲其清波自尽",以全其名。但是,死生乃千古艰难之事,其妻仍欲求生,"盘膝匍匐而渡","见者伤之"②。至于汪景祺就更惨了,他的首级被挂在菜市口的通衢大道上,一挂就是十年。直到雍正驾崩、乾隆继位后,在左都御史孙国玺的请求下,汪之头颅才被取下掩埋。政治之案,文字之狱,惨烈如斯。

汪景祺受的是死罪,同样牵涉"年案"的还有个受"活罪"的钱名世。钱名世是翰林院侍讲学士,按说与年并无太多瓜葛,只是在雍正二年年羹尧进京时,作为乡试同年的钱名世也写了几首吹捧"年大将军"的诗,其中一首有这么一句:"分陕旌旗周召伯,从天鼓角汉将军。"大意是将年羹尧比做周朝的召伯及汉代的卫青、霍去病,这种阿谀和汪景祺相类,但也挑不出大的毛病。

最要命的是另一首,曰:"鼎钟名勒山河誓,番藏宜刊第二碑。"钱名世还怕别人看不懂,特在下面做注说:"公调兵取藏,宜勒一碑,附于先帝'平藏碑'之后。"钱注中说的"公"即年羹尧,"平藏碑"系十四阿哥允禵于康熙末年督兵入藏、平定叛乱后所立之碑。若以清廷控制西南一带的进程而言,再立一碑,以做历史见证也无不可,但偏偏年羹尧与允禵是雍正当时最讨厌的人,钱名世的这一建议惹出事端也就在情理当中了。

---

① 萧奭:《永宪录》,第 305 页。
② 萧奭:《永宪录》,第 256 页。

年家被抄没时，钱名世赠诗被发现，雍正阅后果然大为震怒。对阿附权贵的文士，雍正一向十分反感，如其继位后即将诚亲王允祉府上的陈梦雷发遣关外，其罪名是："累年以来，招摇天忌，不法甚多。"这一次，雍正也没将钱名世轻轻放过的打算，而是要以此为"反面典型"，做一篇大文章。

如将钱名世像汪景祺一样杀头，未免失之简单粗暴，这也不是雍正的风格。事后，钱名世以"曲尽谄媚、颂扬奸恶"入罪，雍正的处置也可谓别出心裁：先将其侍讲学士革去，然后将之赶回老家，并命地方官特制一个大匾挂在钱名世家中，上面刻着雍正亲笔书写的四个大字——"名教罪人"！

更为搞笑的是，雍正还让举人、进士出身的京官每人各写至少一首诗讽刺钱名世，这些诗文经雍正过目后送至钱处，然后精细刻版，用上好的宣纸印刷，做成殿本《御制钱名世》（即后世之《名教罪人》）一书作为宣讲材料发到各地，令读书人好生学习。

钱名世系康熙四十二年探花出身，素有"江左才子"之名，在时人沈德潜编选的《国朝诗别裁集》、宋荦编选的《江左十五子诗选》中，都有钱诗入选。不久前，钱名世与方苞、俞鸿图等人还因纂修《子史精华》、《骈字类编》有功而受奖叙，但其获罪后，雍正却说他的行为是文人的无耻钻营，说钱"向来颇有文名，我圣祖仁皇帝拔为一甲进士，置之词馆，兼值内廷。伊不能仰报厚恩，自罹罢斥。复蒙圣祖仁皇帝格外矜全，令其修书赎罪，又复其原官，给予俸禄，特不许在翰林衙门供职。盖圣明洞鉴，知其品行卑污，不堪复玷侍从之班也"。

为将羞辱进行到底，雍正又命常州知府、武进知县每月初一、十五都要到钱家去例行检查，看钦赐的"名教罪人"匾额是否堂前安在。按雍正的指示，如钱名世故意遮掩或拒不悬挂，常州知府、武进知县须禀告本省督抚，奏明治罪。真不是儿戏也。

不过话说回来，钱名世本人品行也确实有可指摘之处。早年，在王鸿绪主持修撰《明史》时，黄宗羲弟子、史学大家万斯同以布衣身份参与其事,期间出力甚大,而尚未发达的钱名世也作为万斯同门下弟子及助手在其中帮忙。据《清代名人轶事》中所载,每到夜深人静之时,万斯同"踞高足床上坐,钱就炕几前执笔,随问随答,如瓶泻水。钱据纸发书,笔不停辍,十行并下,略无罅漏"。之所以半夜开工,原因是钱名世"昼则征逐朋酒,夕则晋接津要,夜半始归静室中"。

万斯同在京师时,为修史而藏书十数万卷,其去世之时,因身边没有亲人,钱名世就权当孝子,主持丧仪。按说这是做弟子的本分,孰料其在丧事结束后竟将万氏所有藏书一概掳去,窃为己有,并在书上盖上"钱名世"、"亮工"等印,士林一时大哗,耻与为伍。

正因为钱名世在士林中名声不佳,雍正所发起的这场"写诗运动"也就有了一定的民意基础。据《名教罪人》一书中的统计,总共有三百八十五位文臣写诗声讨钱名世的"劣迹罪行",如之后马上要说到的吏部尚书蔡珽,其诗为:"工谀媚能竭其力,事奸逆能致其身;诗文中之下品名士,科甲内之上等罪人。"再如礼部左侍郎查嗣庭写的:"羞恶廉隅了不明,读书堪笑负平生;昧心语已颜忘赧,悖理辞尤恶贯盈;一网开恩宽斧锧,百年遗臭辱簪缨;从今负罪归乡里,掩口人惭道姓名。"

论质量,这些批判诗大多敷衍了事,唯独正詹事陈万策之作传颂一时,曰:"名世已同名世罪,亮工不异亮工奸",其中以钱名世名号与另两位获罪之人相提并论,诗作对仗工整,时人目为天然偶对。原来,钱名世字亮工,所谓"名世已同名世罪",说的是此前因《南山集》案被诛的戴名世;而后一句"亮工不异亮工奸",无他,年羹尧亦字"亮工"也。①

对于这场亲自发动的"大批判"运动,雍正本人相当重视,其

---

① 也有说是前明官员周亮工,降清后出任福建左布政使,死后被列入《清史列传·贰臣传》。

将上交的诗文逐一御览，并将之分为三类：第一类，合格，这是绝大部分；第二类，不甚合格，即余甸、徐学柄、吴廷熙、庄松承、孙兆奎、王时济六人所作之诗"浮泛不切"，令其重做，这才勉强过关；第三类，不合格，共四人，这就麻烦了，没有重做的机会，重罚。

巧的是，这四人都是钱名世在翰林院时的同事，其中侍读学士陈邦彦、陈邦直两兄弟及翰林项维聪之作被批"谬误舛错"、"文理不通"。侍读学士吴孝登就更糟了，雍正说他的诗"谬妄"，后果很严重。由于这四人之诗没能流传下来，究竟如何"文理不通"乃至"谬妄"到何种程度也不得而知，但至少有一点是值得怀疑的：这四人都是翰林出身，如何不会作诗？无非不够认真，没有领悟到雍正的用意，或者对雍正之举不以为然，有意曲笔所致罢了。

事后，陈邦彦、陈邦直、项维聪三人与钱名世同样被革职回籍；而吴孝登就惨了，其惩罚竟然比钱名世还重——"发宁古塔，给披甲人为奴"。这就一点都不好玩了。由此可见，必是吴孝登之诗触怒了雍正哪根敏感的神经，这才遭此重罚的。

整个事件过后，雍正向诸大臣解释了他的"良苦用心"，说自己之所以亲自书写"名教罪人"的匾额并令诸大臣赋诗加以讥讽，并不仅仅是为了羞辱钱名世这一小人，而是要让天下臣工，"知获罪名教，虽腆颜而生，更甚于正法而死"[①]。

马屁有风险，拍马须谨慎。在专制时期，拍马屁与被拍，那都是皇上的特权，他人万不可随意染指，万一跟风不对，那可不是几句马屁诗文那般简单了。试想年羹尧炙手可热之时，个别文人写几句吹捧的诗文，虽不免于趋炎附势之讥，但也远够不上"谋反、谋逆"的政治高度，如不是"年案"牵连的话，汪景祺不至于人头落地，钱名世也不至于蒙此奇耻大辱。可是话说回来，又是谁把年羹尧推上红极一时的高位呢？

---

① 邹范平：《君臣道：盛世朝堂的存亡法则》，第227页。

至于雍正发起的这场"大批判"、"大讨伐",其所谓诗文讽刺、言语谩骂就更可笑了。除那本精雕精印的《御制钱名世》颇具收藏价值外,其中内容则味如嚼蜡,说它是"诗文"简直辱没了"诗文"二字。也正因为如此,那些文官作者们后来编纂自己诗集时,几乎无人将这些"大批判诗"收入。由此可见,世间毕竟还有"羞耻"二字。

君威难犯·我是雍正我怕谁

蔡珽：命数这东西有时真不好说

前文说到汪景祺的《西征随笔》惹祸不小，其实他惹的祸还不仅于此。其中，有篇名为《程如丝贪横》的又涉及另一人，即在"年羹尧案"中风光一时的左都御史兼兵部尚书蔡珽。汪文中说，雍正初年，程如丝靠重贿蔡珽才得以调补夔州知府，到任后，将商家之盐尽以半价强买之。对过境通往湖北的私盐船，程如丝命全部拦下，由此引发群体性冲卡事件，造成四十九名商人或过客死于"鸟枪弓矢竞发"之下。如此人命重案，蔡珽却加以包庇，不以上闻。后来，湖广总督杨宗仁接到商人的控告，正欲上报清廷，程如丝派人放出风声，说这是"年大将军"的意思，杨遂寝其事。年羹尧得知此事后，即具题参劾，程如丝奉旨被革职拿问。孰料蔡珽入觐后，力言"程如丝为四川第一好官"，上将大用之。在此空气下，陕西巡抚石文焯复审此案时，也揣测上意，为程如丝脱罪。对此，汪景祺十分不满，说："浙抚黄叔琳以置土豪贺茂芳于死，遂革职问罪，乃知府杀人不计其数，而反无过乎？"

雍正三年二月，年羹尧曾应雍正的要求再次上报此案，说根据四川按察使刘世奇的审理结果，"程如丝案"的基本事实如下：程如丝贱价勒买川盐转卖与楚商，其差役拿盐放枪，以致打死人命，此外，重庆知府周天佑奉命前往夔州摘取程如丝的官印时，反而被后者指使的地棍围攻，以致狼狈而归，现周因此事而被革职，未得其平。最后，年羹尧同样举出浙江巡抚黄叔琳责毙一命而被革职的例子来说明"程如丝案"四十九条人命的严重性（可见汪景祺很可能参与了此折的讨论）。对此奏报，雍正将信将疑，说"此事你与蔡珽所奏各相悬殊，朕实难谕"①。既如此，此案改由石文焯审理。

此前，原任四川巡抚的蔡珽因逼死重庆知府蒋兴仁一案而被年羹尧参劾革职，经部议拟斩。就在年羹尧上奏的一个月前，蔡珽被押解入京，以待最后的定罪。由于此时正是"年案"爆发前夕，雍正察觉到蔡珽与年羹尧之间的矛盾，遂亲自召见，询问四川的情形，而蔡珽抓住这一稍纵即逝的宝贵机会，反咬年羹尧贪暴为害，自己获罪入刑完全是被年所陷害。

值此敏感时期，雍正考虑再三后发布上谕，称："蔡珽身为巡抚，纵情任性，将所属知府蒋兴仁威逼自尽，经年羹尧参奏，朕始知之。……蔡珽屡次朦混陈奏，罪实难逭。……朕思蔡珽所犯，系年羹尧参奏，今若将蔡珽置之于法，人必以朕为听年羹尧之言而杀蔡珽矣。朝廷威福之柄，臣下得而操之，有此理乎？"

由于蔡珽罪实罚当，借"年羹尧擅权"的开脱理由在逻辑上说不过去，于是雍正又加了一段，说"岳周之罪，本应即行正法"，只是因为"系年羹尧所参，故改为监候"。再者，"四川巡抚王景灏乃年羹尧所荐"，王在军前办事出力，"朕观其才干可用，故简任巡抚以观其后效"。在举了正反两个例子后，雍正借以自圆其说："朕之存心，大公至正；是非功罪，惟求其当。且罪疑惟轻，功疑惟重。宁可使人谓朕听年羹尧之言而用王景灏，断不可使人谓朕听年羹尧之言而杀蔡珽。"

"敌人的敌人便是我的朋友"，为了整倒年羹尧，蔡珽由此因祸得福，其不但被从宽免罪，逃过一劫，反而被起用为左都御史，随后又被任命为兵部尚书、正白旗汉军都统、署直隶总督兼吏部尚书等职，风光一时。

要说起来，蔡珽与年羹尧的关系原本并不坏。雍正在藩邸时，

---

① 季永海等点校:《年羹尧满汉奏折译编》，第312页。

年即向其推荐，说蔡珽"才守识见，实超群类"，建议予以重视。雍正则告诉他，之前他曾想找一个"明于医理之人"，有推荐蔡珽的，"令其来见，而蔡珽辞以职居学士，不便往来王府"——雍正碰了个软钉子。年羹尧听说后，自告奋勇地去找蔡珽，请他去见见四阿哥，蔡仍"坚辞如前"。对此，雍正自言未以为忤，反认为蔡珽操守可钦。

康熙六十一年八月，蔡珽接替年羹尧为四川巡抚。在其远行上任前，蔡在年羹尧之子年熙的安排下与雍正首次会面，由此成为亲信大臣。在这次会见中，蔡珽又向雍正推荐了时任左都御史的李绂。

蔡珽系汉军正白旗人，其祖父蔡士英曾任兵部尚书，其父蔡毓荣曾任四川、湖广、云贵总督等职，两代皆显宦。在平定"三藩之乱"及云南善后中，蔡毓荣立有大功，不过后来因纳吴三桂孙女为妾而坐罪遣戍黑龙江，并于康熙三十八年死于戍所。而在两年前，年仅二十岁的蔡珽得中三甲进士，随后拨入翰林院深造，散馆后授检讨，不久又升为詹事府少詹事，进而成为翰林院掌院学士兼礼部侍郎。

由于出身、资历颇为接近，年羹尧最初对蔡珽也是惺惺相惜，但后者对于上司乃至引荐人的年羹尧却并非事事顺从。其中缘故，或许因蔡珽的个性并不随和，也许因蔡自认比年稍长几岁并更早获得功名，心中不服所致。总而言之，两人真正共事后即罅隙丛生，年羹尧之前对蔡珽的好感也就日渐消失。

雍正二年，年羹尧请求在川陕开矿铸钱，以供军需之用，但身为四川巡抚的蔡珽却上疏反对，说四川不产白铅，开采非便，此议遂寝。之后，蔡珽又将年羹尧保举之人参劾。在自己的老地盘，而事、人皆不得推行，年羹尧由此勃然大怒，必欲去蔡而后快。最初，年先从蔡珽保举的夔州知府程如丝下手，说程贩卖私盐、残害盐商、打伤人命，但蔡珽却奏称程如丝是"四川第一好官"，眼见两个亲信大臣相互攻讦，雍正一时也拿不定主意，此事又寝。

最终，在重庆知府蒋兴仁自杀一事上，年羹尧将蔡珽扳倒。蒋兴仁是蔡珽的下属，当时究竟是因为被查腐败，或是因为清查亏空，继而畏罪自杀或不堪重压而病死，因各方记载付之阙如，目前尚不得而知。但总之，人死了，而且和蔡珽有着莫大的关系。据年羹尧的参劾，蒋兴仁系在蔡珽的"凌辱"之下愤而自戕（又有说"威逼"、"羞辱"致死的），而蔡珽则辩称其为病死，最终查下来，蔡珽脱不了干系，因而被入罪送京。

正当蔡珽的政治前途即将完蛋并且有送命之虞时，年羹尧头上的风向变了。在雍正的指使下，蔡珽奋起反咬，从而由一个待罪者摇身一变成为"倒年急先锋"，并在此过程中不断加官晋爵，由左都御史进而兼正白旗汉军都统，后又授兵部尚书，恩宠一时。当然，也不是所有反咬者都有蔡珽这样的好运气，比如昔日"年党"、直隶总督李维钧虽然也在"倒年运动"中表现突出，但最终仍被革职议罪，其直隶总督之位也转由蔡珽署理。直隶事毕后，蔡珽调补吏部尚书，同时仍兼兵部尚书、左都御史及正白旗汉军都统，一人身兼四职，风光无比。

政治就是这样，此福则彼祸，有如过山之车；人的命数有时也是阴差阳错，看似山穷水尽疑无路，忽然柳暗花明又一村。以年羹尧和蔡珽为例，当前者无可挽回地坠向深渊时，后者却是官运亨通，扶摇直上，两者几乎同步进行。这一逆转，不要说局外人想不到，就算是年、蔡两个死对头，他们恐怕也想不到竟会是如此结局吧！

更戏剧性的是，年羹尧倒台后，雍正将其在京房屋一所及奴婢二百二十五口，金银、绫绮、首饰、衣服、器皿等物一并赏给蔡珽，以酬其功。蔡珽得知后，还惺惺作态地表示：房屋系皇上赏给年羹尧之物，奴婢系内务府所隶之人，既蒙恩赉，臣不敢辞，但那些金银、绫绮、首饰、衣服等，都是"不可问之物"，"量彼来处，臣不敢受"。于是这些东西又退回了年家。

更有甚者，年羹尧被赐自尽时，其仍幻想雍正会放过他而迟迟不肯动手，一定要见雍正一面才肯从容而死。当时，"诸大臣咸在"，"珽独厉叱之，勒令自裁"。对此，《永宪录》的作者也有些看不下去，遂加了一句评论："假公义以快私愤如此！"①

诚然，蔡珽是这场权臣互斗中的胜利者，但如此吃相，也确实有些难看。用现在的话来说，那就是公报私仇，逞一己之快，实非大臣之体。或许正因其修养有问题，蔡珽的政治风光期在年羹尧死后也很快戛然而止。雍正四年四月，蔡珽因兼职太多而被解除左都御史与正白旗汉军都统两职，七月又解其吏部尚书一职。十月，蔡珽因徇庇直隶昌尹营参将杨云栋贪污军饷一事而被部议革职，雍正遂以其"近日言动狂妄，办事草率"为由，将蔡从兵部尚书的位置上赶下，降为奉天府尹。

本来呢，雍正对蔡珽的印象不错，认为其不交结权贵，而且"学问素优，人品端方"，但在"倒年"的这段时期，蔡珽的各项弱点也相继暴露了。经过一年多的观察，雍正对蔡珽的印象大为改观，在其心目中，蔡珽"粗率轻薄，言过于实"，而且"量浅舞巧，满腔私欲"，这显然是不折不扣的负评了。其实想想也是，年羹尧受死之日，必有人事无巨细地向雍正报告，年反正都是要死的，蔡珽又何必跳出来强出头呢？这显然是一种政治上的不智。

蔡珽的最终垮台，根子还出在前文说到的"程如丝案"上。在蔡珽疯狂逆转之后，程如丝也由黑变白，年羹尧则因"捏参程如丝"而落下一条罪名（反正有九十二款，多一条也无妨）。在蔡珽的力保下，程如丝跟着鸡犬升天，其从革职问罪的边缘转而升为四川按察使，雍正还说他是"汉人内第一等人"。

程如丝升官之后，其在谢恩折中对年羹尧倒打一耙，说他之前得罪年，是因为上任时路过陕西没有给年送礼；到任后，又将往常夔关送给年羹尧的节礼全部革除，由此积恨成仇。至于"冲卡"事件，是因为年羹尧之私人公然贩盐往楚，并在木排上明堆盐包，"示人以必不敢拿之势"，由此引发冲突。至于重庆知府周天佑前来摘印而受辱之事，那是夔民"一时愤激"阻拦所致。

---

① 萧奭:《永宪录》，第 209、352 页。

前文已经说到，雍正对"程如丝案"迟迟未能处理，其中原因，当然并不简单。表面上看，年羹尧、汪景祺与程如丝、蔡珽两方各执一词，雍正也派人下去调查，最初的结果是认为年羹尧"捏参"，但考虑到当时的政治空气，其真相并非如此。

因为清廷在夔关设卡收税的缘故，夔州知府一向是个肥缺。程如丝的问题在于贪得无厌，其取缔私人盐厂、禁止私盐贩运乃至强行低价收买商民私盐，目的只有一个，即由官府垄断整个食盐的生产和销售。从政策上说，这没有太大问题，但从实际上说，由于盐务腐败、官盐价格太高，私盐自然有其生存空间并已积习多年，程如丝的操切导致"冲卡"事件爆发并引发数十人死伤，这无论如何都不能算是小事。

事后，程如丝也自知罪恶深重而亟图自救，他一方面向蔡珽致送节礼，另一方面又导演了两出"好戏"。一是将强行没收来的食盐运至夔关府城就地贱卖，并令其家奴四处宣扬，说程知府取缔私盐是为了让老百姓能买到便宜的食盐；二是用卖盐的钱从重庆买来大米在府衙外平价出售，让四乡八镇的乡民都得到实惠，以此收买人心。正因为如此，在重庆知府周天佑前去摘取程如丝官印时，后者的家丁乘机煽动前来买盐买米的民众将周天佑团团围住，令周知难而退，不了了之。在这一系列的组合拳下，程如丝就变成了百姓眼里的"程大善人"，蔡珽口中的"好官"、"清官"。①

但是，清官并不是那么容易做的，因为这是一个始终如一的价值观问题，而贪官或许能惠民一时，时间长了、时机到了，迟早要暴露其贪酷的本性。很不幸，程如丝就是后面这种人。善意的说，蔡珽或许是为了合谋保官，或许是轻易相信了程如丝做的局，而其在雍正面前力保的结果是让后者也跟着倒霉。

年羹尧的案子处理完后，雍正也发现了其中的问题，其起因不是别的，正是汪景祺《西征随笔》中的《程如丝贪横》一文。这时，

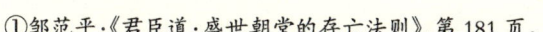

① 邹范平：《君臣道：盛世朝堂的存亡法则》，第181页。

他又想起了之前的一件事，当时年羹尧被贬杭州，岳钟琪接任川陕总督并进京陛见，岳路过保定时，正署理直隶总督的蔡珽予以热情款待，殷勤备至，这让岳钟琪很有好感。入京后，雍正问他路上有何见闻、各地官员观感如何时，岳钟琪就特别提到蔡珽，说他为人厚道，对人十分热情。

雍正听后，心里就犯了嘀咕，因为在此之前，蔡珽曾大说岳钟琪的坏话，称其"叵测、不可深信"，孰料其当面热情接待，背后却给人家捅刀子——其阴险诡诈，一望即知。倒是岳钟琪，完全不了解内情，到京后还在雍正面前"甚称蔡珽"，不失为武将的本分厚道。

汪景祺的撰文，蔡珽的狡诈及"年案"后的不良表现，雍正越想越生气，越琢磨就越觉得里面大有问题。要知道，雍正一方面自信过人，一方面又疑心病特重，其贵为天子，岂能容忍被人所骗？不行，这事必须查个水落石出。

五年三月，雍正决定重启"程如丝案"调查，其在上谕中先说了一段大道理，"天下庶务殷繁，人情诈伪，变幻百出，朦蔽欺罔之处，往往有之。而一时听从，或不能不有错误，惟知其错误而即为改易，不存回护之见，则误者可以不误，而是非了然，人亦知所警惧。古之圣贤，不曰无过，而曰改过不吝，朕常以此自勉也"。

逼得皇帝主动认错，本身就彰显了这一事件的严重性。随后，雍正话锋一转，"如蔡珽、程如丝一案。……朕因蔡珽力言程如丝居官甚优，是以用为四川按察使，以观其后效。然其中虚实真伪，朕究未释然于中，数年以来，未尝不时时留心访察也。前者检阅汪景祺记载程如丝贪横一条，……今观蔡珽草率放纵，徇私妄为。则偏向程如丝，颠倒是非，乃伊之实情。……孔子曰，君子不以人废言。汪景祺虽犯重罪，身正典刑，然其言未必字字皆虚。今伊既有程如丝'枉杀多人'之语，则外间为此语者，必不止于汪景祺一人。此处甚有关于国家之政事，必须究问明白，得其实情，始足以清吏治而肃官方，剖是非而除壅蔽。"

按雍正的谕旨，刑部侍郎黄炳专程前往四川，会同川陕总督岳钟琪、四川巡抚马会伯及湖北巡抚宪德逐一明白审理。由于程如丝所害多为湖北人，雍正特别指示宪德务必认真查访，并将证人带往四川质审。此外，原审理此案的陕西巡抚石文焯及蔡珽也一同派往四川，待黄炳等会审时，令二人在旁观看。①

因"程如丝案"而派出如此高规格的办案团队，这在雍正朝并不多见，也正因为如此，案件真相也很快被查明。当年七月，黄炳等上奏雍正，称"程如丝在夔州知府任内，贩卖私盐，重贿蔡珽，依势横行，杀伤多人，残忍已极。蔡珽身任巡抚，利欲熏心，袒护保举程如丝为'四川第一好官'，负恩罔上，俱应拟斩立决。……"

据查，蔡珽在"冲卡"事件后收受程如丝白银六万六千两，黄金九百两，另有贪污、交结逆党等共计十八项罪行。雍正下旨从宽改为斩监候，秋后处决。至于程如丝，除坐实了贩卖私盐、杀伤人命等罪行外，其贪污夔关税银之事也因"拔出萝卜带出泥"而一一曝光。原来，在程如丝上调四川按察使后，继任夔州知府乔铎在向户部详报夔关税收前向其请教，程告诉他只需报二万两，其余与上司及户部官员分润即可。在其指导下，乔铎先后向四川布政使佛喜、户部侍郎刘师恕等人大肆行贿，借以中饱私囊（程如丝当然也少不了好处）。

为查实夔关关税，岳钟琪与马会伯也出了个奇招，他们不是去翻查之前的关务账目（因为早已做好了手脚），而是派遣亲信前往夔关亲自监收税银，结果在八十天内即已收齐二万两税银。由此，前后任夔州知府（如程如丝、乔铎等人）的贪污事实，不查自明。事后，程如丝被定斩立决，但蹊跷的是，在部文到达之前，程即自缢身死。②

次年二月，蔡珽家被查出私藏朱批奏折三件，照大不敬律应立

---

① 《清实录》，雍正五年三月，戊戌。
② 《永宪录》中说，程"以贪污罪问斩,命先自戕"，但未说此"命"谁下。见萧奭：《永宪录》，第216页。

斩，但雍正似乎无意再加重蔡珽的处罚。事实上，之前的"斩监候"也只"候"而未"斩"，蔡珽一直在狱中呆到雍正驾崩、乾隆即位后才被恩赦，但再未任职，后于乾隆八年悄然而终。

在当时看来，蔡珽的贪腐罪行不算特别突出，而且还是做过一些好事的，这或许是雍正免其一死的原因。聊举一例：蔡珽署理直隶总督期间，河间、静海一带发大水，为赈济灾民，蔡珽令按察使浦文焯至天津截留漕米二万石，以一万石运保定平粜，另一万石赈济经过诸地。为防止地方官员及经办人员侵冒虚报，蔡珽下令给各村灾民发给印券，逐批领取。赈期结束后，蔡珽又命灾民凭券参与续修城工，即今日之"以工代赈"。

天有不测风云，人有旦夕祸福。从待罪囹圄到反咬一口，绝地逢生，这究竟是幸，还是不幸，恐怕蔡珽自己也想不明白。据乾隆三十九年《永平府志·蔡珽传》中说，蔡珽"言笑不苟"，"性刚介，不能容人过，人亦不敢干以私"。所谓"性格决定命运"，大意如此。

隆科多：握着领导把柄的人没好下场

几乎在年羹尧挨整的同时，另一位在雍正继位过程中发挥关键作用的重头人物也同遭厄运，这就是雍正初年同样备受恩宠的隆科多。

和年羹尧相比，隆科多在康雍政权交替之际的地位更高，而且其家族世代勋贵，是货真价实的皇亲国戚。早在清军入关前，佟家先祖佟养真即为明朝武官，曾参与万历年间的援朝之战。努尔哈赤攻占抚顺后，佟养真在其堂弟佟养性的劝告下投降满洲，后驻守镇江堡（今安东）时为明军攻破，佟养真及其长子遇难。事后，佟养真幼子佟图赖承袭世职并在东北诸战中屡立战功，后受封为汉军正蓝旗主。顺治年后，佟图赖率部从龙入关，先后出征山东、山西、河南、湖广等地，军功卓著，为清廷立下汗马功劳。

佟图赖死后，清廷追赠"一等公"，其中原因不仅是缘其战功，而是其女为顺治之妃，即后来生下康熙皇帝的佟佳氏（孝康章皇后）。因为这层关系，佟家在康熙朝声名显赫、满门显贵，一时号称"佟半朝"。

佟图赖有两子，长子佟国纲袭世爵后由侍卫进内大臣，后在出征噶尔丹时于乌兰布通之战中阵亡，康熙对此极为哀痛，追谥"忠勇"，入昭忠祠。佟图赖次子佟国维同样为康熙亲信大臣，历任一等侍卫、领侍卫内大臣、议政大臣等，其女后入宫为妃（即带养雍正的孝懿皇后）。以此而论，佟国维既是康熙的舅舅，又是康熙的岳父，亲上加亲，显贵可知。

隆科多是佟国维的第三子，康熙五十年授步军统领，后又担任理藩院尚书（仍兼步军统领）。康熙驾崩时，隆科多是唯一的传诏人，而且负责京城安全警戒，其重要性毋庸置疑。雍正即位后，隆科多与怡亲王允祥等四人被任命为总理事务大臣，后又授为吏部尚书，当时朝中能与之相比的，大概只有怡亲王一人。

不仅如此，雍正还给予隆科多一些特别礼遇，如将其父佟国维在康熙朝获罪被革的公爵奉还，任命其为《清圣祖实录》及《大清会典》总裁官，其他如赐双眼孔雀花翎、四团龙补服、黄带、鞍马紫辔等，不一而足。不仅如此，雍正还亲自下令，今后正式公文中凡遇到"隆科多"三字，前面都要加"舅舅"二字。这种做法，虽说康熙及乾隆朝都曾出现过，但为此特发谕旨，反显得有些非同寻常了。①

年羹尧受宠时曾说隆科多是"极平常人"，话外之意，似乎认为后者靠的是裙带关系，并没有什么特别的才能与功绩。为此，雍正特在其请见折上替隆科多说好话："舅舅隆科多此人，朕与尔先前不但不深知他，真正大错了。此人真圣祖皇考忠臣、朕之功臣、国家良臣，真正当代第一超群拔类之希有大臣也！"②为调和二人关系，雍正还自作主张将年羹尧之子过继给隆科多，以示君臣三人，亲如一家。

客观地说，隆科多在雍正继位过程中发挥的作用远大于年羹尧，但与后者的飞扬跋扈不同的是，隆科多颇知谦抑。雍正二年，隆科多即主动请辞步军统领兼职，雍正对此还有些纳闷，如其对年羹尧说的，"朕并未露一点，连风也不曾吹，是他自己的主意"。

谦抑归谦抑，隆科多在擅权贪腐方面同样是行家里手。其在吏

---

①有清一朝，正式公文中加称"舅舅"的，隆科多并非特例，也非首例。如康熙朝佟国纲、佟国维，乾隆朝武格、伊通阿等，都被称"舅舅"。当时，佟国纲之子夸岱也被称"舅舅"，后因故被革除，见萧奭：《永宪录》，第181页。

②季永海等点校：《年羹尧满汉奏折译编》，第235页。

部时,司官"莫敢仰视",虽不像年羹尧那样明目张胆,但纳贿卖官的事也没少干,时人称为"佟选"(和"年选"相对应)。当然,隆科多毕竟受益于几十年的家族传统与经验,他多少比年羹尧要收敛许多,不至过于张扬。正所谓"盛极而衰,宠极则辱",隆科多心里也清楚,自己在政权更替前并非雍亲王一派人马,雍正也不可能会一直信任、重用自己,这些特别的"恩宠",来得快去得也快,多一点戒心与谨慎终究是没错的。

这不,雍正初年清查亏空、大搞抄家时,隆科多就给自己留了一手。为防止露财,隆科多事前即将家产分散藏在各亲友家和西山寺庙里。可是,中国有句老话叫"要想人不知,除非己莫为",隆科多是比年羹尧聪明一点,但这点小动作也没什么技术含量,其举动很快就被密报到了雍正面前。后者听后,不免冷冷一笑:堂堂"柱石大臣",竟使些小伎俩,如此狡兔三窟,岂非做贼心虚?既然隆科多如此用意,那好吧,大家干脆撕开面纱得了!

三年五月,在年羹尧被痛击之时,隆科多也同时挨批。雍正在上谕中说,"朕御极之始,将隆科多、年羹尧寄以心膂,毫无猜防",孰知"朕视为一体,伊等竟怀二心;朕予以殊荣,伊等乃幸为邀结,招权纳贿,擅作威福,敢于欺罔,忍于背负,几陷朕于不明"。

雍正特别警告说,二人门下趋附奔走承奉者甚多,如不解散党羽,洗心革面,"定以党逆正法",昔日明珠、索额图之案即为前车之鉴。为此,雍正还特意举出两个例子:领侍卫大臣马尔萨原系允禩一党,后由隆科多保举,其"不知报朕擢用之恩"而"感激隆科多荐引之私"。一日,果郡王(允礼)与马尔萨同进景运门,"舅舅隆科多见而起立,果郡王前行不觉,伊连声告曰:舅舅起立矣!直待果郡王欠身微趋而过方止"。雍正严厉指出:圣祖在时,隆科多与皇子相见,"俱跪一足问安","诸王于圣祖为父子而于朕则为兄弟,隆科多不照前恭敬,而反傲慢若此"。此外,隆科多揣测圣意,"屡参廉亲王(允禩),必欲朕致其身命",但其真实意图是想将前者多年结成的党羽如鄂伦岱、阿尔松阿、汝福等人收入自己门下，为己所用。如此用心，可谓叵测。①

一个月后，雍正在惩罚年羹尧之子年富、年兴时，隆科多之子、銮仪使玉柱也同遭革职，罪名是，"行止甚劣"。这显然是个不祥的信号了。当年七月，吏部在议处年羹尧妄参金南瑛（系怡亲王允祥保举）之罪时，隆科多被指"曲护徇庇"而被削去太保职衔，同时受罚前往阿兰善山（即贺兰山）修理城池，开垦地亩，理藩院事务改由果郡王允礼办理。事后，雍正又特地指示凉州总兵宋可进，说隆科多也像年羹尧一般贪诈负恩，他到你处，尽管你曾是他的属员，但似此诳君背主小人，相见时不须丝毫致敬尽礼。

由于当年的主要打击对象是年羹尧，被发配边地的隆科多得以暂安一时。待年羹尧被逼自尽后，隆科多再次被敲打。四年正月，雍正为众大臣赐宴时发表新年讲话，其中又以年、隆二人现身说法："朕在藩邸，阅历四十余年，人情世态，无不周知，亦非可以欺隐朦蔽者。如年羹尧、隆科多，营私挟诈，深负朕恩，不旋踵而事事败露。尔诸臣自度，才干伎俩未必能如彼二人，若营私自便，稍有不检，不惟薄待其身，兼惧罹于国法。尚可立身朝端，为众人之表率耶？"

当然，隆科多毕竟不是年羹尧，其贪腐或有之，跋扈则无，雍正最初也不想将之赶尽杀绝，而是适当给予其自救机会。这时，正好额驸策凌等人受命前往阿尔泰岭等处与俄国谈判疆界事宜，考虑到隆科多掌管理藩院多年且其伯父佟国纲曾参与当年索额图与俄国的谈判，雍正遂下令隆科多也加入使团效力。雍正还说，若隆科多"实心任事，思改前愆，朕必宽宥其罪"，若是"心怀叵测，思欲偾事，所定边界，不合机宜"，"朕必将伊治罪"。

或许因为雍正的这一指示，隆科多在谈判过程中态度强硬，双方相持不下。但就在这当口上，隆科多因突发"玉牒"之案而被召

---

① 萧奭：《永宪录》，第189页。

回，替换他的策凌在随后谈判中做了很大让步，事后签订的《布连斯奇条约》与《恰克图条约》中，贝加尔湖一带及唐努乌梁海以北这些原属大清帝国的领土（本为蒙古族游牧区）被划入了俄国版图，这不能不说是雍正的失策。

"玉牒"即爱新觉罗家族的皇室宗谱，这东西在当时无疑十分神圣，"除宗人府衙门，外人不得私看。虽有公事应看者，应具奏前往，敬捧阅看"。也不知为何，隆科多从辅国公阿布兰处要去玉牒底本，私藏在家。事发后，阿布兰被革去辅国公并加以圈禁，而此事也成为之后惩处隆科多的第一大罪行。当时，有大臣提出让隆科多谈判结束后再行议罪，但被雍正一票否决，说俄罗斯事本最易料理，"特给伊效力之路，以赎罪耳"，孰知其去后不肯实心办事——既如此，"留伊在彼，反致妄行搅扰，毫无裨益"，因此将其从速召回。

关于隆科多在边界谈判中的作用也有另一种说法，如法国学者葛斯顿·加恩在其著作《早期中俄关系史》中说，"起初隆科多在任何一点上都不肯让步，他的这种顽强固执几乎使所有谈判破裂。对俄国来说，幸运的是，大约在8月8日，隆科多被召回了，于是数日后双方终于得以签订一个名为'布连斯奇条约'的草约"；俄方"将这一成就通知了外交部，并且提出成功的理由如下：隆科多的被召回，巴多明和马齐所供给的情报（俄方给他们都送去了礼品），噶尔丹的服务，而最后则是中国方面害怕事情不得解决的恐惧，以及巴赫尔慈手下兵士和俄国所修建的第一批堡垒所造成的良好效果"①。

巴多明是俄国官方派驻在北京的神父，其中大意是俄方通过贿赂大学士马齐，由后者劝说雍正让步才达成了谈判协议。另外，俄国人也记载说："使臣根据将近两个月的争论情况，看出博格德汗（雍正）的舅舅隆科多对俄国朝廷明显心怀不善，于是找到一个机会致函边境地区的蒙古王公，说明自己如何正确并怀有良好意愿，而

---

① 转引自慕容似：《伴虎行：年羹尧隆科多伏诛》，第60页。其中的"噶尔丹"应指策妄阿拉布坦。

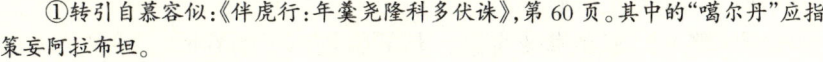

博格德汗的舅舅却与此相反，举止傲慢，要求过分，这就可能导致两国永世不和。使臣的这种抱怨很快就发生了作用。蒙古王公和中国大臣听到同僚隆科多提出了令人难以接受的苛求和使臣以战争相威胁的答复（而中国人对战争是很厌烦的），并且还看到整个俄国边境都已戒备起来，处于战备状态，各个城市都迅速地修筑了防御工事，因而他们担心谈判真的会破裂，于是便把这一情况禀奏博格德汗。结果是，傲慢的隆科多于8月8日夜间突然被捕并被严加监禁，押送到北京后褫夺了他的一切爵位、官衔，抄没了他的一切财产。"

客观地说，隆科多不能为本次边界谈判失利承担责任，事实上他也完全没这个机会。四年十月，隆科多被定多项大罪，其中"大不敬罪"第一条即"私抄玉牒"，第二条为"将圣祖仁皇帝钦赐御书贴在厢房，视为玩具"，第三条为"妄拟诸葛亮，奏称'白帝城受命之日，即是死期已至之时'"，另外还有欺罔罪、紊乱朝政罪、奸党罪、不法罪、贪婪罪等，共计四十一款。

雍正说，隆科多本应处斩，但看在他是先帝驾崩时惟一承旨人的份上，格外施恩，姑且饶他不死。这样，在畅春园外附近空地造屋三间，将之永远禁锢，让他在先帝院外闭门思过罢！至于其家产，也不必入官，但应追赃银数十万！其妻子亦免入辛者库，其子岳兴阿著革职，玉柱著发往黑龙江当差。

蹊跷的是，被雍正盯上的政治重犯如年羹尧、允禩、允禟等，在其定罪后几乎没有活过一年的，隆科多也同样如此。次年六月，大概是受不了如此凄冷的待遇，隆科多死于禁所，年仅五十七岁。事后，雍正帝命赐金治丧，这比年羹尧的待遇是好多了。

不过，有一点倒是相似的，隆科多的死也引起了后人众多的猜测，究竟是鸟尽弓藏还是擅权贪腐，前者似乎更有市场。有人认为，隆科多之死是因为他参与雍正篡位而被灭口，这种说法听起来似乎有些道理，不过学者杨启樵对此给出了否定的答案，其指出：隆科多不是护驾警卫，不在皇帝身边，其部属进不了畅春园，根本无法协助篡位。

具体说，隆科多当时系步军统领不假，但其职责要务是京师治安，与护驾无关。无论在紫禁城还是畅春园等处，康熙的安全均由禁卫部队，如侍卫处、前锋营及护军营等担任。康熙驾崩之际，隆科多固然为除皇子之外的唯一顾命大臣，但其觐见康熙也并非易事，将之描绘为偷天换日、扭转乾坤的神人未免偏离事实。①

对此，学者张鸣在《三国演义与隆科多的晦气》一文中也有段有趣的解读："作为老皇帝康熙咽气前守在身边的惟一大臣，对于皇位的继承，不说一言九鼎，至少是相当关键的。也就是说，无论继承问题雍亲王作弊还是没作弊，隆科多都是绕不过去的关口。……我相信，隆科多自比诸葛亮，说什么白帝城托孤云云，其实无非是表白自己对皇家的忠诚，潜台词无非是'鞠躬尽瘁，死而后已'八个字，否则，他断然不会在奏折里如是说。可是，热心表白的隆科多却忘了，白帝城托孤的故事还有另外一个潜台词，那就是，被托的'孤'是小说上称为阿斗的那个人，而阿斗则不仅是小说上的饭桶，而且已经成为民间饭桶草包的代名词。"

窃以为，雍正倒未必认为自己是所谓的"阿斗"，但其皇位之由来，确实经隆科多一人之口，说是"一言九鼎"也不为过。这档子事，往好里说，隆科多确实忠实秉承了康熙的遗旨，传位四阿哥胤禛，但往坏里说，若是隆科多矫诏虚传，不过任意指定其中一皇子继位，又有谁说得清！康熙驾崩之时，又再无一人可以见证，隆科多上哪说得清？

所以说，隆科多的死，其实是因为他自己说不清。他说不清自己在雍正即位的过程中到底发挥了什么作用。如果说是决定性作用的话，那就更加死定了——没有哪个皇帝愿意承认自己的皇位是靠某个下属得来的。如此，隆科多若是忠诚执行了康熙的遗诏，尚且是一个死字；如果是改诏的话，哪里还会有他的活路呢？

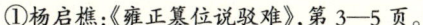

① 杨启樵：《雍正篡位说驳难》，第3—5页。

由此看来，作为唯一的传诏人固然是荣耀，但其中的危险也可想而知。也正是因为知道自己在雍正即位过程中扮演了一个极其重要又说不清道不明的角色，隆科多说的"白帝城受命之日，即是死期已至之时"，这话颇费思量。或许，隆科多知道自己在最高权力转移过程中起到了关键性作用，雍正也许会先感激他，但权力稳固后，隆科多的死期也就到了。由此，隆科多尽量夹起尾巴，低调做人，原因无外于此。

　　政治"暴发户"，"白帝城下死"。如此看来，雍正似有隐情。如有隐情，隆科多则必为知情人。从雍正这边来说，假如他这个皇帝真的当得不明不白，那他对那些有功之人和知情人在开始时一定会采取安抚政策，兑现各种赏赐以封住他们的嘴，但等到其地位稳固后，必然要置这些人于死地而后快。从权术上说，这也不难理解，皇帝也怕被要挟，他们的担忧和恐惧更甚于常人。正如那句话说的："世界上只有一种人可以保守秘密，这便是死人！"

　　雍正心里是不是这么想的，谁又知道呢？

不臣者死：查嗣庭的杀身之祸

雍正四年案子多，在隆科多、蔡珽两人结案前尚有一连环案，即"查嗣庭案"。说起查嗣庭这人也颇诡异，隆科多四十一款大罪中有他的一条，曰"保奏大逆之查嗣庭"；蔡珽十八款罪行中也有他的一条，曰"交结大逆不道之查嗣庭"。看到这里，读者或许会觉得纳闷，这查嗣庭究竟何许人也，怎么好事没摊上，啥坏事都有他的份儿？

说起来，查嗣庭在雍正初年算是个红人。据清实录记载，雍正刚一继位，查嗣庭即在隆科多的举荐下由翰林院侍讲学士升为内阁学士兼礼部侍郎，不久又受命翰林院教习庶吉士。元年三月，查嗣庭被外放山西为乡试正考官，事毕又受命为经筵讲官。大概在同一年，查嗣庭因侍值南书房而与史贻直等四人同受赐匾，雍正给查嗣庭题的是"木天清望"①。三年四月，查嗣庭在蔡珽举荐下授为礼部左侍郎，同年六月又被外放为江西乡试正考官。

翰林院一向有"红翰林"与"黑翰林"之说。"红翰林"可以"上天入地"，"上天"指的是陪侍皇帝身边（侍读、侍讲之类），他们接近皇上，沾着天子的恩典，自然前途无量；"入地"则是外放学官，做主考或学政，由此收一堆弟子门生，不仅孝敬好处多多，日后还可相互援引。至于"黑翰林"，那可就惨了，上不着天，下不

①萧奭：《永宪录》，第149页。

着地,上下不沾,只能在京师苦熬了。①

以雍正初年的际遇看,查嗣庭显然"红翰林"无疑,其两次外放乡试主考官,又侍值南书房,加经筵讲官,非一般翰林学士所能企及。认真说,查嗣庭之所以被雍正重视,可能还不仅仅是因为隆科多、蔡珽的荐举,其家庭背景或许起了更大的作用。明清两代,查家在浙江海宁一向为名门望族,簪缨佩玉,人才辈出。远的不说,仅查嗣庭一门三兄弟即全为进士翰林出身,其中长兄查慎行曾入值南书房,后充武英殿总裁纂述;二弟查嗣瑮官至侍讲学士,曾派广东乡试正主考;老三查嗣庭,康熙四十五年进士,后为翰林院编修。三人皆有诗名,一时号称"三查"②。

"红翰林"不假,外放乡试正考官也是好差,但其中也有危险。众所周知,古代科举一向是"千军万马过独木桥",其淘汰率较之今日高考何止十倍百倍,有如查家兄弟这样的幸运儿,就有更多如汪景祺、洪秀全这样的落第者。由此,每次乡试、会试后,总会有各种检举、攻击乃至诬告考官的小报告或社会流言,其中无外乎考官收取贿赂、暗通关节甚至出题违规,等等。客观说,历朝历代虽然腐败丛生,但科场上还是相对公正与干净,因为这是历代选官乃至吏治的底线,任何一朝的皇帝都不敢对此掉以轻心,但凡科场弊案,犯案官员往往受到最严厉的处治,这也是考官们心知肚明的。因此,这些事后的检举与报告,除极少数有真凭实据外,其他多属泄愤而已。

这一次,查嗣庭担任江西乡试正考官也被人告发。一开始,雍正或许是将之视为科场弊案加以处理,孰料抄家时别有所获,最终酿成大狱。据《清稗类钞》中说,查嗣庭回到北京家中,行李都未曾打开,当晚即被抄家,全家十三口统被抓去。突袭之时,查嗣庭因为舟车劳顿而喝了几杯,此刻尚"醉卧家中"。

---

① 如甲午年前的徐世昌即"黑翰林"一个,其官阶七品,年俸四十五两银子,既无外派机会也乏额外收入,生活困苦异常,直到协助袁世凯小站练兵后才大为改观。

② 如加上堂弟、子侄辈的话,当时查家有"一门七进士,叔侄五翰林"之称。

如果仅仅是有人举报，雍正或许还不会突然对查嗣庭采取如此大动作。很大程度上，可能是因为查嗣庭之前的作为引起了雍正的不满与怀疑。据记载，查嗣庭做礼部侍郎后屡犯错误，如元年九月以失仪事部议罚俸六个月（奉旨以记录抵消）；十一月以遗漏仪注事降二级调用，又以错误仪注事再降二级调用（均奉旨从宽留用）；四年三月，查嗣庭出外京察，回来后自陈"学问空疏，才庸短潜，徒遭际遇，存列清华，感激有心，报效无力"，奉旨交吏部、都察院察议具奏；四年四月，部议"查嗣庭补受礼部侍郎未及一年，屡此降罚，应照才力不及例降二级调用"①。如此一而再再而三，雍正心中难免恼恨：这几年来对你够可以了，你就这德性？究竟想干什么？

此外，文人难免有文人的臭毛病，如"恃才傲物、目空一切"之类，这等事往好里说是名士风度，往坏里说就得惹下祸端。在此之前，查嗣庭在"失仪、仪注"问题上屡屡犯错，足见其为人行事不拘小节，或有狂士之风。事后，雍正也说查嗣庭长就一副"狼顾之相"，"料其心术不端，从未信任"。其中大意，想必是查嗣庭太过拉风，无意中得罪了雍正才获此恶评。当然，雍正说自己从未信任过查嗣庭，这不免有些自打自脸的味道了，因为这与查嗣庭的连续升迁完全不符。

由于抄家中并没有获得关于查嗣庭暗通关节、收取贿赂的过硬证据，雍正又指令浙江将军鄂密达、巡抚李卫"迅速驰至"海宁查家，"将所有一应字迹并其抄录书本尽行搜出，封固送部。搜查之时，即墙壁窟穴中亦必详检无遗。倘致透漏风声，伊家得以预行藏匿，惟于尔等是问。特谕！"

严谕之下，鄂密达、李卫当然不敢怠慢，其后禀告说，众官兵将查家团团围住后，"入其宅内，随将合家大小，分别男女，各令关闭空房之内。即于一切房屋，逐间细加搜检，凡箱笼橱柜以及抽桌、木盒、纸卷、包裹、瓶瓮等类，尽数开看；床榻周围，悉行照

---

①张书才：《查嗣庭文字狱案史料》，《历史档案》1992年第1、2期。

遍；遇有地板房屋，砖板俱行揭起；其墙壁地面，凡有可疑之处，俱行拆掘；所有堆贮书屋，并搁放橱柜等处字迹书本，俱搜集一处，令亲身所带之人看守。"

这次的搜查，除发现一些书籍、信札及百十两银子外，也没有发现什么有价值的罪证。雍正对此也不甚满意，其在奏折上批道："前谕甚明，止令搜察字迹。衣服、器皿何必封贮耶！"由此可见，雍正是冲着"字"去的。

野史中常说，查嗣庭出事主要是因为考题中有"维民所止"四字，所谓"维、止"，即将"雍、正"二字去首，由此又衍生出后来雍正被侠女吕四娘刺死，竟至砍去头颅等演义传说。不过这些只是野史讹传，查嗣庭所出之题其实未有这句，其触怒雍正的主要有这么几道题：首题"君子不以言举人，不以人废言"；三题"介然用之而成路，为间不用则茅塞之矣"；《易经》次题"正大而天地之情可见矣"，《诗经》次题"百室盈止，妇子宁止"；策题"君犹腹心，臣犹肱骨"。

按说，首题"君子不以言举人，不以人废言"出自《论语》，这应该没什么问题吧，但雍正却说，查嗣庭这是对朝廷保举人才的政策不满，意在反对破格用人。三题"介然用之而成路，为间不用则茅塞之矣"，出自《孟子》，雍正说它"不知其何所谓"[①]。至于《易经》次题与《诗经》次题就严重了，雍正将之与汪景祺《历代年号论》联系起来，说"查嗣庭所出经题，前用正字，后用止字"，显然存心不良，居心叵测。加之策题"君犹腹心，臣犹肱骨"，雍正说查嗣庭不尊君为"元首"，分明"不知君上之尊"，有意亵渎。[②]

当然，雍正如此穿凿附会，周文深纳，他自己也知道不能服人，只好说："假若但就科场题目加以处分，则天下之人必以查嗣庭为出于无心，偶因文字获罪。"好，朕现在就拿出更有杀伤力的东

[①] 语出《孟子·尽心下》，大意是："山坡间的小径，常有人行走即踏成一条路，但一段时间没人走，则又被茅草堵塞了。"
[②] 详见萧奭：《永宪录》，第305页。

西——查嗣庭的日记两本!

为此,雍正在上谕中不厌其详地列举了查嗣庭日记中的种种不端。康熙六十一年十一月十三日,"前书圣祖仁皇帝升退大事,越数行即书其患病腹疾大发,狼狈不堪。其悖乱不敬至于如此"!雍正元年后,"凡遇朔望朝会及朕亲行祭奠之日,必书曰大风,不然则狂风大作。偶遇雨则书大雨倾盆,不然则大冰雹"。至于"其他讥刺时事、幸灾乐祸之语"就更多了,如谓"钦赐进士为滥举,以戴名世之获罪为文字之祸,以赵晋之正法为因江南流传对联之所致,以科场作弊之知县方名正法为冤抑,以清书庶常复考汉书为苛刻,以庶常散馆斥革为畏途,以多选庶常为蔓草,以殿试不完卷斥革之进士为非罪。热河偶然发水,则书官员淹死八百人,其余不计其数。又书雨中飞蝗蔽天。似此一派荒诞之言。而公然造作书写,又有涂抹一处,乃极诋满洲之文,大逆不道之语"。所有这些,都被雍正说成"侮辱先王"、"大肆讪谤"①。

是啊,康熙皇帝驾崩乃是国丧,你居然把自己拉肚子的狼狈之状写上去。碰到朝会祭奠等庄重场合,你动不动扯上大风、大雨、冰雹,这算啥意思?热河偶发大水,就说"官员淹死八百人,其余不计其数",还是什么"雨中飞蝗蔽天",简直公然造谣啊!这不是作死的节奏吗?

这还不够。查嗣庭被定罪后,雍正又列举了一大堆罪证:"内廷进见,乃敢谓寂无一人;记候迎圣驾,乃自称是日用膳;缮写上谕,即私志以为己作;钦奉谕旨,敢私议以为难行;殿试武举,因严寒先行赐食,待暄暖而后较射,乃说皇上午后始出;万寿圣节,妄记督抚提镇进献甚多;记赴宴礼部,敢以恩荣之典为草率。"以上此类,不下三十条,用雍正的话来说,简直就是"恶积如山,罪难悉述"②。这里限于篇幅,不再列举。

---

①详见萧奭:《永宪录》,第305页。
②详见萧奭:《永宪录》,第411页。

至此，查嗣庭不但得死，还须死得难看，才解雍正心头之恨。事后，查嗣庭被判凌迟处死，其子查沄斩监候，秋后处决，其名下应追家产，留于浙江以充海塘工程之用。不仅如此，查嗣庭的家族中人也被牵连，其胞兄查嗣瑮、胞侄查基及查嗣庭母女妻妾及十五岁以下子等均流三千里。至于查嗣庭之长兄查慎行，雍正称其"年已老迈，且居家日久，南北相隔径远，查嗣庭恶乱之事，伊实无由得知"，"查慎行父子俱从宽免治罪，释放回籍"。

查慎行原名查嗣琏，说起这事还有个小插曲。康熙二十八年，戏剧家洪升为庆贺生日而在家演出《长生殿》，同时邀请好友前来看戏同庆。由于当时正值皇太后"国丧"期间，这事经人举报，涉事官员均被革职，其中就包括了查嗣琏。事后，查嗣琏十分悔恨而改名"慎行"，字"悔余"，其中暗含"痛悔之余，谨言慎行"之意。为此，还有人写诗揶揄他："竿木逢场一笑成，酒徒作计太憨生。荆商市上重相见，摇手休呼旧姓名。"二十余年后，查氏门户鼎盛，奉值内廷的查慎行急流勇退，退隐乡里。又二十年后，查嗣庭案发，查慎行全家均被逮送京城，所幸雍正网开一面，这家人才逃过一劫。

事后，查慎行作了一首名为《哭三弟润木》（润木即查嗣庭）的诗，曰："家难同时聚，多来送汝终。吞声自兄弟，泣血到孩童。地出阴寒洞，天号惨澹风。莫嗟泉路远，父子获相逢。"这诗说的是，查嗣庭父子被打入天牢，为免刑戮之辱而先后在牢中自尽。人虽然死了，凌迟之罪还在，查嗣庭最终仍被戮尸枭示。

"覆巢之下无完卵"，经此大狱，查家几近家破人亡，其中最冤的是查嗣庭的二哥查嗣瑮。他当时已是七十老翁，被流放到人烟稀少的关西后于雍正十一年客死异乡。等到乾隆年后，查嗣庭这些未死的亲人才被赦归。

此外，查嗣庭任江西乡试主考官时与之有联系的官员也被查处，如江西巡抚汪漋"违法将房屋卖给查嗣庭"，被"降四级，以京官调用"；江西布政使丁仕一，"由部务特简荐升布政，辜负朕恩。着革职发往高其倬处。或者有应修城工，或别地方工程，派伊出资效力";副主考俞鸿图,"着革职在翰林院编修任内行走"。雍正十二年,俞鸿图在河南学政任上因家人参与科场弊案而被总督王士俊弹劾,最终被处以斩立决,不得好死。

不仅如此,雍正还因查嗣庭及汪景祺案而迁怒浙江士人。四年十月,也就是查嗣庭下狱次月,雍正特命设立浙江观风整俗使,专职整顿浙省士风(后又推广到福建、广东、湖南)。当年十一月,雍正更是祭出狠招,宣布停止浙江士人乡试、会试,直到两年后,经浙江总督李卫请求,"停考令"才被撤销。①

很显然,雍正不仅仅是迁怒于浙江士人,更是有意打击科甲中人。查嗣庭案发后,雍正特别警告大学士九卿翰詹科道等官员,"尔等多出自科甲之人,既诵法圣贤,读书明理,当知君臣之大义。查嗣庭请托贿嘱之书札,不一而足,其日记所载狂妄悖逆之语,与汪景祺相为表里"。

说到"请托贿嘱之书札",对查嗣庭的两次抄家确实搜到一些,其中多为查之弟子或同年,但是否真有暗通关节作弊之事,事后的审判却是含糊其辞,或有请托而未成事实,否则势必涉及他人,做同案处理(案后处理似未涉及于此,或为虚词)。尽管没有真凭实据,但雍正对科甲中人的厌恶,可见一斑。

此外,"查嗣庭案"还涉及"蔡珽案"、"隆科多案",堪称后两案之先声。从这个意义上说,"查案"是标准的文字狱不假,但因为其"向来趋附隆科多"及蔡珽,因而也成为雍正打击其他政治势力的"连环案"——兴此大狱,实为整肃隆科多和蔡珽作铺垫。对此,清史专家邓之诚在《清诗纪事》中录其《除夕感事》诗句"能餐白石家堪住,解作黄金吏待廉"时,称其"语含讥刺"。而其另一首《代皇子寿某》:"柳色花香正满枝,宫廷长日爱追随。韶华最是三春好,为近龙楼献寿时。"邓之诚则提出:"皇子与所寿者,俱不知谁某。玩'宫廷长日爱追随'一语,非椒房即内侍也。交通

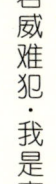

①童子试(考秀才)仍旧举行,且不停武举。见萧奭:《永宪录》,第401页。

宫禁诸王，岂能免于雍正之时，而况曾为隆科多所荐举乎！乃知嗣庭杀身之祸在此。"由此推论，查嗣庭或许因为不慎卷入宫廷之争而惹祸上身的。

最具讽刺的是，查嗣庭批判钱名世时，称其"从今负罪归乡里，掩口人惭道姓名"，而他本人呢，非但连回乡的机会都没有，而且还遗祸乡人。查家出文人，查嗣庭也确实有才，但其文字诉诸笔端，却在某种程度上超越了权威，最终为权威所忌，为权威所杀。专制之下，不臣者死，不臣之心必诛，孙嘉淦所谓"趋跄媚胁，顾盼而皆然；免冠叩首，应声而叩是"，这种官场生态也就理所当然了。

八王余党：一个也不能放过

雍正初年屡兴大案，其中最大的三宗为"年羹尧案"、"隆科多案"及"八王党案"，三案几乎同时并举，雍正之威势，由此可以见之。在本书姊妹篇《夺位战争》中，"八王党"的主要首脑人物原八阿哥允禩、九阿哥允禟及十阿哥允䄉、十四阿哥允禵等人的命运已经说过，这里再交代下其余党的情况。

"八王党"中，揆叙与阿灵阿大概是除允禩、允禟外最令雍正痛恨的了，这二位虽早在康熙末年即已离世，但后者仍不能放过他们，并于雍正二年分别将其墓碑改为"不忠不孝阴险柔佞揆叙之墓"、"不臣不弟暴悍贪庸阿灵阿之墓"，这一离奇之作，和惩罚钱名世的"名教罪人"匾有异曲同工之处。那么，揆叙与阿灵阿究竟哪里得罪了雍正呢？

揆叙为康熙朝权臣明珠次子，名气虽不如其兄纳兰性德，但也能做词，有才名，并先后任翰林院侍读学士，充日讲起居注官，后又擢升为翰林院掌院学士兼礼部侍郎。其父明珠显赫之时，揆叙亦交游甚广，其中尤与八阿哥允禩同气相求。在康熙四十七年的"复立太子"闹剧中，揆叙因与阿灵阿、鄂伦岱、王鸿绪等人串通诸大臣力举八阿哥允禩为太子候选而遭康熙黜斥。

如果只是一般性的拥立允禩，那倒也没什么，毕竟当时站在八阿哥一边的大臣很多。问题的关键在于，揆叙与阿灵阿在此过程中用了一些不道德的手段，并且差点让雍正吃药，险些坏了后者大事。

这里先交代下阿灵阿的情况。阿灵阿，康熙前期重臣遏必隆第五子，孝昭仁皇后（康熙第二位皇后）及温禧贵妃（十阿哥胤䄉生母）之幼弟，曾任正蓝旗蒙古都统、领侍卫内大臣、理藩院尚书等职。太子允礽被废后，阿灵阿与揆叙不惜巨资，"合谋买嘱优童下贱，每与官民宴会之所，将二阿哥肆行污蔑，京城言语谓'千金买一乱'者"。

据雍正的揭发，阿灵阿与揆叙在此期间还故意在公开场合装出"与朕和好之景"，让别人觉得这一切行为"皆似出朕所指使者"，"无知小人不明大义，竟疑朕与二阿哥为难，谓阿灵阿、揆叙皆附和于朕"。说到这里，雍正也是气得不行，说二阿哥不仁不孝，先帝早已了然在胸，自有裁断，岂容"臣下设法捏造蜚语，遂行废立之大事乎"？要是我胤禛干出这种卑鄙事，"皇考岂肯以宗社大统付托朕躬乎！"

对于阿灵阿与揆叙的阴谋与栽赃，吃了哑巴亏的雍正愤慨异常，说此乃"朕与阿灵阿、揆叙不共戴天之恨也"！由此，尽管阿灵阿与揆叙分别于康熙五十五年、五十六年即已挂掉，但雍正仍在即位第二年命廉亲王允禩将阿灵阿、揆叙墓石碑文抹去而另刻，"以正其罪，昭示永久"。之所以要这样做，用雍正本人的话来说就是，"不特朕得以雪数十年积恨，而世道人心均有攸赖"。显然，前者才是重点。

不仅如此，雍正还在上谕中公开揭露阿灵阿当年的丑事，说康熙三十三年其姐温僖贵妃丧事，阿灵阿竟然在葬礼上大肆张扬其长兄法喀"逾墙调诱、欲行奸污"其三兄福保之妻！康熙得知后"面加戒饬"，"谓丧事会集之所，族大人众，焉有男女无别而得以肆行无忌之理"，孰料阿灵阿"凶毒益甚，坚执前说"，以致康熙大为震怒而对其严加处分。雍正说，阿灵阿惯用"暧昧不明之事捏造陷害，令他人抱不白之冤"，其"忍言狗彘不为之事，是必能为狗彘之行者也"。

阿灵阿去世后，其次子阿尔松阿袭二等公，后于康熙五十七年擢升为领侍卫内大臣、刑部尚书。二年七月，雍正谕责阿尔松阿无心效力，劝之不听，惩之不畏，"柔奸狡猾，甚于其父"，令革职并发往盛京祖陵，守其曾祖额宜都之墓。雍正还说，若阿尔松阿"能悔改前非、安静谨守则已，倘不痛自惩艾，尚敢逞其故智，朕必置之重典"！次年三月，允禩的另一死党鄂伦岱也同样被发配至盛京，但这二位心怀不满，终日酗酒，牢骚满腹，最终于四年五月同时被处斩。

说起来，雍正的舅舅不是那么容易当的，隆科多是舅舅，身死名败；鄂伦岱也是舅舅，身首异处；其他如法海等，大多没有好下场。鄂伦岱系佟国纲长子，初任一等侍卫，由于其性格桀骜不驯，平时经常顶撞其父，以至后者上奏康熙，请求诛杀这一逆子。调解无效之下，康熙只得将鄂伦岱调任广东驻防副都统，这才暂时化解了二人矛盾。

清兵入关后，武将的崇儒之风远不如文臣，其蛮莽之风犹存，种种刚愎，不拘小节，不说是司空见惯，至少也是屡有发生。认真说，鄂伦岱的这一个性，其实也是来自其父的遗传。佟国纲本人性格倔强，一向固执己见，即便在康熙帝面前也是如此。某次，佟国纲举荐官员而康熙不准，佟非要坚持，惹得康熙龙颜大怒，便将其写有举荐人名字的绿头牌扔在地上，而佟国纲毫无惧色，说："宁将我都统革去，臣所荐无私，断不可不用。"康熙苦笑之余，也是无可奈何——谁让咱们是亲戚！

康熙二十九年，佟国纲在乌兰布通一役中阵亡，鄂伦岱回京后出任镶黄旗汉军都统，不久又袭封一等公并升任领侍卫内大臣。在康熙四十七年的"拥立风波"中，鄂伦岱也是积极分子，由此触怒康熙并令雍正怀恨在心。

三年三月，雍正在上谕中历数鄂伦岱的种种罪行，说"拥立"事件后，康熙从霸州回銮时，沿途切责鄂伦岱结党之事，而鄂伦岱"悍然不知畏惧"，"及圣驾出，鄂伦岱乃悍然向前迎立，以触圣怒"。对此，随侍在旁的雍正也是看在眼里，说"皇考如此高年，而伊一路触犯；行至六十余里，其倨傲凶狠之状，朕与扈从人等旁观，无不痛恨。"

还有一次，康熙在热河行围时身体不适，诸大臣、侍卫等都去请安，而鄂伦岱非但不请安，反而"颇以为快，在宫门前每日较射欢笑"。为此，康熙曾将其切责，说："尔甚无恩情，尔所作之罪不可胜数，实为可杀之人。"事后，康熙又命侍卫将其鞭挞，以示薄惩。但鄂伦岱对此毫无畏惧，倨傲如故，令"皇考愤懑终日"，如此情形，就连皇上的亲随侍卫也"不胜愤恨，人人发指"。

等到雍正继位后，鄂伦岱"请将苏尼特为贼之台吉调来京师披甲"，得谕"交扎萨克王管束"，而后者竟然胆大包天，乃自行缮写圣旨，其中有"皇考时调来披甲，朕心不忍"等语，企图用"皇考之名加之于朕"。更有甚者，雍正有次让鄂伦岱将朱批谕旨转交给阿尔松阿，其竟然在乾清门众人前将谕旨掷地——此等顽悍之状，简直无法无天！

再有，雍正某次召集旗下大臣谈话，说"近日大臣办事已改从前积习，可以不用诛戮，朕心甚喜"，诸臣听后，无不喜动颜色，唯独鄂伦岱略无喜容，俯首冷笑。有一次，雍正偶然问起一原充侍卫之人，鄂伦岱并未认识而妄奏云："此人平常。"雍正责以欺罔，鄂伦岱干脆顶撞说："我就是信口回奏。"至于其与允禩固结死党，同阿尔松阿阻挠政事，种种悖逆，不胜枚举，"在朕前举止抗衡，为人臣者，当如是乎"？！

在列举了诸多事实根据后，雍正称鄂伦岱之罪"虽置极典"而不足以蔽其辜，只是考虑到其"系皇祖妣、皇妣之戚，其父又经阵亡，不忍加诛"，最后从宽发往盛京，令与阿尔松阿一同居住，以免"遇事生波，煽惑朝政"。但是，鄂伦岱仍不得善终。

鄂伦岱如此，其兄弟也不好过。其二弟法海因之前阿附允禵而于雍正五年被治罪，三弟夸岱被公开革去舅舅称呼。说来也怪，鄂伦岱与弟弟关系也非常恶劣，其中法海因为是佟国纲微贱侍婢所生，因而鄂伦岱一直看不起他，加之法海生母死后，鄂伦岱不许其葬入祖坟，兄弟间遂成仇敌，势如水火。由于从小受到父兄的歧视，法海自幼奋力好学，后考中进士，并被康熙选为十三阿哥允祥及十四阿哥允禵的师傅。康熙末年，法海出任广东巡抚，之后又任兵部尚书。大概因为十四阿哥允禵的缘故，法海在雍正年后被整肃，但又因为与十三阿哥允祥的关系，其最终被从宽处理，"著发往插汉拖辉，交与通智、单畴书管辖，听其差委，在水利处效力行走"。看来，两个篮子各放一个鸡蛋是比较保险的，法海就得了这个便宜。

除以上诸人外，其他八王余党也是革职的革职，流放的流放，乃至和鄂伦岱、阿尔松阿一样被杀头的。其中，在允禩、允禵之前就被问罪的（如岳周、七十、马尔齐哈等），最终都遭到严惩。岳周此前已经说过，其为允禩党徒，在工部郎中任上因拖欠钱粮而由后者私帮数千金代其完纳，后又以银二万两向年羹尧买官，经审讯查实后，初定为斩立决，后因"年羹尧案"的关系，改为斩监候，秋后处决。这是雍正二年的事。

同年被问罪的还有原阿灵阿的谋主七十，雍正说他各处钻营，而"阿尔松阿视为恩人"，其在户部时，专主户部之事；在刑部，又专主刑部之事，司官中但凡小有才者，或愚懦而畏其威的，都被其引诱而拉下水。①雍正继位后，七十自浒墅关回京销差，查出隐匿任内半年浮额税银数万两，而只罚其出数千两结案。后来，七十奉命为十六阿哥、庄亲王允禄修理府第，按说他该踊跃效力，没想"竟不感戴宽宥之恩，并不作速全完"，"且又造言怨望"。在被庄亲王告发后，七十被圈禁其府内，而后者仍利用之前的老关系暗地钻谋，企图脱罪。

四年五月，经康亲王崇安等议奏，七十与苏努（附从九阿哥允禟之人，后叙）两人虽经身死，理应照大逆律戮尸扬灰，抄没家产，以彰国典。其子孙奸恶者十二人并请正法，其余发白都纳等处当苦

---

① 另据《雍正起居注》雍正元年五月二十日条，"从前朕在藩邸时，马尔齐哈曾欲诱入伊党，朕坚推之。"则七十与马尔齐哈均有拉人结党的行径。

差。雍正接奏后，批示说："苏努、七十，照议治罪，以彰巨恶"；至于其家产，"谅已隐匿，何必抄没"；其子孙"理当加以诛戮"，"但将如许人正法，朕心不忍"，姑且从宽治罪，分别加以禁锢或发遣苦差了事。

和岳周、七十一样，马尔齐哈也于雍正二年被处理。雍正说，马尔齐哈以前在各旗行医，"朕以伊系行医之人，必然好生"，而其为人看来还算坦率，于是将之擢升为刑部侍郎。按说，马尔齐哈该感恩图报，竭力尽忠，孰料其"不改旧习，存从前分党之念"。雍正举了几个简单的例子，一是召见时，"礼貌疏略，绝无对君恭敬之意"；二是有人奏报其在乾清门"与大学士列坐共食"而被严饬，令其改过；三是"以曾子语讥讽朕躬"，"为此隐约之词，狂妄甚矣"。

显然，马尔齐哈犯的主要是不敬罪，党从允禩、允禟、苏努还是其次。至于他是怎么用曾子语暗中讥讽雍正的，原话尚不得知，但雍正作了一段解释，说这是"无知小人，妄生议论"，"谓朕听用总理事务大臣之言，所用者皆系伊等亲友。伊等俱系皇考简用之人，非朕即位后所特擢也。今朝廷之上，俱是皇考时所用大臣，朕岂有私乎"？由此看来，雍正是认为马尔齐哈有意挑拨自己与十三阿哥、怡亲王允祥的关系，而后者正是雍正在朝的主要助手并最信任的大臣、兄弟。这岂不是拿鸡蛋碰石头？被问罪后，马尔齐哈于当年即病故。

在这场剿灭"八王党"的战争中，皇族中人也不能幸免。同样在雍正二年，裕亲王保泰被宗人府参奏，称其"自幼蒙圣祖抚养内廷，……伊子俱封尊爵，乃不知感戴。值圣祖服制未满，皇上素服斋居"，而"伊在家唱戏为乐"。及承讯问，他竟"毅然承认，反称于伊母丧事时，六年并未唱戏等语"。宗人府认为，保泰"迎合廉亲王允禩，昧于君臣大义，奏言不逊，不忠不孝，罪状昭然，应将保泰革去王爵"。雍正批示：准。

在雍正四年打击"八王党"的高潮中，贝勒满都护被控"庸鄙卑污"，"入允禩、允禟、允䄉、保泰、苏努、阿灵阿、鄂伦岱之党"。

雍正还揭发说，昔日康熙皇帝"不令（其）承袭贝勒而用伊弟海山"，只因后来海山获罪禁锢，没有应袭之人，不得已才令其承袭。但是，屡蒙厚恩的满都护官至议政大臣、领侍卫内大臣，管理正白旗三旗都统事务，却并未尽心办事，竭力供职。雍正继位后，"令伊在总理事务处协同行走"，满都护却"毫无竭诚效力、改悔前非之意，惟欲阻挠政事，摇乱人心，阴险奸伪，无所不至"。雍正说，像满都护这种人，从前就不孝于父、不友于兄弟，实为"八王党"中之巨魁。

次年五月，宗人府奏请将满都护的公爵革去。雍正批示说，满都护本系朕亲叔恭亲王（常宁）之子，虽被委以重任，但总不肯实心为国家出力，"惟恋恋于阿其那、苏努、保泰等"，"甘为犬马，不孝不忠"。他的两个弟弟也不是什么好鸟，其中海山为人狂悖，获罪禁锢。海山之子伦木布，当年康熙皇帝"望其成人"而"令随乾清门御前侍卫处行走"，孰料"皇考升遐，伊竟无滴泪。朕见其如此忘恩，实为痛恨，故令于伊父海山处拘禁"。至于另一个弟弟对青额，更是"庸劣无耻"，其在侍卫班中，"饮酒沉醉，竟在中和殿阶上溲溺"，而满都护隐匿不参。再者，海山任贝勒时，满都护"任伊凌辱，隐忍不露，而暗将海山谋陷中伤"，而对于允禩等人，"则甘心出其胯下"。种种奸诈，"朕知之最悉"。不过，考虑到满都护之父毕竟是自己的亲叔叔，雍正最后还是将其轻轻放过，著从宽免革公爵。

最后再说一个延信。康熙驾崩之时，延信正与十四阿哥允禵在西宁军前，雍正为稳定军心，其在将允禵召回的同时，又以"大行皇帝"的名义降谕，称："延信朕亲伯之孙，克展勇略，深属可嘉，敕封为辅国公。"延信在护理抚远大将军之印后，又由辅国公晋封为固山贝子。未及半年，延信再次因平定西藏有功而晋升为多罗贝勒。

不过在此之后，延信的好运也到头了。在"八王党"的主要头目都倒台后，延信也于雍正五年被议罪二十款，其中第一款即"与阿其那、阿灵阿、拉锡、普奇等结为党羽，与二阿哥为敌"；第二款为党徇年羹尧；第三款为在西宁时，"阳为不附和允禵"而"阴与

允䄉交结";其他如"遵奉阿其那,倾心效顺,称阿其那'朴实',称阿灵阿为'人杰',将伊女与阿尔松阿结亲"——都是大罪。另外,还有"当御前昂然伸足",皇上训责而"坐听不行跪聆",等等,甚至"假捏病状,扶杖行走,及令伊署大将军印务,弃杖前往"的事也被揭了出来。最终,延信被罚与隆科多一处监禁。

这真是,不是不报,时候未到,等到秋后算账,八王余党就逃无可逃了。由此看,雍正这个人,确确实实得罪不起啊。

宠臣难当

自古伴君如伴虎

李绂告状：一石激起千层浪

雍正四年无疑是多事之年。这一年，随着"八王党"首脑人物允禩、允禟相继被肉体消灭后，雍正本打算缓和下政治空气，让前期的清算运动告一段落。但事与愿违的是，下半年又意外地兴起了一场新的政治斗争，这就是由李绂、田文镜互参而引发的"科甲案"。说起这事，还得从田文镜就任河南巡抚说起。

田文镜为汉军正蓝旗人，康熙二十二年以监生授福建长乐县丞，九年后迁山西乡宁知县，又经十三年才升为直隶易州知州，四十五年，田文镜内擢吏部员外郎，历郎中，授御史，足足熬了三十多年，才在康熙末年升为内阁侍读学士（从四品）。雍正元年时，田文镜已是六十开外，按说没什么政治前途了，但一次偶然的外派机会改写了他的命运，并令其青史留名。

宠臣难当·自古伴君如伴虎

原来，山西那年发生灾情，由西北觐京的年羹尧向雍正请求赈济，但山西巡抚德音害怕朝廷怪罪而在回奏中称："山西去年收成甚好，道途亦无饥民，实无可赈济之处。"这时，奉命前往华山祭祀的田文镜回京复命，雍正于是再向他了解情况，后者即将沿途看到的荒歉情形如实上报，其间"激切敷陈，备极周详"，引起了雍正的极大关注。待德音的谎言被揭穿后，雍正不由勃然大怒，随即将之撤职查办，并委派田文镜前往山西赈灾，灾民获救者达五十六万，一时万民称颂。事竣，田文镜被授为山西布政使。

田文镜小吏出身，为官务实，办事干练，其到山西后大展拳脚，兴利除弊，毫不手软，令山西官场风气为之一新。对田文镜这种"讲真话、办实事"的作风，雍正极为欣赏并多次褒扬，田文镜由此老来得志，不到两年即升为河南巡抚（正二品）。

到任后，田文镜为扭转河南官员因循疲玩之风而先后参劾信阳知州黄振国、汝宁知府张玢、息县知县邵言纶、固始知县汪诚等人，一时引起士人非议。据清人陈康祺在《郎潜纪闻初笔》中载，被上调为直隶总督的李绂路过开封时，两人"相见揖未毕"，李即厉声道："明公身任封疆，有心蹂躏读书人，何也？"

李绂原任广西巡抚，陈康祺所说之事发生于雍正四年初，其中情形虽未必如此戏剧性，但两大吏发生言语冲突或为事实。事后，李绂向雍正控告田文镜"性情僻暗，信用金邪，贤否倒置"，其参劾邵言纶、汪诚系误信"本属市井无赖"的署理知州张球——后者因向邵、汪勒索未遂而向田文镜诬告，以致误参！此外，黄振国瘐死狱中，田文镜恐有杀人灭口之嫌。由此，李绂乞请雍正加以干预，不要再让田文镜糟践读书人。

李绂字巨来，江西临川人，其自幼即聪慧异常，有过目不忘之才。据《啸亭杂录》中说，李绂少时因家贫无钱买书而借贷于邻人，每一翻绎，无不成诵；偶入城市，街衢铺店名号皆默识之；后官翰林，库中旧藏有《永乐大典》，李绂读之而不忘，某次同僚随取架上书而考问之，李竟全部答对，众皆惊为神人。①

《永乐大典》总计两万余卷，字数约三亿七千万，若说李绂全能背下当然不太可能，但其记忆力之好却是公认的。康熙四十四年，刚过而立之年的李绂在江西乡试中拔得头筹（俗称"解元"），四年后中进士并选庶吉士，散馆后历任翰林院编修、侍讲学士、内阁学士、礼部侍郎、左副都御史等职，期间还外派过乡试、会试正副考官等差，仕途平展，一帆风顺。

李绂是个读书种子，学问渊博，康熙朝理学名臣、内阁大学士

---

① 昭梿：《啸亭杂录》，第313页。

李光地就曾说，六百年来无人可超欧阳修与曾巩，惟李绂大有希望。同时代的诗坛领袖、学者王士禛也说，李绂有"万夫之禀"，通观时下文士，无一人可抵得上李绂。①

名气虽大，不过李绂在康熙末年却载了个大跟斗。原来，李绂在康熙六十年担任会试副主考时，"出榜日，黄雾风霾"，年事已高的康熙有些迷信，说此榜"或有乱臣贼子"，如不是，"亦当有读书积学之士不得中式，怨气所致"，遂下令重新阅卷。消息传出，一些落第举子就跑到李绂家门口聚众闹事，后者由此被弹劾落职，并发配永定河工地效力。

现在看来，所谓的"黄雾风霾"不过是沙尘暴天气，李绂这次栽得有些冤枉。对此，雍正也是看在眼里，说李绂"才品操守，为满汉所少"，于是登基后即将之召回京城并任命为吏部右侍郎，充经筵讲官，不久又官复都察院左副都御史并任兵部右侍郎。元年九月，李绂奉命催运漕粮，事毕雍正亲书"奉国馨心"四字，以示褒奖。

二年四月，李绂出任广西巡抚，雍正在其行前特别勉励说，"尔乃不由旁人荐举而为朕所特用之人"，"非他人可比"，到广西后要好生为官，为大臣们做个榜样。到任后，李绂大力整顿吏治并查处了一批贪官，积案为之一空，同时，又采取恩威并施的手段平息了当地土人间的争斗与仇杀，令众人为之刮目相看。三年八月，李绂由广西巡抚升为直隶总督，而后者号称"天下督抚第一"，如非雍正亲信，显无可能担任这一重要职位。

也正因为雍正的宠信有加，李绂才敢于向田文镜发难。据《永宪录》载，李绂任前陛见时，雍正将之召至内苑，侍宴，泛舟，看牡丹，事后又赏四团龙褂、五爪龙袍，并赐对联："畿辅句宣膺重寄，扶风节钺选名臣"②，足见其重视程度。

颇具讽刺的是，李绂尚在广西任上时，雍正曾在奏折上批示说，

---

① 转引自冯尔康：《雍正传》，第215页。
② 萧奭：《永宪录》，第274页。

"汝与田文镜二人，实难辜负朕恩也"，意在让两人相互勉励，奋发有为。若以事理论，李绂、田文镜都是雍正继位后提拔重用的亲信大臣，这二位本该和衷共济，给雍正挣面子才对，孰料两人一碰面就互咬起来，这让雍正着实有些为难。

对于田文镜的为人，雍正是深信不疑的，但李绂的控告似乎也言之凿凿，不能不让雍正有所重视。事后，雍正暂时没有表态而是将李绂的奏折截去头尾。作匿名处理后转给田文镜，其中批示说："有人具此一奏，现发给你看。想你也不至于有意欺瞒，但你是否被属员欺骗，这事怕不好说。用人最忌护短，听言不宜偏信，特别那个叫张球的，你好生调查下，究竟有无贪腐不法劣迹。"①

田文镜接到批示后，心里跟明镜似的，他明知此奏必出李绂之手而故作不解，说张球乃"贤能之员"而疏内斥之为"市井无赖"，则弹劾之人必为科举中人；邵言纶、汪诚都是乙丑进士，此人或为其同年；现在一些正途出身的官员相互援引，为自己的同年挟私袒护，如任其"群起妄议"，那今后科甲之员便有贪污苟且之事，各省督抚恐怕也不敢任意题参了。

所谓"同年"，通常指乡、会试同榜中试者，因为古代科举艰难，加之交通不便、交际困难，因而同榜中举或同榜进士往往被视为难得的机缘，彼此间往往声息相通，久而久之，就形成了一个相互援引的小集团，由此成为科举时代的传统。巧合的是，田文镜所参的黄振国、张玢、邵言纶、汪诚与李绂均为康熙四十八年进士，作为这科的佼佼者，李绂为同年说好话，或之前即通讯息，似乎也在情理之中。

田文镜不愧为官场老手，他抓住李绂五人本是同年的事实而构撰了"五人同党"的形象，其目的就是要往"朋党"的大题目上靠。在回奏中，田文镜还有意无意地提醒雍正，说皇上屡次颁旨解散朋党，而一些科甲中人（如李绂等人）仍拉帮结派，互相袒护，俨然

---

① 杨启樵：《雍正帝及其密折制度研究》，第 103 页。

成党,这恐怕不是什么好现象吧!

田文镜的话果然立刻奏效。早在元年即位之初,雍正即发布谕旨,称"国家养育人材首重翰苑",但有些"侥幸之徒"惯于结党营私,以科场年份互相援引,转为请托,而"谨守之人"不肯通同作弊,反被"群相排诋,飞语诬陷","此风甚不可长"。

三年六月,长芦巡盐御史莽鹄立折请禁止官员投拜门生,其中说:"臣见钻营附势之徒,广通声气,投拜门主,未中者遇科场则求关节,已仕者遇计典则图荐举,且有素不相睦,一拜师生,遂成胶漆,求分说情,每至以直为曲,偏徇庇护,罔顾法纪。……有无厌之辈,一遇门生升授外职,老师、世兄以及同年故旧,或亲行探望,或差人索取,名曰'抽丰'。在门生情不能却,送往迎来,周旋应接,非剥削民脂,即挪移正项,穷员亏空,从此渐多,倘稍为拒却,人皆鄙笑,指为刻薄寡情。"

科举制下,同年、师生形成某种特殊关系是不争的事实,而此积习也并非清朝独有。事实上,这种现象本身有一定的内在逻辑与合理性,但其中弊端也很明显。如莽鹄立所说,有些官员原本没有师生关系而投奔朝中权贵为老师;同年、同门中有人升官,就有诸多"打秋风"者纷至沓来,由此造成官员亏空并进而贪腐。这一时弊与雍正初年的清查亏空联系起来,当然不是小事。对此,雍正甚为赞同,说:"师生党比之风,朕所深恶。此奏甚属得理,与朕意合。"

弹劾案引发朋党案,李绂与田文镜相互揪扯,雍正夹在中间也是左右为难,欲罢不能。为彻底搞清事实真相,雍正于四年六月派刑部侍郎海寿为钦差大臣,吏部侍郎史贻直、刑部员外郎陈学海等随同前往河南查办此案。一番周密的调查下来,事实证明张球确实贪婪不法,勒索未成遂加报复,而田文镜却加以袒护。不过,李绂揭发田文镜害死黄振国却非事实,因为后者还在牢里活得好好的。原来,当时谣传黄已被"灭口",而李绂也曾看到公文中有"血流不止、饮食不进"的字样,就以为黄真的已死,实则不然。如此,双方算各有是非，相互扯平。

事后，张球因盗案而被部议问罪，自知其中责任的田文镜不得不称自己"费尽苦心，详加体察"，但最终还是被张球"种种欺瞒"，"臣已羞惭无地，悚惕难安"，请雍正加以处分。这事到这里原本就结束了，偏偏李绂还不服气，说田文镜参劾自己袒护同年，这实在是"立说甚巧，而实未合"——我哪里袒护自己的同年了？张玢、陈世倕，还有孙来贺，这些都是我的同年，我也都参劾过，如何能说我有心袒护？田文镜的这种误导乃至污蔑，我不能接受。

李绂的自辩让雍正觉得很讨厌！他的意思，还是希望息事宁人，毕竟李、田二人都是自己提拔起来的，而且田文镜还被树为官员模范，你说这样斗来斗去的，那朕的面子往哪里搁？再说了，张球一案，田文镜已经认过请罪，为何还要纠缠不清？何况身为一省督抚，地方甚广，属员甚众，岂能尽保无过？如一味追究已往，借端苛责，那试问天下督抚大吏，又有谁能免于指摘？再者，汪诚、邵言纶都是庸劣不堪之员，田文镜参处并无冤抑，有什么可说的？还有，李绂说黄振国已被田文镜监毙灭口，如今此人已从河南解赴来京，那试问李绂究竟受何人指使，而捏造此不稽之言？

田文镜上任河南之初，其奏参豫省官员"因循玩愒、相习成风"，由此而"取怨于官"，雍正对此批示说："不过教你知道你主子为人居心真正明镜铁汉，越发小心勉力就是了。你若信得过自己，放心放心就是。金刚不能撼动朕私（丝）毫，妖怪不能惑朕一点。你自己若不是了，就是佛爷也救不下你来。勉为之，朕待你的恩，细细的想，全朕用你的脸，要紧要紧。"李、田互参后，田文镜向雍正报告，说李绂进京后，"外厢纷纷传说，或言臣不容读书之人在豫省做官，或言臣欲将黄振国致死灭口。如此物论，不一而足"。雍正接报后，说："你为何如此尚气悬揣，李绂系邻省封疆大臣，何必牵连于内。……此事朕已洞悉原由，你一些不必系念，只要自己信得及，可对天地神明，小人之流言何妨也，不必气量窄小了。"

正因为如此，在田文镜主动承认错误后，雍正特地赐给风羊、荔枝以示支持,"通省臣民惊为异数",这也使田文镜很快在羞愧中重新振作起来,并更加死心塌地了。从这个意义上说,田文镜没有科甲背景、没有师生同年的援引,反而容易引起雍正的同情与信任,而只要雍正信得过,田文镜当然也不把什么科甲官员放在眼里了。

对于李绂,雍正的意思也很明白:挑起争端的是你,过错也在你,不要再辩解了,"喋喋之辞",只能"见轻于朕"。不仅如此,雍正还在朱批中将李绂训斥了一顿,说你自被擢用以来,识见实属平常,察人方面也不咋地。老实说,你的水平比朕差得远了,不要以为能"记诵几篇陈文,掇拾几句死册,而怀轻朕之心,恐将来噬脐不及。朕非大言不惭,肆志傲物,徒以威尊凌下之庸主,极当敬而慎之,无内感激,庶可永远获益无穷"①。

可是,李绂性偏刚愎,好辩而又认死理,他是骨鲠在喉,不吐不快。本来呢,李绂不是言官,河南的事跟他也没关系,但对于田文镜的做法,身为科甲中人的李绂是很看不惯的,之前他有个杨姓门生去河南做官,他就说,"必不得田文镜之欢心"。由此可知,李绂对田文镜早有成见。不过公道地说,李绂控告田文镜是为国家体制(科甲出身才是正途),为科甲中人争地位、鸣不平,而并非为自己争私利。更何况,田文镜的话让自己受了污蔑,难免在声名上留下污点,那就更要辩上一辩了。

这一期间,李绂还有件事惹得雍正老大的不高兴,这就是九阿哥允禟之死。在"八王党"案的高潮时期,允禟被改名为"塞思黑"并押至保定,此时李绂已经上任,允禟在他的监管范围,但由于监所条件恶劣,又正值酷暑季节,允禟最终凄惨而死。事后,民间有传言说这是有人故意指使李绂害死允禟,雍正得知后大为不满,曾当着众大臣的面斥责李绂说:"奸邪党羽说是朕授意李绂将塞思黑戕害。今李绂在此,试问朕有示意之处吗?塞思黑原本就罪无可赦,谁曾想他会死得这么快?而李绂并不将塞思黑病死之因明白于众而

---

① 转引自冯尔康《雍正传》,第 504 页。

引起疑议，李绂能辞其过乎？"

据沿途押送的侍卫胡什礼说，他将允禵送至保定后，李绂曾对他说，"俟塞思黑一到，我当便宜行事"，胡什礼回京后即将此语上告雍正，后者自称大为"骇异"，并立刻令胡什礼迅速赶往保定传谕，同时又在李绂奏折中严加训饬。后来，李绂回奏称"并无此语"。由此，允禵之死究竟有没有人为的因素，雍正与李绂各执一词，这就难免让人怀疑雍正曾有授意而李绂不敢承认罢了。

正所谓"树欲静而风不止"，本来李绂与田文镜互参案即将过去，一位名叫谢济世的御史却突然在当年底上疏弹劾田文镜，这下不但把李、田二人再次推向风口浪尖，就连谢济世本人在内，最终都被卷入此事而遭到了更大的整肃。

原来，曾随同前往河南查案的刑部员外郎陈学海回京后，他认为两位钦差大臣海寿与史贻直揣测圣意而有意袒护田文镜，且办案不公。无奈自己人微言轻，想力争而又没有门径，于是陈氏私下向自己的朋友、刚上任为浙江道监察御史的谢济世谈起此事。后者听后拍案而起，说："这事应该管。倘若事成，是你的功劳；不成，责任在我。你不为，看我为之！"

御史是朝廷言官、天子耳目，有监察百官的职责，也有风闻奏事的权力。谢济世随后草就弹章，其中控诉田文镜"袒护属员、草菅人命、舞弄文法、藐视钦差、捏造谣言、蒙蔽君主、引用匪类、荐举不公"等"十大罪状"。这下，事情可真是闹大了。

陪斩恶作剧：打击科甲没商量

谢济世弹劾田文镜时，后者固然毫无所知，雍正也觉得有些过分，于是将奏章退回，希望谢不要再多事。孰料后者却是个牛脾气，非要坚持上劾。这下，把雍正是气得够呛，他不得不亲自站出来为之辩护，说"田文镜秉公持正，实心办事，乃天下督抚中所罕见者"，什么贪赃枉法之事，朕可以保证田文镜绝对没有，朕倒是纳闷了，天下督抚这么多，为什么谢济世非揪着田文镜不放，究竟是何居心？

不惜以皇帝之尊而为田文镜拍胸脯、打包票后，雍正又说："科道无私，方能弹劾人之有私，这是朕此前一而再再而三说过的；若是自恃为言官，听人指使，颠倒是非，扰乱国政，那将为国法所不容；朕并非不知诛戮谏官乃史书所戒，但要是言官为私利而危害人心世道，那此等区区小节，朕必不在乎。"说到这里，雍正越想越气，随后下令：先将谢济世的御史革去，然后查他究竟受谁指使，又与何人结党，这事不查个水落石出，决不罢休！

谢济世，广西全州人，康熙五十一年进士，后为翰林院检讨，卷入田文镜案时刚升为浙江道监察御史。究竟是刚升职想有所表现，还是出于读书人的正义或意气使然，总之审讯过程很具戏剧性。雍正令大学士及各部院高官组成"联合法庭"进行审问，其中主审官问："究竟是何人指使你弹劾田文镜的，你且老实招来！"谢济世昂然说："确有其人！"主审官大喜，问："谁？"谢济世说："孔孟

宠臣难当·自古伴君如伴虎

二圣人！"诸大臣听后面面相觑，哭笑不得，有人问："你这话怎讲？"谢答："既读孔孟之书，即当尽忠进谏，我这样做，当然是孔孟教我的！"①

事后，诸大臣以"谢济世自认风闻上奏，但显系听人指使，要结朋党，扰乱是非"为审判结论，上奏请将之斩立决。雍正接奏后，说"科道乃朝廷耳目之官，果能秉公持正，据实敷陈，方合天下之公是公非"，但是像谢济世这样的言官，"背公怀私，朋比结党"，借风闻言事之名而颠倒是非、扰乱国政，若不严惩，为害必大。现在好，审判下来的结果怎么样呢？谢济世"茫无凭据，俯首无词"，倒是他说的黄振国、张球、邵言纶、汪诚等事，与从前李绂所奏一一吻合，这不是太奇怪、太凑巧了吗？！"各封疆大臣乃国之栋梁、朕之股肱，朕若不能保护而任人倾陷，那朕还有什么脸面去面对各督各抚？"

接着，雍正又说："朕之前就曾特意颁旨，说天下巡抚中，实心任事、不避嫌怨、为国为民的惟田文镜、李卫、杨文乾三人。如今谢济世听人指使，非要将田文镜纠参，这不明摆着跟朕对着干吗？要知道，田文镜既非权要，也决不是什么贪官，那谢济世究竟想干什么呢？哼哼，朕看哪，他是想让天下督抚都因循苟且、庸碌偷安而不为国家实心效力，这种结党营私、排挤倾陷之恶习，不可不严加惩治！"

不过到最后，雍正认真想了想，觉得还是不能将谢济世杀头。原因很简单，杀谏官是历朝历代之大忌，而且必在青史上留下骂名。此外，杀一谏官固然容易得很，但由此酿成的危害却极大——你要是把那些敢于直言相谏的官员给杀了，那试问今后谁还敢站出来说真话、提反对意见？既这样，雍正也只好强压心中的怒气，让自己慢慢平息下去。不过，谢济世也不能就这么算了——死罪已免，活罪难逃，给朕发配到阿尔泰军前效力赎罪去！

---

①昭梿：《啸亭杂录》，第300页。

谢济世被严惩固然在意料之中，跟着倒霉的还不止他一人。首先是弹劾案中所涉的几个革职官员，原信阳知州黄振国因贪赃不法、勾结权贵而被处死，前固始县令汪诚也同遭厄运；另两位一直喊冤的县令邵言纶及关赓，与谢济世一样被发配充军。雍正还说，汪诚、邵言纶等人原本不过罢官，现在竟请托权要，勾结言官，必欲翻案而后快，实为法所难容——"朕素性不嗜杀人，但此奸恶之风，不得不惩一以儆百"，你们要怪，就怪在谢济世头上吧！

至于那位提供信息的刑部员外郎陈学海，谢济世还真没把他吐露出去，但在谢被发配后，陈学海为之坐立不安，次年即请病辞职。孰料"天下没有不透风的墙"，后陈学海被人举报"诈病"，而且与谢济世案的关联也被揭发，结果同样被发配军前。不过他的运气还不错，没多久就被赦回并授翰林院检讨，后卒于雍正十一年。

至于另外两个倒霉蛋，他们的获罪原因简直可笑，用现在的话来说就是"躺着也能中枪"。首先是詹事府左中允姚三辰，他老人家在发布惩罚谢济世的上谕时，"诸臣惟姚三辰词色神气，不以朕言为然"，这让雍正大为恼怒并认定其"必系查嗣庭、汪景祺之同类"，"心术不端，全无儆惧之意"。结果，严肃时刻出现错误表情的姚三辰被革职并与谢济世一起发配阿尔泰军前。雍正说，且让你去"习观本朝兵制，练达边远地宜"①，好好学学规矩再来做官。经此无妄之灾后，姚三辰不久被赦回并出任詹事府少詹事、安徽学政、礼部侍郎等职，姑且算是补尝吧。

另一个就更倒霉了，这就是谢济世的广西老乡、工部主事陆生楠。陆此前为江南吴县县令，雍正说他的奏折"前惟颂圣浮词，中间不过腐烂时文，无一语近于直言规正，亦无一事切于国计民生，而倨傲诞妄之气，溢于言词"，于是命其入见，好好查看下究竟能不能胜任知县一职。觐见时，陆生楠大概过于紧张，结果给雍正留下了极坏的印象，雍正说他"举动乖张"，问他话又默不作声（难道听

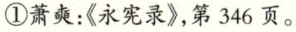

①萧奭：《永宪录》，第346页。

不懂雍正的普通话)?！被教训了几句，这回他倒听懂了，可惜表情错了，"转多愤懑之色"。

这样，陆生楠当然没好果子吃，雍正本想将之罢职，但想想这人或许只是不懂礼仪，没见过大世面，其本人也许还有点小才华。算了，还是给他一条出路，让他留在工部学习如何办事，锻炼锻炼也好。不久，陆生楠被授为工部主事。再次引见时，陆还是那副不卑不亢、一点都不感恩的样子，雍正见了气不打一处来，这明摆着就是"逆抗"啊！得，这人不能用。接着，雍正转念一想，陆生楠是广西人，谢济世也是广西人，李绂是广西巡抚！嘻！朕说怎么这么奇怪呢？这陆生楠平日里一定与谢济世、李绂结为党援，这才有如此"猖狂"气派。好嘛，给朕一并革职，发往军前与谢济世同时效力去！

如此将陆生楠革职发配似乎有些言之无据，于是雍正又补了一套说辞：陆生楠不诚不敬无礼，将之发往军前，就是要让他学习三点：一是"令其观满洲尊君亲上之心"，学学什么叫"谨懔"；二是"令其观我朝兵营之制"，知道什么叫"整严"；三是"令其观各蒙古部落熙皞醇朴之风"，学习什么叫"诚实"。

按雍正的说法，如果谢济世、陆生楠能"化去私邪，勉于自新"，那还是可以召回任用的，像陈学海、姚三辰不就如此吗？关键还得看你有没有端正心态、认识自己的错误。可惜的是，被发配的谢、陆二人非但没有好好改造，反在之后又捅了一个大娄子，那结果真叫倒霉到家了。

原来，谢济世、陆生楠被发配到阿尔泰后，两个文人到这荒远边地也没啥事干，结果谢济世倒腾起经书注解，而陆生楠更厉害，弄出了一本《通鉴论》。后来，驻守阿尔泰的振武将军、顺承郡王锡保邀功心切，将两人的作品给全行搜去并送至京城。雍正看后，那是相当恼火，因为谢济世不但在《大学注释》中毁谤程朱，而且对时政"恣意谤讪"，尤其是"拒谏饰非必至拂人之性，骄泰甚矣"这句，更是踩到了雍正的尾巴。事后，雍正在谕旨中气愤地质问谢济世：你借注经责难朕拒谏饰非，骄恣专横，那朕倒也问问你，这数年以来，除处分你算是"拒谏饰非"，你还能举出朕"所拒者何谏、所饰者何非"的例子吗？没有！你如此狂妄，那简直是不能饶恕了。

更不能饶恕的是陆生楠，其《通鉴论》十七篇简直篇篇都是"大毒草"，雍正称其"抗愤不平之语甚多，其论封建之利，言词更属狂悖，显系诽议时政"。为此，雍正居然在日理万机之中写了一篇四千多字的谕旨来驳斥陆生楠的观点。这等事，在雍正朱批中罕有之极，由此也可见雍正的较真精神、重视程度。

学理论辩过程这里就不说了，只说雍正的结论："陆生楠生于盛世，服习诗书，曾中过举人，选过朝官，并非曾静这样僻处深山旷野、不知天高地厚的冥顽不灵之人。朕看其人，未尝不小有才，本应感恩戴德，勉恩报效，孰知其怀不逞之邪心，肆无稽之横议。在朝廷时，则暴戾恣睢之气，形于词色；远逐边塞，则猖狂怪诞之说，任意发舒。真不知其怨枉从何而来，愤懑从何而积！诚可谓不知天命而不畏，小人中之尤无忌惮者也。好！既然陆生楠罪大恶极，情无可逭，那就将他军前正法，为人臣怀怨诪讪者戒！"

或许是这四千多字写得太过辛苦，或许是雍正一向喜欢与人辩论，事后，雍正又命锡保将上述谕旨发给陆生楠与谢济世，看他们"有何辨对"——如有的话，不必阻拦，"询明确供具奏"。据锡保的回奏，"陆生楠、谢济世自知罪不容诛，一字无能置喙"。听到这个结果，雍正或许还有些失落——不过别急，他还有花样要玩。

雍正七年十一月二十七日，谢济世与陆生楠两人同时被绑赴刑场，验明正身后，只见寒光一闪，陆生楠人头落地。旁边的谢济世一个寒噤，险些瘫倒。正当他以为自己将步入黄泉时，监斩的锡保却拍拍他的肩膀，呵呵笑道："谢济世从宽免死，令当苦差效力赎罪！"

乖乖，搞了这半天，原来这是雍正故意弄的恶作剧——你是言官，我不能杀你，但至少也得吓吓你！方能出我心中的一口恶气！

事后，有人问谢济世临刑时什么感受，谢说："论逍遥自在，

生不如死；论痛楚，病不如刑。尸解而去，何惧之有？"还有人说，陆生楠被砍头后，主刑官曾问谢济世："汝见否？"谢昂然不惧，答道："吾见矣！"

当然，也有不怎么英雄的记载。锡保即写了个折子，将行刑的详细过程向雍正汇报："解谢济世衣服捆绑时，甚惧而往后跌倒。推之往营外时，谢济世见陆生楠，勉强颤抖言一句，'我二人一道去也'等语……到法场后，令陆生楠近前跪毕，奉旨：将尔之父、母、祖、孙、兄、弟，皆已宽免流放，惟尔正法。谕毕，向陆生楠出示正法。继之亦如杀谢济世，令其近前跪毕，谢济世昏迷，唤伊颁旨：'将尔宽免正法，亦免尔之妻子家产入官，令尔出苦力以赎罪'等情。伊竟未懂，复又告诉一次，方才懂得，问曰：'真宽我不死？'问毕，即跪地磕头。松绑之后，谢济世才清醒叩称：'我之前罪应即诛，而不杀宽免。今日仰蒙圣主又宽我不死，我竟未想到。自今日乃我再生之日。我若存一日，则感激再生之恩一日'等语。谢济世并无逞强妄动之处。"两造说法，谁真谁假也很难说，不过可以肯定的是，雍正一定喜欢后一种。

就这样，走了一次鬼门关的谢济世在流放西北九年后，直到乾隆继位才被赦回京师，并官复原位。这时，谢济世又干了件蠢事，他将在西北写就《大学注》、《中庸注》进呈给乾隆，后者见后掷还其书，说你也不掂量掂量自己，所说与程朱何止"相隔如云泥"，何必多事！到这份上，谢济世其实也该明白，乾隆将他召回只是为自己赚名声而并非真的要重用他，你说你一上来就让乾隆为难，这不烦人吗？！

接着，谢济世上书言事，希望革除前朝积弊，乾隆不胜其烦，说他只会"摭拾浮言"，不予采纳。连续碰了两个钉子后，谢济世终于明白自己是不受朝廷欢迎的人，于是以老家尚有古稀之母为借口，请求回籍奉养。乾隆也乐于摆脱这个招人厌的谢济世，临走还送个了顺水人情，安排他做湖南粮储道，以便就近奉母。

不过说老实话，谢济世为人确实不够安分。其到湖南后，又与湖南巡抚蒋溥闹矛盾，后者派人搜了他所注的经书（部分已刊刻），意图加以陷害。好在奉命查案的孙嘉淦替他遮掩过去，说谢济世的这些注解其实也没什么新见，没必要烦渎圣聪，不如将其刻版销毁并训诫其不得生事，这事也就这么算了。过了几年后，谢济世又因为揭发衡阳、善化两知县"纵丁索浮费"劣迹而与湖南巡抚许容闹翻，结果次年以老病致仕。乾隆二十年，谢济世卒。①

　　由此看来，谢济世的一生颇多悲催，其中当然有权势的摧折，但其个性好争恐怕也是造成悲剧的原因之一。既在官场，还是应该遵守其游戏规则，正所谓"官场哲学"无非三点：一是恭上有道，二是中和同僚，三是驭下有术。谢济世固然是一片赤诚之心，但其对上不足以敬，于同僚也未能以和为贵，这或许是他屡被打击、屡被诬陷的原因罢。

　　说完谢济世，再来说说李绂。在谢大御史被夺官充军后，李绂也从直隶总督要任上被赶下而降为工部右侍郎。五年八月，曾被李绂荐举的大城知县李先枝因贪婪不法而被革职问罪，雍正遂借机发难，说科甲官员"多有夤缘党庇之恶习"，但贪赃枉法的尚不多见，如今李先枝目无国法，公然私派科敛，苦累小民，"实为科目中之匪类"。这样的货色，李绂也敢推荐，如不是有心祖护，则必有暗受李先枝请托之处，如此营私欺罔，甚属可恶，著将李绂革职。另，李绂曾说蔡珽为人"粗疏卤莽则有之"，"贪婪不法之事，臣可以保其必无"。好啊，现在蔡珽诸事败露，受贿贪赃，劣迹昭著，李绂竟敢如此妄奏，也一并审问。

　　事后，李绂被议罪二十一款，部议拟斩。据说，李绂在狱中心怀坦荡，处之泰然，白天读书，晚上酣睡，就跟没事人似的。同被关在牢里的前甘肃巡抚胡期恒见后，翘起大拇指说李绂"真铁汉也"！大概确实抓不到李绂什么把柄，雍正又命人将其抄家，看有没有贪赃受贿的证据。结果，一番查抄下来，发现李绂家中别无长物，

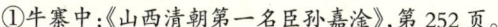

①牛寨中：《山西清朝第一名臣孙嘉淦》，第252页。

就连夫人的首饰也不过是些不值钱的铜制品罢了。昔日的一品大员，家徒四壁，清廉至此，雍正真是没办法了。

没办法也得想办法。据说，李绂被两次押赴菜市口陪斩，在刀架在脖子上后，雍正派人去问他："你现在该知道田文镜的公忠了吧？"可李绂偏不怕死，其梗着脖子说："臣愚笨，虽死亦不知田文镜好处也！"这是要和田文镜乃至雍正干到底的节奏了。两次陪斩不知真假，但《永宪录》确实记载了一次，说在雍正六年夏，蔡珽、李绂、黄振国同被押往市曹问斩，"及旨下，止斩振国"[①]。

最终，雍正还是赦免了李绂，说他"既知悔过，情词恳切，且其学问尚优，命免死，纂修《八旗通志》效力"。其实，李绂根本就没有悔过，雍正一则为自己找个台阶下，二来也是爱惜李绂是个人才，让他去修书，倒也算合适。按说，李绂这次该淡出政治圈了，可事情还没完。次年十月，几乎同时发生了两件事。一是"曾静投书案"，雍正特令李绂也随诸大臣同入乾清宫听训；再一个就是"谢济世注经案"事发后，谢大概经不住拷打而供认他弹劾田文镜是受李绂、蔡珽指使。于是乎，李绂被再次投入监牢，但这次雍正还是宽免了他，让其继续修书去。此后，李绂闭门谢客，专心著述，这段时间里修成了《八旗通志》、《广西通志》、《畿辅通志》等书。

直到乾隆即位，李绂才被复官，并先后担任户部侍郎、光禄寺卿和内阁学士等职。不过，李绂出来不久即犯了一个政治错误：乾隆元年举行博学鸿词科考试时，李绂本已推荐六人前去应试，但他还嫌不够，于是又让左副都御史孙国玺帮忙举荐自己的关系人，结果这事被人告发。乾隆将两人都招来对质，李绂只好承认自己"妄言"。乾隆讽刺说："你不只胡说，简直胡来。认错也还在这里避重就轻！"结果，李绂降两级调用。乾隆八年，李绂因病告退，请求回乡养老。临别时，乾隆问他还有什么要说的，李绂只说了四个字：

[①] 萧奭:《永宪录》，第334页，黄系蔡珽亲信。两次陪斩的说法来自袁枚《小仓山房文集》卷27。

"慎终如始。"七年后,李绂去世。

遥想当年,李绂上任广西巡抚时,雍正曾说"诚然不党者李绂也"。但历史的讽刺在于,李绂的获罪恰好是因为"科甲结党"。平心而论,李绂也不是没有缺点,正如鄂尔泰对他的评价:"李绂大有才气,微欠平实。缘以才自用,适足以济编,或任偏为才。偏且至于成蔽,不能宅心于中,不知著脚于庸,遂致长处反是短处,殊属可惜。"从这一意义上说,科甲出身的官员难免刚愎任性,有书呆子气,办事或因循懦缓,甚至因师生、同年的关系而相互援引乃至包庇,但以个例而言,把李绂、蔡珽、谢济世乃至黄振国、邵言纶、汪诚等知县列为一党,这是不符合事实的。

不过,雍正的用心显然不在于此。一方面,田文镜是自己树立起来的"模范疆吏",这块牌子不能倒,倒了非但田文镜完蛋,雍正自己的权威也会受损;另一方面,作为非正途出身的田文镜确实表现出科甲中人少有的实干精神,这是雍正所大力提倡的,反倒是李绂、谢济世等人非同寻常的关系触发了雍正的"科甲朋党"之忌。由此,田文镜与李绂、谢济世等人的斗争就在雍正引导下变成了非科甲出身与科甲出身官员之间的斗争,进而成为时间更长、牵涉面更广的"科甲案"。这一点,恐怕是田文镜本人也没有想到的。

能臣田文镜：姜还是老的辣

田文镜在电视剧《雍正王朝》中被刻画成忠君爱民的实干家形象，而其幕下的绍兴师爷邬思道也被说得神乎其神。这一情节，倒也不是凭空构撰，其线索主要来自清人笔记《春冰室野乘》，不过故事与电视剧中稍有差别，其中说：邬先生被田文镜收罗门下后，经常为之代写奏折，表现甚佳，田对其极为信任。某日，邬先生对田文镜说："大人是想做天下名督抚呢，还是做寻常之督抚？"田说："这还用说，当然是想做名督抚啦。"邬先生说："要做名督抚也不难，只要您这几天不干涉我，必然事成。"田文镜问他要做什么，邬先生说要写一折子上奏，不过折子内容不能给他看，只要最后署田文镜的名字就可以了。田文镜心想，平时折子也是你写，我有时看，有时不看，应该问题不大，便满口答应。

数日后，邬先生拿出一道奏折给田文镜，请其签押上报。事后，田文镜出于好奇而问邬先生里面究竟写的什么，邬先生从容答道："弹劾隆科多。"田文镜听后，吓得眼睛都快掉到地上，当下就跺脚连说："坏事了，坏事了！"要知道，隆科多乃皇上的舅舅，雍正初期"四大臣"之一，功勋赫赫，位尊权重，一般人谁敢得罪？如此贸然弹劾，岂不是鸡蛋碰石头——找死吗？可是，折子已经上去，急也没用，田文镜只能在惶恐中静候消息了。

令人又惊又喜的是，没多久竟传来隆科多获罪下狱的消息，启动调查的正是田文镜的这个弹劾，后者由此因祸得福，立下头功！

原来，邬先生看透雍正的心思，因隆科多恃功不法，骄横异常，雍正一直想找机会对他下手，但碍于情面不好亲自动手，而臣下们见隆科多势力太大，也无人敢去摸这个老虎屁股。就算是田文镜，他要知道邬先生折子里弹劾的是隆科多的话，恐怕也不敢上奏了！

正因为看到这点，邬先生才不告诉田文镜折子内容，结果反成此大功，田文镜也因此更被雍正信任与恩宠。但是，田文镜此后恃宠而骄，开始与邬先生渐生嫌隙，对邬先生的态度也远不如前。后者是个明白人，随后即愤然离去。孰料，邬先生这一走，田文镜的折子总不达上意，经常被雍正斥责。没办法，田文镜只好派人多方寻访，好言好语地将邬先生重金请回。邬先生最初不肯回，后挨不过，就说每天要五十两银子才肯办公，田文镜只好答应。邬先生回来后，不像其他幕僚一样住在督抚衙门，而是每日上午进抚衙办事，见桌上有纹银五十两便欣然命笔，要哪天没放银子，他就翩然离去，田文镜也不敢怪他。后来，邬先生的名气越来越大，连雍正都知道田文镜幕中有个邬先生，也知道折子是邬先生所写。有次，田文镜的请安帖到，雍正在上面批道："朕安好，邬先生可好？"

邬先生一生无妻无子，生活自由散漫，他每日得了银子要么赈给穷人，要么出入酒肆妓馆，把钱全部花光，决不留一文过夜。后来田文镜死了，其他督抚争相重金聘请邬先生，但后者却突然不知所终。也有人说，邬先生已经进宫，为皇上服务去了……

野史故事挺精彩，不过与史实有较大出入，如弹劾隆科多一节，即与田文镜没有什么太大的关系。不过，雍正倒还真知道邬思道这个人——在前次"科甲案"中，李绂即在奏折中揭发张球为市井无赖，因为给田文镜推荐了幕僚邬思道才得以成为心腹。为此，雍正还特意问过田文镜，后者回奏说，自己与邬思道素来相识，并非张球推荐。①由此可知，邬思道是真有其人。

当然，田文镜决不是靠邬先生而是靠自己的本事并抓住稍纵即

---

① 杨启樵：《雍正帝及其密折制度研究》，第102页。

逝的机遇升上去的，雍正对此说得很清楚。在其继位之前，他根本不知道田文镜其人，后因为山西荒歉，田文镜以告祭之员路经山西，"闾阎疾苦，非伊责任"，而"目击民瘼，直言无隐"，"若非忠国爱民之人，何能如此"。由是，雍正对田文镜青眼有加，后者也就老来得志，一升再升。

田文镜的得宠并不奇怪，因为按照雍正的用人标准，如"忠心、尽心、能干、清廉、勇于任事、敢于负责"等，田文镜基本都能扯上边，而在执行雍正的新政方面，田文镜也确实做得不赖，如追讨积欠、清查亏空而使仓库充盈，弹劾贪官、整肃吏治而使官场风气为之一新。再如推行耗羡归公，实行官绅一体当差，强化社会治安，推行垦荒，摊丁入亩，等等，田文镜都不折不扣地执行了雍正的意图，各州县稍有怠慢，即立遭弹劾，这与雍正前期的严苛之风相为表里，由此成为后者一再表彰的"模范官员"，也就是应有之义了。

当然，光有皇上的宠幸是远远不够的，打铁还得自身硬，手里没有金刚钻，那也干不了那瓷器活。话说田文镜到河南不久，即遇上了封丘考生"罢考"事件。科举涉及国家取士选官，关系道德人心，这事在当时属于严重的政治事件，就像当年"金圣叹哭庙案"一样，弄不好就得有人脑袋搬家，而童生们罢考的原因，又与田文镜的操切有着莫大关系。

原来，康熙末年后，黄河开封段经常泛滥，而当地因为资金缺乏，前任官员往往只用草袋、木料加固河堤，如此民生工事，小水小灾尚能应付，一碰到大水准要出事。田文镜上任时，正值一场大洪水过后，满地疮痍之下，灾民满坑满谷，目睹此景的田文镜暗下决心，一定要在任上解决这一问题。

治理河道、整固堤防一向是大工程，可河南藩库这时根本没钱，钱都被各级官员们以各种理由拖欠掉了，田文镜可不管那么多，勒令相关官员一律按期弥补，否则必遭弹劾去官。一时间，河南通省官员被逼得哭爹喊娘，有跪地求饶的，有撒泼耍赖的，有硬是抗旨不遵的，而田文镜是板起面孔，公事公办，一个也不宽恕，一个也不通融。几个月后，那些亏欠中饱的官员大多被治得服服帖帖，河南藩库也由此逐渐充盈了起来。

有了修堤的钱，还得有修堤的人。按田文镜的新政，工银由官府支给，人夫则由各州县分遣，"按照百姓地亩，或顷半或二顷出夫一名"，"绅衿里民，一例当差"。这下可就捅了马蜂窝了。古代政令不下县，县以下实为士绅自治，这些有田顷半、二顷（一顷即一百亩）的不是地主就是绅衿，不应工役一向是他们的特权，地方官府通常也不会去招惹他们，但田文镜不是科举出身，他不吃这一套："怎么着？有钱人家就可以啥事不管，坐享其成？没门！"

对于田文镜的操切，雍正也有些担心，说"小民蒙昧无知"，凡事还是要"逐一分析示谕，皆令晓然知悉，则此等怨声自止息矣"。可是，未等朱批送达，"罢考"事件即已爆发。雍正二年五月二十日，开封府封丘县绅衿、武生等赴巡抚衙门具控，反对一律当差完粮，并主张维护儒户、宦户等特权，随后又赴学臣衙门投递匿名呈状，控告知县。最后，诸生员们发起罢考，封丘一邑，文武生童仅二十三人应试。①

雍正得报后大为震怒，随即下令严肃处理。事后，田文镜施展铁腕手段，将首犯生员王逊、武生范瑚捉拿处斩，未考者严令补考，各处堤防照常上工，事态终被平息。与之形成鲜明对比的是，河南官员对田文镜的作为大多不以为然，有些人甚至暗中站在考生与缙绅的一边，有意阻挠其新政。如河南学政张廷璐，平素"遇劣衿抗粮生事，每多庇护"，这次事件也是"无一言严饬"，只管把事情推给河南开归道陈时夏，"令代为劝谕考试"。陈时夏也不想多事，其请"诸生传至内衙书堂"，口称为"年兄"，"央其赴考"。罢考事件爆发后，按察使张保也不肯去蹚这趟浑水，其推脱说："我只管人命盗案，余事非我职掌。"就连奉命前去查办的钦差大臣、吏部右侍郎沈近思，最初也是有意瞻徇，意在宽纵。雍正得报后，气得大骂

宠臣难当·自古伴君如伴虎

---

① 杨启樵：《雍正帝及其密折制度研究》，第 100 页。

这些科甲官员是"儒生辈惯作如是愚呆举动，将以此妄博虚名"①。

事后，陈时夏被革职留任，张廷璐被革职查办。反观田文镜的被褒奖，一些科甲官员们暗地里愤愤不平但又敢怒而不敢言，后来李绂、谢济世参劾田文镜，大概也有其"民意基础"的成分。更值一提的是，这次被革职的河南学政张廷璐乃康熙朝文华殿大学士张英之子、户部尚书张廷玉的弟弟，而终雍正一朝，后者都是雍正宠臣。这次的事件，毫无疑问也把张廷玉给得罪下了。②

不久，江南因水灾荒歉，江苏巡抚何天培请求从山东、河南运送粮食前往南方平粜。田文镜上奏说南方人不吃小米，宜送小麦为妥，孰料大学士朱轼及张廷玉却说，送小米也无不可，未必就要小麦。雍正听后也就同意了。结果，小米送到南方后无人问津，赈济效果大为失色。雍正得报后很是生气，说"田文镜办理尽心，朱轼、张廷玉不过因张廷璐之事归怨田文镜，欲使所奏不行耳"，于是下令嘉奖田文镜。后者回奏谢恩，说"臣实愚昧无知，并不识如此料理方免贻误"，在我不过是"一得之愚"，孰料却因此"仰邀旷典"，皇上如此明察秋毫，真是令人受宠若惊。雍正接报后也是动了感情，由此有了如下名批：

> 朕就是这样汉子，就是这样秉性，就是这样皇帝。尔等大臣若不负朕，朕再不负尔等也。勉之！

"臣若不负朕，朕必不负你。"以雍正与田文镜的关系而言，也确实够简单纯粹。二年十二月，田文镜发出"严禁夤缘钻刺、以肃法纪"的告示，其中自诩为官四十年，"从未曳裾于显要之门"，至于师生朋比，"平日痛恶于心"。如此姿态，当然容易引起他人非议与攻击，毕竟官员还是科甲出身的为多。也正因为田文镜毫无党援，

---

① 吴太尚评著：《雍正》，第256页。
② 电视剧《雍正王朝》中说张廷璐因科场舞弊而被处斩，张廷玉还得看行刑过程却无史实根据。

形同"孤臣",雍正这才对他百般维护,为其撑腰,"凭谁动你一毫毛,朕无能也!"

当然,雍正心里也清楚,自己要有所作为,手下若没几个能干而可靠的封疆大吏作为先导与骨干的话,其意图必然落空,所谓"新政",最终也将沦为画饼。曾有一度,雍正还担心田文镜顶不住,说"天下事过犹不及,适中为贵","图报心切、矫枉过正"固然不对,但做事最忌犹豫,如为迎合上意而揣摩迁就,这是最不应该的;作为封疆大吏,一定要临事坚定,行事正直,切不可骑墙观望,苟且因循,切记、切记!

所谓"上有所好,下必甚焉",雍正与田文镜有一点很相似,这就是好搞祥瑞。在古代,瑞祥往往被认为是上天对人君治理肯定的一种表现,因继位之初局势不稳,雍正对各地报祥瑞很是欢迎,其中尤以田文镜最为积极。如雍正五年,田文镜报告河南不但丰收,而且"连岁谷秀十三穗,麦秀三岐"。雍正在上谕中说,"从前河南地方少雨,田文镜具折奏闻,朕览奏为之心动,竭诚祈祷",结果第二天河南即得大雨,"可见至诚感格,无有不应"。对于类似报告,雍正朝实录倒是事无巨细地加以记载,《永宪录》则含讥带讽地说,田文镜"每年必以休嘉入告","是年又奏路不拾遗"。雍正五年,田文镜居然奏报黄河水清。后来,田文镜也就搞成了习惯,一味地报喜不报忧了。

五年七月,田文镜在争议声中晋升河南总督,加兵部尚书衔;次年十月,雍正又特命其为河南、山东总督,管两省之行政,这是体制的破例,也是田文镜仕途的最高峰。为表示对田文镜的宠幸与推重,雍正还下令将田文镜由所属的汉军正蓝旗抬入正黄旗(即所谓"上三旗")。为这事,雍正还怪起田文镜,说咱们君臣之间,有啥心事应该直说,你说抬旗这事,还是杨文乾在朕面前偶然提及,朕这才知道。这点小事,朕立马给你办了,今后要有什么"私心不得已之事",尽管说,"不可如此畏而不言"。

雍正为人,对于亲信大臣如田文镜这样的也确实宠爱有加,聊举数例。七年十二月，雍正以微红京米二斗赐田文镜，并传谕其送折家人："这米熬粥吃甚好，能克化，你主儿病才好，拿这米粥吃是好的。"田文镜奏谢，雍正朱批说："此米乃康熙二十年，丰泽园稻田中圣祖亲见有一穗与众稻不同，特记取次年播种，乃得此来。此乃上天所赐之奇稻，御膳四十余年皆用此米。后来多矣，但此种掌管人员不敢传于外地，便朕当日亦不能得此种也。若用豇豆水煮用，其色更红，其味更浓。卿既喜食，又赐两斗米。如今仓内甚多，非难得之物。随便陆续只管赐来，不必吝用。"

八年三月，田文镜奏请将其女婿、湖南湘潭县丞崔某调至河南，"在臣左右，以供书写"。为此，田文镜还特意解释说，此女婿是"臣妻所生长女之婿"，另有一女，则许给原任吏部员外郎存柱次子萨来为婚。现在自己年事渐高、身体不好，"欲得一骨肉相依、诚实堪信之人以相委托"，如果可以的话，也恳请将萨来也调来河南，"随臣任所一二载"，既可"藉以照应琐细"，也希望能借此"造就成人"。

雍正接报后批示说，这事你早就该奏请了，我们君臣之间，本为元首股肱，又有什么不能说的？"如此等披诚之祈恩，朕不但嘉览，而实乐从者。"不过，雍正也给田文镜提了个醒，说萨来已准他来了，但朕看此人"甚庸碌不堪"，"乃一无用之少年"，当年你如何会选这样一女婿的？既这样，你就将他留在河南，如有长进，你再奏闻。

大多数时候，雍正还是比较有人情味的，尤其下属臣工遭遇病痛之时，往往温谕慰问，送医赐药，关怀备至。如八年五月，田文镜收到雍正发来的养益丹方一纸、鹿角两对。后者还批示说："有人新进朕此一方，朕观之甚平和通顺，服之似大有裨益。与卿高年人必有相宜处，可与医家商酌，若相宜方可服之，不可因朕赐之方而强用也。卿虽年近七旬，朕尚望卿得子。此进药人言，此方可以广嗣，屡经应验云云。"这一批示很有些意思，大概田文镜之前提及自己只有两女，雍正为此感到遗憾而特别发一方子，并希望田文镜再得子嗣!

　　同年九月,雍正听说田文镜患病而特派御医谢鹏等前往河南,并赐田文镜龟龄集宝药四两及原药方一纸。雍正还交代说:"到河南看看田文镜的脉症,与龟龄集合适,就叫他吃。如不合适,不可强服。"田文镜对此感激涕零,其在谢恩折中说:"臣得到皇上慈爱,所赐龟龄集仙药实为人间难得之物,真是喜出望外。"由于雍正之前交代过,有什么难事尽管开口,田文镜于是在同一折中提出,之前自己派人到京城及陕西等处购买羚羊角,但未能买到好的,因此请求皇上赏赐。雍正得知后说:"何不早讨奏?为何各处寻觅也?赐来矣!"

　　十年十月,因田文镜说前次赏赐的济宝丹颇有效果,服后精神增益,雍正于是再次赏给,并批示说:"济宝丹乃有益无损之药,朕现今日日服用。此药总不属寒凉温热,亦非治病之方,惟培补元气,乃其专功。将用完时,可奏请朕再颁来。"

　　总体来说,田文镜在雍正手下为臣十年,君臣关系一直很融洽,即便田文镜在后期有所懈怠甚至刻意欺瞒河南灾情,雍正也都给予包容并为之说好话,"田文镜近来年老多病,精神不及(济),为属员欺诳";"近闻豫东两省,吏治甚有不协"。田文镜急忙上折乞恩,雍正又说:"朕之听闻,容或讹误;……恐精神减退于前,或被不肖属员所欺蔽耳。"

　　历史就是这样的讽刺,田文镜最初因直陈灾情而受宠,后来则因为报喜不报忧甚至欺瞒匿灾而结束自己的仕途。当然,在雍正的特殊关照下,田文镜的谢幕还是很风光的。十年十一月,田文镜以久病请解任,未及批准,即于任所去世,年七十一岁。接报后,雍正颇为哀悼,命予祭葬,谥"端肃"。

　　等到乾隆继位后,户部尚书史贻直重提旧事,说当年田文镜的在河南垦荒,捐输累民,"宜速罢"。乾隆批准后又说了一段,算是对田文镜一生功过的总结:"自田文镜为巡抚总督以来,苛刻搜求,以严厉相尚;而属员又复承其意旨,剥削成风,豫民重受其困。即如前年匿灾不报，至于流离，蒙皇考严饬，遣官赈恤，始得安全，此中外所共知者。"

乾隆五年，河南巡抚雅尔图上奏说，河南人对田文镜仍有余恨，请将之从贤良祠中撤出。对于这种完全否定田文镜的做法，乾隆不表赞同，其在上谕中说："鄂尔泰、田文镜、李卫皆皇考所最称许者，其实文镜不及卫，卫又不及鄂尔泰，而彼时三人素不相合。……当日王士俊奏请（田文镜入贤良祠），奉皇考允行，今若撤出，是翻前案矣！"著不准。

从某种程度上说，田文镜办事干练，一心为国，不避嫌怨，雍正曾说他"老成历练，才守兼优"，乃"巡抚中之第一人"，"若各省督抚皆能如田文镜、鄂尔泰，则天下允称大治矣"。以此论，田文镜是清官，是能臣。但换个角度而言，田文镜为人刁钻刻薄，为政严苛厉酷，因此而屡遭攻讦，为清议所不容了。如此，田文镜同时也是酷吏，人性的两面性，在其身上展露无遗。

李卫当官：我读书少，可官品好

田文镜、李卫、鄂尔泰是雍正朝最受宠的三个大臣，雍正常说他们是"模范督抚"，但奇怪的是，这三人关系却并不融洽，其中尤以李卫与田文镜最为违和。《清人逸事》中说，田文镜任河南总督时，嫉妒浙江巡抚李卫受宠，于是暗地里在雍正面前说后者的坏话，但雍正不为所动。田文镜见中伤不售，于是转而巴结，某次恰逢李卫母亲去世，田文镜派人前去吊唁并赠以厚礼，孰料李卫却大骂道："老母虽死，亦不饮小人一勺水也！"后令人将田文镜使者挡在门外并将礼物丢进猪圈，以示不齿。

李卫诟骂田文镜之事未见于正史，不过雍正七年时，田文镜确实在某奏折中评论过李卫，说后者"操守廉介"，乃"当世之贤员"，只是这人"驭吏稍疏"，又好嬉游，作为大僚，未免有不到之处。对此评价，雍正深表嘉悦，并希望他们能相互学习，共为一体。①

同样是非正途出身的官员，李卫鄙视田文镜颇有些吊诡。论文化，李卫比田文镜只有更差；论年龄，田文镜基本比李卫大上一轮；论经验、论能力，李卫也未必比田文镜更胜一筹。如此，大概只能是田文镜的苛刻作风让李卫感到不爽了。

前些年，电视剧《李卫当官》可谓红极一时，由知名演员徐峥扮演的那个李卫，诙谐幽默，活灵活现，颇受大众好评。不过，电

宠臣难当·自古伴君如伴虎

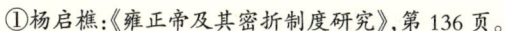

① 杨启樵：《雍正帝及其密折制度研究》，第136页。

视剧毕竟是电视剧，历史上的李卫也并非如此（徐峥也说自己并不知道历史上的李卫是怎么样一个人，导演这样交代说：李卫，"不识字，四爷的家奴，爱骑马，爱收藏小玩意儿"）。

李卫，江苏铜山人，康熙二十六年生人。论家境，他是富家子弟；论出身，也是个监生，捐来的。三十岁那年，李卫捐了个兵部员外郎，两年后又捐了个户部郎中。大概因为从小家境富裕，李卫对于旧日陋规一点也不沾染，如《小仓山房文集》中即说，李卫在户部管理银库事务时，某分管亲王要求每收钱粮一千两，加收平余十两。李卫屡次谏阻，亲王不听。李卫遂在库外置一柜，上面赫然写着"某王赢余"，一时引起轰动。该亲王见后，大为难堪，只得下令停收。

所谓"赢余"，其实就是陋规，这种东西上不得台面但又有一定的合理性，因为当时办公经费不足，办事人员也须有饭食银等补贴，否则公事难办，久而久之，即成一定之规。①亲王之举，也未必是为个人谋利，而是为全体人员谋福利——大家一起分肥，但李卫不管那么多，法外之银，说不能收就不能收，得罪权贵也在所不惜。

正因为这种敢作敢当的可贵品格，李卫才被雍正发现并在继位后加以提拔重用。雍正元年，李卫被授为直隶驿传道，尚未上任即改为云南盐驿道。到任后，李卫将当地盐务积弊一洗而空，凡在云南所见所闻所思，无不据实陈奏。对此，雍正很表赞许，次年即将之提拔为云南布政使，仍管盐务并兼管铜厂（铸钱）。雍正还批示说："尔为人刚直，居心莅事，忠诚勤敏，朕所深知。览所奏数折，实一片血诚，毫无顾忌。且其中分析款项，井井有条，甚属可嘉，殊不负朕一番识拔！钦此！"

雍正三年，李卫被擢升为浙江巡抚并兼理两浙盐政。抵任后，李卫积极推行"摊丁入地"改革，清理积欠，兴修海塘，成就斐然。在盐务上，李卫一方面加紧打击私盐贩卖，一方面推行盐政改革，

---

①陋规问题将在养廉银一节中详细讨论。

"诸场有给丁滩者,以丁入地,计亩征收;无给丁滩者,暂令各丁如旧输纳"。由此,既稳定了盐业生产,又增加了盐业税收,这让雍正感到十分满意,李卫也随后官升一级,被授为浙江总督。此时的李卫,刚刚四十出头,和田文镜、鄂尔泰老来才得志相比,可谓是腾云驾雾了。

有人说,李卫官越做越大,这没文化可咋办啊?这倒也是个问题。李卫豪族出身,先祖在明初以军功起家,后为锦衣卫世家,大概是家风的缘故,李卫也是自幼习武,文化程度不咋地。用他自己的话来说就是:"臣孤失学,不习章句,缘从母命,访择塾师,仅能讲说《通鉴》,粗知古人行事。"

电视剧《雍正王朝》里有个情节颇为精彩,说李卫命人写一张告示,众人问:"大人是要七言诗句呢,还是四六骈文?"李卫说:"甭管那么多,我念,你们写。"众人说:"好,好。"李卫说:"你们都听了。"众人瞪着李卫,持笔等下文。李卫说:"笨啊!写呀!你们怎么都不写呀?"众人你看我,我看你,说:"大人,你还没念哪。"李卫说:"咋没念?我刚才已经念了。你们都听了。……写呀!写呀!"众人还是不解,有个稍微聪明的问:"大人,是不是写'你们都听了'这句呀?"李卫说:"是啊!"众人这才恍然大悟:"哦……好好好,写写写……"

身为一省巡抚,发布告示张嘴第一句就是俗语白话——"你们都听了",换到当时的年代确实让人笑掉大牙。但文字归文字,李卫的思路却是异常清晰,其手下师爷起草完公文奏章读给他听,他总能一针见血、切中要害,然后将有问题的地方口述给师爷们修改,众人对此都十分服气。升堂审案时,李卫更是才思敏捷,判决如流,其过人机智,可见一斑。另外,李卫办事极有条理,平日开会或派差,一应事务均有记录,凡谕旨、来往文书等,办完即存档,事后一查即知。

虽然识字不多,但李卫对文人及文化事业还是非常看重的。其在浙江任上时,由于受汪景祺、查嗣庭案的牵连,浙江被暂停乡试并不准参加会试，这对于本省士人打击极大。为尽早恢复考试，李卫经常深入下层，了解文士呼声，将可能出现的文字狱化于未萌，而一些好的事迹则一一记录在档，随时奏报。在其努力下，浙江于雍正七年恢复乡会试考，而之后的一次殿试中，浙江文士将一甲三名全部收入囊中。此外，李卫在直隶总督任上还创办了保定莲池书院，后者在之后百余年中一直是北方的学术重镇。

读书多是好事，但书读得少有时也未必是坏事，譬如李卫做官，就少了很多书呆气，其办事灵活，讲求实际，这点很合雍正的胃口。清人笔记《名人轶事》中记载了这样一个故事，说雍正上台后发现各省钱粮亏欠甚多，遂下诏清查，各省官员都十分恐慌。时在浙江任上的李卫也召集幕僚们商议对策，说："不请钦差大臣来吧，皇上一定不相信我们，但钦差大臣来了，我们这些做督抚的无权干涉清查的话，恐怕亏欠就要败露。不如我主动上奏朝廷，说：'浙省钱粮废弛日久，正好趁钦差大臣清查之机好好整治。不过，钦差大臣初到地方，一时恐怕不得要领，臣身任地方官，理应协同办理，请皇上裁处。'"

随后，李卫诈称自己要过生日，让浙中七十二州县的有关官员都速来贺拜。生日筵席吃到一半时，李卫把这些人召到密室，说："朝廷清查钱粮的钦差大臣很快就到，你们若有亏欠，千万别欺瞒我，我能救你们；你们要不听话，到时被抓被杀，可别怪我没给你们机会。"众人害怕，都说："愿听大人吩咐。"于是，李卫让这些人回去后，不管有无亏欠，都老老实实造册登记后上交给他，让他心里有数。

雍正接到李卫的奏折后，同意其提议并委派户部尚书彭维新前去浙江清查。彭维新做事认真细致，之前已在江南其他各省清查，因各督抚不敢干扰其工作，结果查下来问题多多，很多人都被抓了小辫子，搞得地方上人心惶惶，怨声载道。查完其他省后，彭维新意犹未尽，随后雄赳赳气昂昂地来到浙江，不料李卫一见面便拿出雍正的批示，说："朝廷让我协助你工作，请大人一起商量如何办才好。"彭维新一看批示,气焰顿时矮了不少。随后,李卫为彭设宴接风,酒至中巡,李卫叹道:"凡是共事,从来没不争执的。我性子急,喜欢和人争辩,屡次被皇上批评。这次和大人共事,我倒是希望不要有争执,就是不知道怎样才能没有争执呢?"彭维新说:"这样,我们分县清查,如何?"李卫说:"好。"

当下,李卫便让随从将浙江各州县的名字写在纸上,然后捏纸成团,放在盘子里,两人各拿一半。彭维新没想到的是,这些纸团都让李卫作了手脚,那些亏欠的州县,大都让李卫拿了,而问题不大的则全分给了彭维新。由此,尽管彭维新认真清查,但最终还是一无所获。至于李卫清查时,则让那些亏欠的州县尽快设法弥补,账目摆平。清查完后,李卫和彭维新碰头,问:"怎么样,各地可有亏欠?"彭说:"没有。"李卫装作意外而又开心地说:"恭喜恭喜,我这里也没有呢。"于是两人皆大欢喜,一起奏明朝廷说浙江没有亏欠。由此,手下的那些人对李卫也彻底服了。

当然,李卫仕途顺利也不完全是靠耍小聪明、小手段,其办事能力是有的,捕盗即为一例。雍正六年,由于"江南多盗"而地方官又"非戢盗之才",雍正命李卫统管江南七府五州盗案,"将吏听其节制",后又赐了他一首诗,其中有两句叫:"训练多方资辑旅,抚绥无怠在诚民。"李卫受命后十分卖力,"盗匿山泽间,诇得其踪迹,遣将吏捕治,必尽得乃止,以是所部乃无盗"。关于这事,还得提提很多武侠书上说的"大侠甘凤池",其中还有人说,刺杀雍正的吕四娘即"甘大侠"的女徒弟,种种传说,不一而足。吕四娘是小说虚构人物,不过甘凤池在历史上还真有其人,这位"反清复明"的武林人士,正是李卫将之缉捕归案的。据官方记载,甘大侠似乎未表现出什么英雄气概,反在李卫的诱逼之下叩头求饶,而且还出卖了同志。事后,甘凤池等人均被处死。

关于李卫的好武,其他笔记小说也有佐证。如《小仓山房文集》中即说,李卫生来身材魁梧,膀大腰圆,臂力过人,俨然一起赳武夫(大异于徐峥扮演的形象),走在街上也很容易辨认,因为李卫脸

大如盆，鼻孔中通，不同凡人。不过，李卫虽然武人身材，脸却长得白皙，只不过是个麻子脸——煞是可惜。李卫自幼喜好习武，公干之余又喜听人说书，每遇不平之事，往往呜咽愤恨乃至拔剑而起。其做官后，曾自募一勇健营，专门练习搏杀之技。每次外出捕盗，李卫都带着勇健营，自己也身披金甲，执铁如意，亲自上阵过瘾。不过，雍正对他的武略颇有些不以为然，某次李卫主动请缨，请求上西北战场冲杀一番。雍正颇为不屑地说，你不是这块料，别多事了。

在雍正眼里，李卫优点很多，但也不是没有毛病。其上任云南盐驿道后，第一道奏折刚上，雍正即批示说，你以"少年锋锐之气"，又急于报效，到地方上后一定要谦虚谨慎，不能以气凌人，如在"上司僚友中过于强毅自用"，难免"致招恃恩犯纵之讥"。果不其然，李卫在云南任上与按察使张谦不和，后来更是与贵州威宁总兵石礼哈互相参奏、缠斗不休。而且，李卫还对上司不敬，其私下里呼云贵总督高其倬为"老高"，呼云南巡抚杨名时为"老杨"。更有甚者，李卫还公然在自己的执事牌子上书写"钦用"二字，甚至收受商人馈赠礼物。为此，雍正特发谕旨批评，说你到云南后"恃能放纵，操守亦不纯"，"川马骨董，俱当检点，又制'钦用'牌，小人逞志之态，是不可以已乎？尔其谨慎，毋忽！"李卫听后还不服气，辩解说："受恩重，当不避嫌怨。"雍正驳斥说，"不避嫌怨"与"使气凌人、骄慢无礼"判然两途，你要加强自己的修养，未来的路才能走得更宽更远，不至辜负朕对你的期望。

不过，雍正的教导在李卫面前似乎并没有起到太大的作用。到浙江任上，李卫每次出门都是鼓乐齐鸣，前呼后拥，引得众人争相围观。更让人哭笑不得的是，李卫每次弹劾别人，还洋洋得意地将奏章抄写一份向弹劾之人展示，以示"公开公正"。就这样胡闹，雍正仍给予包容，说"李卫之粗率狂纵，人所共知者，何必介意？朕取其操守廉洁，勇敢任事，以挽回瞻顾因循，视国政如膜外之风耳。"

李卫的脾气倔,搞得他的手下脾气也倔。据野史记载,某次李卫让一个叫田芳的幕僚写奏折,请皇上封他家五代。田芳不肯写,说:"请求封典最多三代,从未听说封五代的,我不能写。"李卫说:"你别管,照写就是。"田芳还是不肯写,惹得李卫大怒而痛骂道:"要你写你就写,没有先例,我来创先例,干你何事?"田芳也怒道:"大人你是昏了头,你仗着皇上对你一时的宠爱,把朝廷都不放在眼里了。我好意劝你,你不谢我,竟然还骂我!我就是不服!不服!"李卫说:"你不服,又能怎样?"田芳说:"你是大人,我是小吏,就算是你把我打死,我也不能怎样!只可惜,大人之威,能强加到小人的身上,但小吏之理,还是直于大人!"李卫被他说得一愣一愣的,半晌都没有声音,后笑道:"你小子有点胆识,做个小吏有点可惜了,不如我借你点银子,你去买个县丞当当,以后做上了官,也要像今天那样,正直当官,好好做事。"后来,田芳做了富平县丞和凤翔县令,官声还不错。

颇值一提的是,李卫在浙江期间曾疏浚西湖三十里,并增修庙祠,植桃种柳,将这一带变成了风景区。每到春光盎然之际,李卫即与幕僚们携文案至西湖边办理公务,湖光山色,好不美哉。雍正十年,李卫被召入京,署理刑部尚书,后又被授为直隶总督。雍正十二年,李卫同户部尚书海望一起勘海塘至浙江,时人以为李卫再度抚浙,一路欢声震天。大学士朱轼闻之叹曰:"古人云,观徐、傅言论,不复以学问为长,斯言信矣!"①

乾隆三年,李卫拜谒泰陵(雍正帝陵)时突发肝病,后请求退职养病,但尚未卸任即病死于任上。据说,李卫死前"声震殿瓦,衙内牛马皆吼应之。同起同止,如是者三昼夜,气乃绝。年五十三"②。事后,在直隶总督孙嘉淦的请求下,李卫入直隶名宦祠,后

――――――
① 原文"观徐、傅言论,不复以学问为长",出自《资治通鉴》。徐羡之、傅亮为南朝刘宋年间辅政大臣。
② 袁枚《小仓山房文集》卷七,转引自杨启樵:《雍正帝及其密折制度研究》,第141页。

又入了京师贤良祠。后来，乾隆南巡之时在西湖花神庙内无意中发现，其中雕像竟然是按李卫及其妻妾所塑，并号"湖山神位"。乾隆为此大为光火，命撤像毁之，并斥责道："(李卫)仰借皇考恩眷，任性骄纵，初非公正纯臣。讬名立庙，甚为可异！"

话说回来，李卫这样非科举出身的人何以会得到重用，主要还是取决于雍正的选材标准。康熙晚年选官，最重官员操守，结果各地官员只顾清廉虚名却不做实事。殊不知，世上这清官、贪官本就难以分辨，一味地追求清官，反而弄出许多弊政。雍正上台后，常说清官如同"木偶"，中看不中用，对社稷民生毫无裨益。因此，雍正用人首在才干，至于什么资格或科举出身之类，倒是其次。恰如李卫的谥号"敏达"，既反映了李卫的为官之道，也反映了雍正的选官标准。也正因为如此，李卫才脱颖而出，成为雍正朝的能臣。生逢其世，恰逢贵人，岂非人生一大幸事？

知心大臣鄂尔泰：和皇上切磋切磋

与田文镜一样，雍正的另一宠臣鄂尔泰在康熙朝也是仕途艰难，直到雍正年后才被识拔。若论年龄，鄂尔泰比年羹尧还要大两岁，但老年三十而立就已当上了四川巡抚，四十不惑已是川陕总督，真是"朝中有人好做官"，后者的青云腾达简直令前者羡杀。

鄂尔泰，满洲镶蓝旗人，其先祖图扣曾追随皇太极征战辽东，后在大凌河一役阵亡，入昭忠祠。康熙朝后，很多旗人弃武从文，鄂尔泰自幼即习四书五经，颇具天赋，其十六岁时中秀才，二十二岁中举人，二十六岁袭佐领，授三等侍卫。按说，这个进度还算可以，但由于其为人刚直，不肯阿附权贵，因而直到康熙五十五年，已届四十的鄂尔泰才累迁至内务府员外郎。到康熙末年，鄂尔泰仍淹滞不进，其对前途颇为悲观，曾两度作诗自叹，"揽镜人将老，开门草未生"，又说"看来四十犹如此，便到百年已可知"。

鄂尔泰官运的转机在雍正继位后。《啸亭杂录》中说，鄂尔泰任职内务府时，"宪皇时龙潜藩邸，尝有所请。公拒之曰：'皇子宜毓德春华，不可交结外臣。'上心善其言。"雍正改元后即召见鄂尔泰，其亲友都因他之前得罪过雍正而为之担忧，孰料雍正却称赞他说："汝以郎官之微，而敢上拒皇子，其守法甚坚。今任汝为大臣，必不受他人之请托也。"①

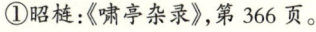

①昭梿：《啸亭杂录》，第366页。

随后，鄂尔泰被外派云南乡试考官，后又特擢为江苏布政使。雍正三年，鄂尔泰升任广西巡抚，其前脚刚到桂林，后脚即奉旨调任云南巡抚。令人瞠目结舌的是，当时的云贵总督杨名时奉命只管云南巡抚事，而只是云南巡抚的鄂尔泰却被命管理云贵总督事务，两人同在昆明办公，一个官大而权小，一个官小而权大，雍正的这番出奇料理，真是让前者尴尬不已而又哭笑不得。当然，也有人对鄂尔泰这种"直升飞机"式的升迁表示质疑，但雍正对于质疑的回应是，次年即将鄂尔泰实授云贵总督，加兵部尚书衔。

雍正六年，鄂尔泰被任命为云贵广西三省总督，加太子少保衔。据《榆巢杂识》中说，鄂尔泰所用的三省总督印乃怡亲王允祥在养心殿亲自监造，为示慎重，雍正还特选了一良辰吉日。印成后，雍正谕令鄂尔泰好生爱惜，"长久用之，事事如意也"。鄂尔泰回奏称："佩此印，惟当时念封疆；用一印，惟当时思利弊。爱惜军民，为三省计长久；爱惜精神，为一身计长久。"

鄂尔泰奉为云贵广西三省总督的任命，如同田文镜以河南总督兼管山东、李卫以浙江巡抚兼管江苏盗案一样，按说并不符合清朝体制，因为广西乃两广总督辖下而非云贵所属。对于这一破例，雍正当然也是考虑再三，他之所以如此也并非没有原因，那就是要用鄂尔泰来推行雍正朝的一大重要国策——改土归流。

自秦灭六国后，中国实行郡县制，但在一些边远地区，因为山川阻隔、交通不便等缘故，中央权力暂不能达到，由此就有了所谓的"土司"制度。土司制度系从唐宋羁縻州县制发展而来，其主要特征是承认各少数民族的世袭首领地位，给予其官职头衔以实行间接统治，即所谓的"以土官治土民"。而所谓"改土归流"，说白了就是要废除土司而代之以流官，变间接统治为直接统治。①

明清以后，随着边疆地区开发的日趋成熟及与内地联系的日趋

---

① 所谓"流官"即相对世袭土司而言，指的是非世袭、由中央任命、有任期、有品级的普通官员。

紧密，土司制度也逐渐走到了终点。事实上，改土归流并非始于清朝而早在明朝时即已推行，但因为各种阻力，其范围与成果较为有限。入清以后，这一问题被再次摆上桌面，如李绂做广西巡抚时即上疏请求实行改土归流，但雍正对此未表同意，其批示说："土司相袭以久，若一旦无故夺其职守，实行改土归流，谁不惊疑？"

雍正的批驳有一定道理，但李绂的建议也有其现实原因。相对于内地统治，世袭土司们的统治也确实残酷落后得多，在那里，土司的话就是法律，实行的几乎就是奴隶制。有的土司，在其辖地"一年四小派，三年一大派；小派计钱，大派计两"；土司的儿子要娶媳妇，"则土民三载不敢婚"；土民有罪被杀，"亲族尚出垫刀数十金"。更有甚者，一些土司家族内部为了争夺世职而互相残杀，个别强大的土司还不断扩疆并土，为患边境，以致"汉民被其摧残，夷人受其荼毒"。

雍正之前，中央政府对土司割据问题通常采取比较稳妥的办法，如土官绝嗣或宗族争袭，则乘机派流官接任，有的则因为土官犯罪或互相仇杀，中央派兵平定后改流官充任，总体来说是一种稳步推进、小步走的节奏。雍正三年，清军在贵州长寨设立营房时遭到当地土司的袭击，清军不敌退却。云贵总督高其倬在卸任回京后向雍正反映，土司在当地形同"独立王国"，为非作歹，已到非解决不可的地步。这时，贵州提督马会伯、署理贵州巡抚石礼哈也都请求对土司用兵，但雍正担心事态恶化而未予同意。事后，何世璂出任贵州巡抚行招抚之策，但未能取得成效。

鄂尔泰上任云贵总督后，其在奏折中提出自己的看法，"欲靖地方须先安苗猓，欲安苗猓须先制土司，欲制土司须先令贫弱"；而改流之法，"计擒为上策，兵剿为下策，令其投献为上策，敕令投献为下策"；"制苗之法，固应恩威并用"。

鄂尔泰的主要思路是，用兵治其标，改制治其本；对那些主动投献的土司，酌加赏赐，或予世职，或给现任武职，以减少敌对情绪，树立榜样作用；至于那些敢于反抗的土司，则剿抚并用，并将

其迁徙到内地省份，另给田房安排生活；对那些顽抗到底的，则坚决剿灭，彻底改制。对此，雍正表示满意，并授权其予以推进。

雍正四年，清兵用兵贵州，贵州镇远土知府、沾益土知州被擒，者乐甸土司乞求免死。同年，四川乌蒙土司禄万钟和镇雄土司庆侯作乱，鄂尔泰令总兵刘起元讨伐，禄万钟战败后主动要求投献。五年二月，云南镇沅土目刁如珍杀害流官，广西泗城土知府岑映宸纵兵抢掠，后均被派兵剿平。

鄂尔泰兼管广西后，改土归流继续推进，其先后讨平东川法戛土目禄天佑、则补土目禄世豪、米贴土目程永孝的叛乱。八年六月，派为流官的刘起元移镇乌蒙后贪婪无度，"恣为贪暴"，原乌蒙土司禄鼎坤乘机发动叛乱，凉山、下方、阿驴、巧家营、者家海诸寨及东川禄氏等地土司也群起响应，刘起元被杀，官衙被毁。事后，鄂尔泰调集上万清军前往镇压，其间战斗十分惨烈，如参将韩勋的报告，"战一昼夜，破寨四，杀数百人；进攻奎乡，战三日，杀二千余"。

不可否认，鄂尔泰在推行改土归流过程中有诸多暴力与杀戮，正如其自辩的，"应恩威并用，然恩非姑息，威非猛烈，到得用威时，必须穷究到底，杀一儆百，使不敢再犯，则威仍是恩，所全实多"；"我非好杀人者，……但恐今日不杀少，日后将杀多"。对此，雍正也说，"边境夷情，非失之姑息即失之决裂，非过于畏葸即过于张皇，论剿论抚，遂都无是处"。因此，究竟是用剿还是抚，还要视具体情况而言，如鄂尔泰自己说的，"剿抚二字，虽须并用，却是两端，不当抚即剿，不当剿即抚，未有非剿非抚，希图了事，而终能济事者"。

当然，鄂尔泰推行改土归流也并非一味使用武力，其在奏折中也说："如果相安，在土原无异于在流；如不相安，在流亦无异于在土也"，而且，西南土司的情况千差万别，"有应改者，有不应改者，有可改可不改者，有必不可改必不可不改者，有必应改而不得不缓改者，有可不改而不得已竟改者，审时度势，顺情得理，庶先无成心而有济公事。若不论有无过犯，一概勒令改流，无论不足以服人，兼恐即无以善后。"雍正对此论十分赞同，批示说："是极，通极，当极。"

总体来说，雍正年间的改土归流系以强大的军事力量为后盾，其中大多数通过政治手段和平解决，只有少数土司的改流最终以战争方式完成。从雍正四年到十三年，云南、贵州、广西、四川四省共改流土司近百家，为维护这些地区稳定，清廷在设立府县的同时，也添设军事机构（如长寨厅），之后开始清查户口，丈量土地，征收赋税（数额一般少于内地），实行与内地同等统治。

"能攻心则反侧自消，从古知兵非好战；不审势即宽严皆误，后来治蜀要深思。"这是成都武侯祠中的一副著名楹联，其中说的也是当年诸葛亮如何征抚当地蛮族的经验心得。对于这些偏远而又相对落后的地区，战争乃至招抚都是手段，其中的根本目的还在于促使其走向进步繁荣。为此，鄂尔泰在云贵广西三省大兴水利，其中云南昭通就兴修水利十处，造就良田两万余亩。在广西，鄂尔泰组织民力挑浚了上起土黄下至广西百色、全长七百余里的河道，使"两粤、楚湘为之沟通"。此外，鄂尔泰还在内地招募群工，将耕种、纺织、冶铁、烧窑、采矿等技术传入改流地区，使后者逐步走出了刀耕火种的时代。教育方面，鄂尔泰尤为重视，其在改流地区设学堂，设教官，鼓励当地人读书应考，仅云南一省，就新设义学四百六十三所，其中改流区开设一百四十八处。

雍正八年，怡亲王允祥因病去世，这一意外对雍正打击很大，之后也生了一场大病。为此，鄂尔泰向雍正请安，询问病情，后者先说自己业已痊愈，之后又谈到朝廷中枢的用人问题："今不幸朕弟舍我先逝，朕之悲悼思痛且不必言，朕向日之所望一旦失矣，实如失倚护，方寸乱矣，心志忒矣。……若求独立不倚，心如金石者，朕八年来观内外诸王大臣官员中，惟怡亲王与卿也。……朝廷苦不得贤良硕辅，书至此，卿自体朕之苦情矣。当日以为朕有此贤弟为在廷诸王大臣之表率，得卿为直省封疆之楷模，不数年，中外得以肃清，海内可望大治，……得卿在廷，朕寝食俱为之安宁矣。"

雍正的批示主要透露两个意思，一是自己会保重身体，同时也要鄂尔泰保重，将来要有大用；二是让鄂尔泰尽快料理西南事务，准备进京填补怡亲王允祥去世后的空缺。次年，在西南三省改土归流基本完成时，鄂尔泰被调回北京，封保和殿大学士兼兵部尚书，并随后升任为首席军机大臣。

雍正选取鄂尔泰充当首辅是经过多年观察的深思熟虑之举，而非因为怡亲王去世而病急乱投医。在此前七八年中，尽管鄂尔泰一直任职在外，但君臣间通过来往奏折深入探讨了各个层面的问题，其中包括选拔人才、行政决策、官员评价，等等。在绝大多数问题上，鄂尔泰都与雍正息息相通，由其出任首辅，应该说是当时最好的选择了。

从某种程度上说，鄂尔泰不仅是雍正的知心大臣，而且堪称一成熟的政治家，其水准与雍正不相上下。也正因为如此，君臣间对如何用人、如何行政多有探讨，并且相当深入。雍正四年，鄂尔泰上《论人材疏》，其中说："为政在人，人存政举。……政有缓急难易，人有强柔短长。用违其材，虽能者亦难以自效，虽贤者亦或致误公。用当其可，即中人亦可以有为，即小人亦每能济事。因材、因地、因事、因时，必官无弃人，斯政无废事……国家设官分职，凡以为民耳，但能利民，则宽严水火，皆所以为仁，而劳怨非所恤。如不能利民，则刑名教化，皆足以为病……"

雍正读后很表赞同，说"治天下惟以用人为本，其余皆枝叶事耳。……览卿之奏，非大公不能如是，非注意留神为国得人不能如是，非虚明觉照不能如是，朕实嘉之。但所见如是，仍必明试以功，临事经验，方可信任，即经历几事，亦只可信其已往，犹当留意观其将来，万不可信其必不改移也"；"凡有才具之员，当惜之、教之。朕意虽魑魅魍魉，亦不能逃我范围，何惧之有？及至教而不听，有真凭实据时，处之以法，乃伊自取也，何碍乎？卿等封疆大臣，只以留神用力为要，庸碌安分、洁己沽名之人，驾驭虽然省力，唯恐误事。但用才情之人，要费心力，方可操纵。若无能大员，转不如用忠厚老诚人,然亦不过得中医之法耳,究非尽人力听天之道也"。

鄂尔泰接到批示后又做了一段补充:"可信不可信,原俱在人;而能用不能用,则实由己。忠厚老成而略无材具者,可信而不可用;聪明才智而动出范围者,可用而不可信。朝廷设官分职,原以济事,非为众人藏身地。但能济事,俱属可用。虽小人亦当惜之、教之,但不能济事,俱属无用,即善人亦当移之、置之。臣尝对属僚言,贪官之弊易除,清官之弊难除。实缘贪官坏事,人皆怨恨,乐于改正;清官误事,人犹信重,碍即更张也。但有守有才者实难多得,而有才无守之人,驾御稍疏即不用于正。惟能动其良心、制其邪心,使彼熟知利害,渐爱身名,然后可以济事。"

从以上探讨来说,鄂尔泰与雍正的用人思想有以下几个共同点:一是用人以能力为基准,有德无才的人,可以信任但不可重用,在德和才的要求上,才摆在第一位;二是有才而德浅的人,可用但须加强教育与管束,使其发挥才能而防微杜渐;三是国事第一,因事设官而非因人设官。尤其"贪官之弊易除,清官之弊难除"这句,恐怕是最易引起雍正共鸣的。

此外,鄂尔泰为人刚正不阿,"处事果断,勇于任事",其考虑问题细致全面,办事稳重,不急不躁,这也是雍正将其引为重用的原因。改土归流推进之时,鄂尔泰曾上奏说,但凡"振作料理,虽须放胆,原出自小心。必谋终有成,然后始事斯举,庶筹画万全,可行久远。若稍涉孟浪,惟计目前,将行一利,利未就而弊先伏;除一弊,弊未革而害更大。非所以尽臣职而报主恩也"。又说,"极盛之时,尤当思患预防,则力半功倍,可谋久远。彼讳言有事、以为解事、苟且了事、以为能事者,窥其隐微,皆悉无忠爱之诚者也。"再如省内治理,鄂尔泰说:"若是各口就绪,自应持其大纲,示以镇静,以驭群材。今于尚无条理时,倘不亟加整饬,破其因循,遂托言知体,实无以济用。况督抚所谓小事,至府县州则为大事;府县州所谓小事,至本家、本人则为莫大之事。稍有疏忽,殆

宠臣难当·自古伴君如伴虎

累匪浅。"

外任八年中，鄂尔泰的识人用才思维也得到了充分的应用，聊举对哈元生、张广泗、金鉷三人的提拔选用为例。哈元生原是云南威宁镇游击，在清剿乌蒙、镇雄土司叛乱中，其以身作则，奋勇当先，平乱后即被鄂尔泰举为参将，之后又升为总兵。不过，鄂尔泰虽然提拔哈元生，但对其不足之处也很谨慎，称其"人虽严勇，少近残刻，止可备调遣，不足以资统率"。换言之，哈元生只是战将而非帅才。后来，哈元生被雍正提拔为云南提督，后又任命为"扬威将军"，前往征讨贵州古州叛乱，但这次却出师无功。

鄂尔泰识人通透，往往有先见之明，如其对张广泗的看法。张为汉军镶红旗人，以监生入赀为知府，后派往贵州、云南为官。鄂尔泰征剿叛苗时，张广泗有辅佐之功而被保为贵州按察使，鄂尔泰对其评价是："胸襟颇开阔，立志颇坚定，但明敏强干，犹属见事办事，若夫先筹全局，次扼要领，不遗细琐。而一视繁难，张广泗心能知及，而尚未能了了。"之后，张广泗后历任贵州巡抚、湖广总督等职，但在乾隆十一年的大小金川之战中，时任川陕总督的张广泗因失误军机而被处死。

再如广西巡抚金鉷。金鉷为汉军镶白旗人，以监生授江西广昌知县，后升为山西太原知府。雍正五年，金鉷被擢为广西按察使，寻迁布政使，次年升为广西巡抚。鄂尔泰对他的评价是："金鉷，肝胆血气人也。心地坦白，才具明爽，实心实力，事不辞难。但局度尚少从容，识见犹欠广大，恐过于快利处，或不无错漏。臣已开诚规劝，谓设施易，妥当难，勇往易，坚定难。卤莽非所以酬恩，谨慎斯可济事。伊慨然允诺，自知不足，大材难得。如金鉷者，实爱敬之，愿其更加精进也。"从后来的事实看，金鉷未能克服其弱点，之后仕途蹭蹬，未能有大的作为。

鄂尔泰有句名言，叫"大事不可糊涂，小事不可不糊涂；若小事不糊涂，则大事必至糊涂矣"。这句话，就连与之同朝为官而素不和睦的张廷玉也表示佩服，说："斯言最有味，宜静思之。"嗣后，郑板桥所说"难得糊涂",或深得其中之味。

　　大事讲原则,小事不计较。国家政事、大是大非的原则性问题不可混淆,但一般性的枝节问题也不必过于较真,这既是鄂尔泰的为官心得,也是其一生为人处事的基本准则。以祥瑞为例,雍正热衷于此道,鄂尔泰也是奏报祥瑞最积极的督抚之一,其频频奏称云贵出现诸如嘉禾、卿云、醴泉等祥瑞。报得多了,手下官员都不相信,如大理刘知县就当众说,我咋就看不到啥卿云啊,难道我眼里迷了沙子?鄂尔泰不以为忤,也就一笑而过。事后,刘知县非但没有遭到打击报复,鄂尔泰反而题名推荐,说他为官公直。由此可见,鄂尔泰并不迷信,不过是在这种无关大局的问题上打哈哈、装糊涂,大家开心开心罢了。

　　也有人向鄂尔泰请教其为官秘诀,后者也不隐瞒,曰:当今皇上用人行政"无甚神奇",无非"至诚"两字;皇上待臣下以至诚,臣下待皇上也要至诚。所以,在雍正手下做官,说难不难,说易也不易,只要"实心实力",老实、本分、实在一点,丁是丁,卯是卯,说一勿二,切不可模棱两可、观望揣摩,更不能投机取巧、文过饰非,否则即自取其祸。

　　对于鄂尔泰的这种忠诚与聪明,雍正也是投之以桃、报之以李。加官晋爵、各种赏赐就不用说了,这里聊举一例。雍正五十大寿时,朝臣均来庆贺,高兴之余,雍正忽然想起远在昆明的鄂尔泰,心中颇为遗憾而特拣果饼四盘,派人专程送往云南,说:"朕亲尝食物寄来卿食,此如同君臣面宴会也。"鄂尔泰子嗣不旺,雍正还在其奏折上批示说,其默祝"上苍厚土、圣祖神明,令我鄂尔泰多福多寿多男子,平安如意"。

　　对此隆恩,鄂尔泰当然也是感激不尽,其曾在奏谢折中说两人关系,"虽义属君臣,实恩同父子,泪从中来,不禁复作儿女态",这话说得够萌吧。鄂尔泰还说,皇上"爱臣谆笃,臣之慈父;勉臣深切,臣之严师",此语又不失马屁之嫌。更搞的是,雍正五年有人上报"黄河清"的祥瑞,群臣上表称贺,而鄂尔泰、杨名时的贺表不合规范，按例应予处分，雍正却只议处杨而不及鄂，其解释说："鄂尔泰公忠体国"，故不忍以小节而加处分；杨名时则"毫无亲君爱国之心，与鄂尔泰相去霄壤"，因此罚杨宽鄂——其中之偏袒，简直就是强辞夺理。

所谓"爱屋及乌"，鄂尔泰的亲属也得到雍正的特别眷顾，如其长子鄂容，雍正赐其名为鄂容安，后者在庶吉士未散馆时即被用为军机章京，以"造就成材"。因鄂尔泰的关系，其五弟、编修鄂尔奇被任命为户部尚书兼步军统领；其侄子鄂昌以举人出任户部主事，后历道员、布政使而至巡抚；其三兄鄂临泰之女，经雍正指婚，配给怡亲王允祥之子弘晈为王妃。

雍正曾赐鄂尔泰对联："体国公忠，股肱膺重寄；宪邦文物，梁栋得纯臣。"在其临终之时，鄂尔泰与另一宠臣张廷玉同受遗命，辅佐新君。只是，"一朝天子一朝臣"，鄂尔泰在乾隆时期虽仍高官厚禄，但君臣关系毕竟今非昔比。乾隆十年，鄂尔泰卒，年六十六岁，后谥"文端"，配享太庙，入京师贤良祠。

与田文镜、李卫所不同的是，鄂尔泰是雍正"三大宠臣"中名声最好，也是最没有争议的一位。据说，雍、乾两朝名臣尹继善刚出道时，雍正让他向这三人学习，尹回答说："李卫，臣学其勇，不学其粗；田文镜，臣学其勤，不学其刻；鄂尔泰，宜学处多，然臣亦不学其愎。"雍正笑而不答，点头称是。乾隆也曾说："我朝百余年来，满洲科目中，惟鄂尔泰与尹继善为真知学者。"不过，在乾隆二十年，内阁学士胡中藻因文字狱案而被诛，鄂尔泰侄子鄂昌因与之唱和而被株连，后被赐自尽。乾隆还说，乾隆初期两大名臣，鄂尔泰与张廷玉都大搞朋党，胡中藻即鄂尔泰门人，如"鄂尔泰犹在，当治其植党之罪"。事后，其牌位被撤出贤良祠，不过这已非鄂尔泰所能知也。

孙嘉淦：图名不图利，说了就无妨

电视剧《雍正王朝》有个叫孙嘉诚的户部主事，长得其貌不扬乃至有碍观瞻，其一出场即与本部堂官厮打在一起，结果闹到雍正面前，揭发了铸造新币中的种种猫腻与弊端。原来，户部新钱中的铜铅比例是 6:4（康熙朝是 5:5），铜的比例高，新钱固然清晰漂亮，但钱里面含铜多了，一些不法之徒就把铜钱化成铜器，转手卖出后，利润远在铜钱之上。如此一来，市面上流通的铜钱少了，钱贵银贱，之前按官价每两银子可换一千文，现在市场价只能换五百文，而老百姓纳税是按银两折算，日常生活则主要使用铜钱，结果纳税时按官价折合铜钱，老百姓吃亏很大。举例而言，一个农民年纳税一两银子，但他手里没有银子，如按市场价的话是纳五百文，但交税时却须按官价一千文缴纳，等于负担增加了一倍。

据电视剧中说，孙嘉诚原是康熙六十年进士，本来考了个探花，结果因为容貌丑陋而被降为户部主事，但就这么个小小芝麻官，却为了老百姓的利益而敢于得罪自己的直接领导，并在皇帝面前驳斥总理大臣、廉亲王允禩，诚可谓人不可貌相，精神可佩。

嗣后，年羹尧大捷归来，期间各种跋扈，目无君长，其部将竟在殿上公开声称："只知有军令，不知有皇上。"正当众人敢怒而不敢言时，又是孙嘉诚愤然而起，其怒斥年羹尧乃"古往今来第一大奸臣"，因此京师、山东一带久旱不雨。由于此时正是年羹尧极宠之时，此举惹得雍正暴跳如雷，其丢下御笔令孙嘉诚当场写出弹章。

宠臣难当·自古伴君如伴虎

义愤之下，孙捡起御笔欲写，但被怡亲王允祥制止。之后，余怒未息的雍正令这个"大大的忠臣"前往午门祈雨，以证其论。烈日炎炎之下，孙嘉诚在满耳的蝉噪声中跪得汗如雨下，几近昏倒，意气相投的同僚们赶来将之团团围住，以帮助他在人墙的阴影下继续苦撑。这时，上天似乎也被孙嘉诚的一片赤诚所感动，之前还是白花花的毒日头，忽然间却狂风大作，滂沱大雨骤然而下。孙嘉诚和同僚们边跑边哭边喊："皇上，下雨了——苍天有眼啊！"

天人感应般的求雨镜头，大概是《雍正王朝》中最令人印象深刻的一幕。翻检典册，剧中故事还真不是空穴来风，其中孙嘉诚的原型实为雍、乾两朝名臣孙嘉淦，其犯颜直谏、擅动御笔等情节均有史籍记载，不过"求雨"一事倒不是发生在孙身上，而是来自汪景祺《西征随笔》中"詹事雨"一节，其中说：

詹事府为官的壬辰科探花沈荃，其人貌不逾中人，有古大臣风，官况清贫。某年数月不雨，康熙皇帝以亢旱为忧，下诏求直言，沈荃进言说："乌喇为穷荒寒苦之所，以往流放到此地的人，百不存一。请皇上明降谕旨，停止将人流放乌喇，则上感天和，三日必雨。"康熙说："你可能担保？"沈荃说："可保。"康熙说："如果真像你说的那样，三日不雨，将奈何？"沈荃说："三日不雨，臣愿受妄言之责。"康熙于是下旨罢流乌喇，尽撤祈雨之坛，并命沈荃第三日至午门候雨。至期，沈荃至午门外，植立烈日中，康熙御乾清门升座，说："沈某言：'今日必雨'，朕端坐俟之。"一直站到午后，没有一点下雨的迹象，而康熙也不进膳。君臣对赌下，众人都为沈荃担忧，有人劝他免冠谢过，请皇上还宫，到时也不过削籍为民，这万一到了傍晚还不下雨，恐怕圣怒难测，无可收拾矣。沈荃对此不应，直站到下午两三点钟，忽有片云从东来，风雷交作，骤雨盈尺。康熙大喜，对左右说："此詹事雨也。"立命召沈荃入，赐食而出。

求雨虽然与孙嘉淦无关，不过敢于直谏倒是他的风格。据《清史稿》所载，雍正即位之初，命诸大臣上疏言事，孙嘉淦上疏陈三事：

请亲骨肉、停捐纳、罢西兵。由于当时有流言说雍正之位乃系窃取，"亲骨肉"之说有影射昔日争夺储位的皇子在新朝或遭迫害的嫌疑，由此也触及雍正之忌。果然，疏上之日，雍正召诸大臣而示之，并大骂道："翰林院乃容此狂生耶?!"皇帝的盛怒把众大臣吓得鸦雀无声，只有大学士朱轼站出来缓缓道："嘉淦诚狂，然臣服其胆。"雍正听后沉默了片刻，随即大笑道："朕亦且服其胆!"后不但没有加罪，反而将之擢升为国子监司业。①

孙嘉淦，字锡公，山西兴县人，康熙二十二年生人，其自幼聪颖，敏而好学，有才子之称。孙家一向以耕读传家，其祖父孙世芑文武兼修，勇猛过人，明清易代之际以射寇有功而于顺治三年被擢为临县训导，后又升为江西崇仁知县。孙世芑生子孙天绣，孙天绣生四子，除长子孙正淦早卒外，次子孙鸿淦、三子孙嘉淦、四子孙扬淦均为进士出身，"一门三进士"的荣耀，这不仅在兴县绝无仅有，就是放眼全国，也极为罕见。

孙家弟兄皆进士，这里还有个故事：某年，城里一尹姓士子中举而遍访当地缙绅，孙天绣自认为是儒者而置办果酒，预备接待。孰料等到午后，也不见新举子前来拜访，一打听，人家已经回家安歇去了。孙天绣教书育人多年，他是儒者不假，但没有功名，因而新举子未把他放在眼里，这让他十分伤感。次日，孙天绣命妻子备办了一桌酒席，声言要接待举子。中午时，孙家四子下塾回家，看见满桌的美味佳肴不禁垂涎欲滴，孰料等了半天也不见父亲叫人入席，于是问究竟招待何人？孙天绣说，招待新举子！半个时辰过去，还是没有人来，孙嘉淦就仗着胆子问："这新举子究竟什么人啊？竟如此不恭？"孙天绣说："取中举人不易，所以难请啊!"孙嘉淦听后不以为然，撇嘴说："这有什么难的，孩儿今后就给您考一个!"孙天绣听后大喜，乐呵呵地对孙嘉淦说，"请举子入席"! 其他

①国子监又称国子学，系隋朝后的中央官学，为古代教育中最高学府，清朝时设祭酒一人(从三品)，司业两人(从四品)，丞一人(从六品)。

兄弟听了，也都嚷嚷着要考举子，一同入席。这一年，孙嘉淦九岁。①

从目前遗留的画像看，孙嘉淦相貌不似电视剧中的孙嘉诚，其少年时即有成人之态，发须浓直，举止大度，胆大而不妄为。康熙四十年，孙嘉淦中秀才，年十八；五十二年，乡试、会试连捷，后以三甲十四名进士点庶吉士，正值而立之年。入翰林院后，孙嘉淦拜在朱轼、张伯行门下，其精研理学，尤其对《易经》有独到心得而深得两位老师的赏识。

康熙五十六年，散馆为翰林院检讨的孙嘉淦在朱轼的推荐下担任顺天乡试同考官，次年因母亲去世而回籍守制，期间游历陕甘，后又与友人一路南游，足迹遍及山东、河北、江苏、浙江、江西、广西、湖南、湖北等地。在当时士人中，像孙嘉淦这样的自费旅游可谓十分罕有，但此举却能大长见识、扩大胸襟，其事后所撰《南游记》也写得相当之好，足与《徐霞客游记》相媲美。

守制结束后，孙嘉淦仍回翰林院供职，此时正值康熙驾崩、雍正继位，由此也有了前面说的上疏之事。雍正用人，一向颇有胆识，他对那些被人认为是"乖张、狂妄"的官员，也不是一味地厌恶打压，而是听其言、观其行，正如他自己说的："朕意，位居下僚而敢与人不知者，非彻底糊涂人，必有自信处。"因此，对那些敢说真话的官员，雍正通常并不怪罪，甚至颇具好感，孙嘉淦即如是。

雍正元年十二月，孙嘉淦被外派为江西乡试副考官；三年四月，调任为安徽学政。对翰林、科道官员来说，这两差使都是好差、肥差，孙嘉淦也算是"红翰林"了。四年十月，孙嘉淦被调回京师，任国子监祭酒并提督顺天学政。期间，雍正命孙嘉淦为南书房行走，负责为大阿哥弘时、四阿哥弘历、五阿哥弘昼等讲解《易经》。据野史所说，孙嘉淦教习皇子甚为严格，雍正听说后，某日趁有空而到窗外旁听。听了一会，雍正觉得孙嘉淦要求确实有些严了，于是在窗外随口说了句："教也王，不教也王。"孙嘉淦不知说话的人是雍

---

① 牛寨中：《孙嘉淦：山西清朝第一名臣》，第12页。

正,于是应声反驳:"尧也王,纣也王!"雍正听后自知理亏,只得不声不响地走开了。

雍正六年,孙嘉淦被命署理顺天府尹;次年,又以顺天府尹署理工部左侍郎。八年正月,直隶总督唐执玉上奏称,房山县石梯沟忽现"神鸟","高五六尺,毛羽如锦,五色俱备;所立处,群鸟环绕,北向飞鸣",时为顺天府尹的孙嘉淦及散秩大臣常明、侍郎普泰、总兵官管承泽等人也做出同样报告。此时的雍正对祥瑞已没有太多的兴趣,他原本并不相信,但见这么多官员奏报,又听说有上千人目击,于是暂做谦虚,并将信将疑地说:"朕思古称凤鸟,乃王者之嘉祥。朕抚躬自问,功德凉薄,不足以致凤仪之上瑞,此事犹疑而未信也!"

大概奏报这事还是有点好处的,孙嘉淦次月即被任命为当年会试的副考官,并在考务结束后实授为工部左侍郎,同时仍管顺天府尹及国子监祭酒事,一身而三任,仕途春风得意。次年三月,孙嘉淦被选中为经筵讲官,不久又调为刑部左侍郎,办理吏部侍郎事,并仍兼顺天府府尹。

雍正十年十月,孙嘉淦被任命为顺天乡试正考官,事毕向雍正汇报时,后者忽有所思,问在场诸臣:"天下有几种人?"众臣说法不一,惟孙嘉淦的回答最为巧妙:"人之熙熙,皆为利来;人之攘攘,皆为名往。普天之下,只有两种人,一种为名,一种为利。"雍正听后大笑道:"既如此,那孙爱卿是为名,还是为利?"孙嘉淦回答说:"为臣不爱钱。"其言外之意,爱惜羽毛,名声比钱财看得更重。对此,雍正倒不怪罪:好名啥的,直说无妨,朕生平最痛恨的,就是那些沽名钓誉而又名利兼收者!

正当孙嘉淦春风得意之时,其再次犯了执拗脾气,结果被罢去所有官职,一贬到底。原来,孙嘉淦任职国子监最久,当时按朝廷要求荐举宋镐、方从仁等六名教习以知县用。雍正说:"方从仁这人听说品行不端,这个名单你还是拿回去再考察一下。"孙嘉淦未经考虑就脱口而出:"我与这六人共事多年,了解得很,不需要再考

宠臣难当·自古伴君如伴虎

察。"雍正听后很不高兴，说："你就这么有自信？那你敢担保吗？"孙嘉淦牛脾气上来，说："臣愿保！"雍正大怒，丢下御笔说："那好，你写保状来！"孙嘉淦捡起笔欲写，旁边某大学士呵斥道："孙嘉淦！皇上的笔你也敢动？！"后者这才醒悟，赶紧捧笔叩头请罪。雍正余怒未息，命刑部将孙嘉淦收监治罪。后刑部以"大不敬罪拟斩"上报，雍正这时却怒气已消，说："孙嘉淦这人太戆，不过这人不爱钱，就让他到银库效力去！"①

事后，雍正为这事找了个托辞："孙嘉淦在元年时还只是个翰林院检讨，朕看其为人还算朴实，这才屡加提拔，数年之间，官至侍郎。孰料其偏执自用，陈奏迂阔琐碎，不可施行。朕屡加训诲，冀其开阔识见，近日倒好，他干脆缄默不言，无一事奏陈。他现为国子监祭酒，却瞻顾私情，将亲弟孙扬淦荐用为监丞，如此行事乖张，未免士论不服，以致声名大损。这次荐举教习人员，孙嘉淦并不据实陈奏，而遽称宋镐一班六人，俱属可用。等朕详加询问，又说方从仁实不堪用，任意反覆，显系欺罔，应加重惩，以为人臣诈妄负恩者戒！"

孙嘉淦出狱后，未回家即前往户部银库服役。不久，有流言说孙嘉淦为了收买名声而在收银时"有缩无盈"，主管户部大权的果亲王允礼听说后，觉得这事有几分道理，不像是凭空捏造。在他看来，孙嘉淦科班出身，又做过朝中大臣，现在贬到银库赎罪，一定瞧不起，也不屑于会计、核算之类的琐事，各种差错，在所难免。为将这事弄个明白，果亲王于是对银库来了个突击检查，可当他来到库场时，只见孙嘉淦正和吏卒等差役人员混在一起，又是记账，又是搬运，不辞劳苦。而且，孙嘉淦还亲自拿着秤，其所收、所称之银均集中于一处，待果亲王命人复称、复查时，其中没有丝毫差错。果亲王为之大奇，随后即上奏雍正，说孙嘉淦被贬黜后，非但没有任何怨恨，反而实心任事，实在可嘉。雍正听后，遂免除孙嘉淦的

---

① 昭梿：《啸亭杂录》，第188页。

银库差役而重新任命他为河东盐政。

古代盐业由官府垄断,说白了就是用控制食盐的办法向老百姓收取垄断税。因此,作为"红顶商人"的盐商们个个富得流油,而盐政、盐法道这样的官职当然也是官员们梦寐以求的肥缺,其间稍微做点手脚,一年几万、十几万银子就轻松到手,怎能不让人羡杀?可是,孙嘉淦到任后,其不但不以权谋私,反而将养廉银一万三千两减为八千两,同时又将各种陋规一一裁除,使得原本弊端横生的河东盐政面貌为之一新。

不久,雍正驾崩,乾隆继位,孙嘉淦被召回京城,出任吏部右侍郎,不久又授为都察院左都御史。据说,孙嘉淦升为左都御史第二天,乾隆的小舅子傅恒请他到府上饮酒庆贺,正待入席,孙嘉淦却掉头就走。傅恒急忙将他追回,问究竟怎么回事。孙嘉淦严肃地说,我刚才看你这室内,还有屋脊等处,远远超过了应有的规格,我现在就回去写奏章,参劾你!傅恒被弄得哭笑不得,只好说,这都是下人们胡搞,请孙大御史一定不要计较,逾格的地方马上就清除,孙嘉淦这才入席。此事呢,说来有悖常情,不知是真是假。

有意思的是,孙嘉淦在乾隆继位后亦上书言事,这就是可与魏征《谏太宗十思疏》相媲美的《三习一弊疏》,其中大旨是:人君耳习于所闻,则喜谀而恶直;目习于所见,则喜柔而恶刚;心习于所是,则喜从而恶违。三习既成,乃生一弊。何谓一弊?喜小人而厌君子是也。臣愿皇上时时事事常存不敢自是之心,引文王望道如未之见,孔子可以无大过为喻。这一次,乾隆对孙嘉淦的见解"嘉纳之"而传诵一时。

嗣后,孙嘉淦一路高升,官至工、刑二部尚书,协办大学士。官虽然做得很大,但孙嘉淦却从不颐指气使,外出一向步行,不驾车马,但凡有人前来看望,无论贫富贵贱,均以礼相待。逢年过节,亲友相聚,每餐均不超过五道菜。其表示:"山西原本民风简朴,如今却日渐奢靡,这都是官宦人家所带来的坏习气。因此,为官者更应以身作则,摈奢倡简。"

宠臣难当·自古伴君如伴虎

据说，孙嘉淦告老还乡时，将当年修顺义城时废弃不用的五千半砖装入几十个箱子，一行浩浩荡荡上路了。走了没几天，就有人密告乾隆："孙嘉淦一生好名，其实不过是伪道学，您看，他这些年收敛的金银财宝装了几十箱！"乾隆听后，立即派人将孙嘉淦拦下检查，结果发现全是一堆烂砖。对此，孙嘉淦解释说："此前修顺义城是自己出资，效力赎罪，半砖不能用又弃之可惜，只好自己收起来运回山西去修窑洞。再者，我为官几十年，并未攒下多少家私，除皇上赐给的一千两银子外别无他物，可又怕人笑话，于是才买了几十口箱子，聊壮行色而已。"乾隆听后，大为惭愧，遂令内务府将五千半砖换成五千两银子，以助其养老。

前人曾评价说："嘉淦初为直臣，其后出将入相，功业赫奕，而学问文章亦高。"终其一生，孙嘉淦著述颇丰，如《近思录辑要》、《南华通》、《春秋义》等，可惜后来他不满于自己观点而销毁书稿亦多。总而言之，孙嘉淦虽然未必是有清一代"山西名臣第一人"，但他和于成龙一样是清朝年间山西著名的清官、好官，至今为人景仰，却是没有疑问的。

旧人戴铎：聪明反被聪明误

按说，雍正当了皇上，其藩邸旧人们应该高兴得跳起来才对，不过有个人却是个例外，那就是四川布政使戴铎。这不，雍正上台伊始，就把他从布政使的位置上给撸了下来。接着，年羹尧被治罪时，有他的一条："与行止妄乱之沈竹、戴铎结党怀欺，煽惑众听。"蔡珽被治罪时，也有他的一条："党庇行止妄乱之戴铎。"隆科多治罪时还有他的一条："徇庇傅鼐、沈竹、戴铎、巴海，不行查参。"看到这里，读者或许要问，这个戴铎，究竟是个什么情况？

要认真说，戴铎在雍正夺储中还是个"大功臣"。如前书《夺位战争》中说的，戴铎在康熙五十二年给还是皇子的雍正写了封上书，其中提出三条建议：一是处理父皇和兄弟关系时，要把握"孝、诚、和、忍"四字真言；二是处理自己和朝廷官员关系时，一定要广结善缘，以赢得更多人的支持；三是尽量培养自己的人马，以壮大本门实力。

实事求是地说，戴铎这封上书写得入情入理，有理有据。不过，雍正的批语颇耐人寻味，其表示：你说的这些，诚然是金石之言，不过于我却没有丝毫用处。我若有意争储，也绝不会按你说的去做。再说了，当皇上是件大苦之事，我躲还来不及，怎么可能还有意去争它？至于君臣利害之关，终身荣辱之际，全不在此，无祸无福，至终保任。你但为我放心，凡此等居心语言，切不可动，慎之，慎之！

从批语看，雍正除了矫情，更多的是谨慎，尤其最后一句，如换成现代语言的话，完全可以直译为："你要是真心为我考虑的话，请马上闭上你的臭嘴，但凡以上说的这些，万不可向外透露，切记！切记！"

从雍正在康熙末年的表现看，他似乎忠实贯彻了戴铎提出的"三策"，尤其在"孝、诚、和、忍"四字上，更是做得出神入化。因此，也有一些历史学家认为雍正的成功是"倚信满人戴铎为之谋划"的结果，"没有戴铎就没有雍正"。事实是否真是如此呢？

戴铎上书不久，即奉雍正之命前往杭州、福建一带，其在信中说："主子所交给总督满保东西，奴才一路小心收藏，并无损坏。俟到福建时，再交给钱老哥、图巴礼也。所有奴才觅得杭州金花土产数种进上，求主子哂留赏人，则奴才感沐无既矣，特此启闻。"雍正批示"知道了"，又赏其家人缎子一匹。

康熙五十五年，被派到福建做官的戴铎向雍正写信，要求回京。其信中说："奴才于七月中自杭州起身，于九月到福建任。所有主子给满保的东西，奴才已密密交给钱老哥、图巴礼等，令其转与满保，俟他给银子时再行启知。"汇报完后，戴铎开始诉苦："奴才自问愚昧，功名之志甚淡，兼之福建水土不服，染病至今，特启主子。意欲将来告病，以图回京也。谨启。"雍正批示："我身子好，你好么？接你来字甚不喜欢。为何说这告病没志气的话？将来位至督抚方可扬眉吐气，若在人宇下，岂能如意乎？天下皆然，不独福建为然也。"

对戴铎信中提及武夷山"怪道人"一事，雍正倒颇有兴趣，其在批示中说，"所遇道人所说之话，你可细细写来，做闲中往来游戏。功名甚淡，非其时。古人云：'炉中若无真种子，总（纵）遇神仙亦枉然。'"

同年，戴铎再次向雍正报告，说："至所遇道人，奴才暗暗默助，将主子八字问他，以卜主子，他说乃是一个'万'字。奴才闻之，不胜欣阅。其余一切令容回京见主子时，再细启知也。"接着，戴铎又开始诉苦:"奴才在福建衙门甚苦,恰逢巡抚陈瑸到任,一切陋规尽行裁割,兼之奴才身体疾病缠绵,屡次告病不准,只得进兵饷两千两,求往军前效力,希图进京叩见主子金面,细回一切。……福建到京甚远,代字甚觉干系,所以奴才进土产微物数种,内有田石图书一匣,匣子是双层夹,底将启放于其内,以便主子拆开。"

对戴铎用双层匣的做法,雍正倒是表示满意,其表示:"你如此作事,方是具见谨慎";至于"所遇道人所说之话,不妨细细写来。你得遇如此等人,你好造化"。至于回京一事,雍正表示不行,"但你身子甚病,必须加意调理,古人云,'节饮食,省嗜欲,自可却病延年',万不可令庸医用药也。至西边效力之举,甚觉孟浪,皇上前不是当要的。"

康熙五十六年,戴铎写信告诉雍正,"奴才在福建衙门实在狠(很)苦。恭逢主子千秋在即,愧无叩进,谨具不堪微物数种,求主子哂留赏人,则叨沐恩慈不朽矣。"雍正接信后说,以后有呢进些,没有就罢了。次年,戴铎又一次写信诉苦,说"奴才自到福建以来,甚是穷苦,屡次告病不准,详(想)请军前效力,又奉部驳,奴才万分无奈,寻思无策。所有主子天恩无仰报。谨备微物数种,伏祈主子哂留。奴才自觉不堪,不胜菲愧之至。"对此,雍正也有些不耐烦了,其回复说:"天下无情无理除令兄戴锦,只怕就算你了。一年差一两次来诉穷苦,要两镡荔枝酒,草率搪塞,可谓不敬之至。"

由此可见,戴铎这几年在外面混得并不开心,他又是称病,又想军前效力,用尽各种办法,无非就是想调回京城。可奇怪的是,雍正对他要么敷衍,要么呵斥,就是死活不让他回京。这对主仆,闹的是哪一出呢?

如此看来,戴铎在雍正心目中的地位着实有些不妙。那么,是不是有另外一种可能,戴铎上书之时,雍正夺储之计已定,而且恰好与戴铎所言不谋而合?如果是这样,戴铎的聪明可就在一个错误的时间发挥了错误的作用了。试想,雍正本在暗自谋划,他是生怕别人知道，而这个戴铎不但看出来了，而且还有模有样的"诉诸文字"，这不是有意"道破天机"吗？再说了，雍正是何等自信之人，如果发现自己的心机被人窥破，这万一夺储不成，戴铎的这些文字就是谋逆的铁证，雍正能不对之反感乃至恐惧吗？

如这一逻辑成立的话，戴铎被远远地打发出去并被禁止回京似乎就有一合理解释了。好比《红楼梦》里的贾雨村审案，有个门子好心给他指出了本地的"护官符"，而这个门子又是知道他底细的故人，结果案子一审完，这门子就被贾雨村找了个借口给远远"充发"了。戴铎的例子，似乎也有些类似。也许在雍正心中，像戴铎这种急功近利又有几分小聪明的人，若把他留在京城，那简直就是颗定时炸弹——什么时候惹出乱子来，还真不好说！可是，雍正当时还只是"雍亲王"，他不能将之"圈禁"，更不能对其实施"肉体消灭"，除了将之远远地打发掉，还真没什么好办法。至于回京嘛，门都没有！

当然，对戴铎这种人，还没当上皇帝的雍正也不敢掉以轻心，他不能一味地打压，万一急了兔子还咬人呢，适当的时候还得安抚安抚，借以收买人心。康熙五十六年，戴铎写信向雍正致谢，说"奴才哥哥戴锦蒙主子天恩，差大人向吏部说得补河南开归道，此乃主子特恩。奴才弟兄受恩天高地厚，将来不知作何效力，方可仰报于万一也。特行具启，叩谢！"雍正回信说："你哥哥大不如你，不过是一员俗宦罢了。目前有你哥哥效力，你宽心保养，身子要紧。"雍正的意思似乎是，你的能力比你哥哥强多了，一定要多加保重，前途光明大大的，如前面说的，"将来位至督抚方可扬眉吐气"。

可是戴铎还是误会了雍正的意思。康熙五十六年，戴铎背着雍正谋划台湾一事，其在信中说，"奴才数年来受主子高厚之恩，惟有日夜焚祝，时为主子默祷静听好音，不意近闻都门颇有传言。奴才查台湾一处，远处海洋之外，另各一方，沃野千里。台湾道一缺，兼管兵马钱粮，若将奴才调补彼处替主子屯聚训练，亦可为将来之退计。即奴才受主子国士之知，亦誓不再事他人也。谨启。"

戴铎的意思，是让雍正先想办法将他调补为台湾道，万一将来"争储"失败，到时退居台湾，也有条退路。表面上看，这是奴才的忠心使然，但除去这一点，简直是馊得不能再馊的烂主意，一点点的政治头脑都没有。如真按戴铎说的办，这将是什么结果？简直就是谋反啊！

果不其然，雍正接到戴铎的密信后是气不打一处来，其在回信中痛斥："你在京若此做人，我断不如此待你也。你这样人，我以'国士'待你，你比骂我的还厉害。你若如此存心，不有非灾，必遭天谴！我劝你好好做你的道罢！"

在戴铎这边，他还真是生命不息，为主子谋划不已，可他哪里知道，雍正最怕的就是他的多嘴多舌，喋喋不休。这不，刚碰了一鼻子灰的戴铎，次年又开始惹事。康熙五十七年，戴铎又给雍正写信说："奴才素受隆恩，合家时时焚祷，日夜思维，愧无仰报。近因大学士李光地告假回闽，今又奉特旨带病进京，闻系为立储之事诏彼密议。奴才闻知惊心，特于彼处探彼云，'目下诸王，八王最贤'等语。奴才密向彼云：'八王柔懦无为，不及我四王爷聪明天纵，才德兼全，且恩威并济，大有作为。大人如肯相为，将来富贵共之。'彼亦首肯。但奴才看目下诸王各各生心，前奴才路过江南时，曾为密访。闻常州府武进县一人名杨道升者，此人颇有才学，兼通天文，此乃从前耿王之人也。被三王爷差人请去，养在府中，其意何为？又闻十四王爷礼贤下士，颇有所图，即如李光地之门人程万策者，闻十四王爷见彼待以高座，呼以先生。诸王如此，则奴才受恩之人，愈觉代主子畏惧矣。求主子刻刻留心，此要紧之时，诚难容懈怠也。"

宠臣难当·自古伴君如伴虎

戴铎这信有些干货，也有些假货。他先是说自己见了回乡探亲的李光地，后者是康熙信任的重臣，雍正当然深知其重要性。不过，戴铎与李光地说的这些却是死无对证，难保其为了卖忠而捏造。再说了，雍正根本就不希望戴铎在外面招摇，譬如见李光地之事，见得好也就算了，见得不好，万一李光地在康熙面前奏他一本，岂不是前功尽弃？因此，雍正在回信中痛骂说："你在京时如此等语言，我何曾向你说过一句？你在外如此小任，骤敢如此大胆！你之生死轻如鸿毛，我之名节关乎千古。我作你的主子，正正是前世了！"

雍正最后一句似未写完，其大意应为"我作你的主子，正（真）正是前世的造化了！"此外，对戴铎报告的有关杨道升、程万策这些远不是干货的信息，雍正颇有些不耐烦，说：杨道升在诚亲王府（三阿哥处）已有数年，此乃人人尽知，至于程万策傍依十四阿哥，那随他去！"我辈岂有把屁当香闻之理！"

康熙五十八年，戴铎最后一次向雍正写信，并"特具苏州新样扇子数种进上"。雍正的批示还是很不客气，说："你自家看看你的扇子和你的启帖，你是什么不知道我的。放着你，你以后四次具折请安。"康熙六十年，大约在雍正的活动下，戴铎调任四川布政使，临行时雍正送了他几句话："你此去当时时勉励，惟以治心为要，心一正，则天地神明自必加佑。"这显然是对戴铎的人品不能信任了。

次年十一月，康熙皇帝驾崩，雍正继位为新皇上，戴铎押中大宝，按说该高兴得嘴都合不拢吧？是，也不是。因为还没高兴多久，戴铎即于元年三月被解除四川布政使一职而发到年羹尧军前效力。究竟因为什么事而被解任，《雍正朝实录》中也未曾说。

戴铎是雍邸旧人，年羹尧也是雍邸旧人，后者在康熙六十年升任为川陕总督，是戴铎的直接上司。从这个意义上说，戴铎的这次升官恐怕是雍正担心他搞出其他乱子而将之调到年羹尧处，让后者好好管束他，这种可能性似乎更大。

雍正三年，年羹尧即将倒霉的时候，其向雍正报告说，"原任四川布政使戴铎将主子在藩邸时所批折子一扣与臣看，臣恐其在外招摇生事，敬收臣处。今附折恭缴。"年羹尧之举，一则为了表忠心，二来也是卖友图存，只是这次的马屁又拍到了马脚上。雍正接奏后说，"戴铎昔年曾具禀折，甚狂乱，朕手批切责之，今将其原折发与九卿公阅，所批之语有何招摇？而年羹尧奏折中故意隐约其词,以启天下之疑,不知何心?"

接着,雍正又开始翻老账:"朕藩邸门下之人,向惟年羹尧、戴铎肆无忌惮,昔年羹尧启折中'今日之不负皇上即他日之不负王爷',朕彼时手批切责,有云'尔此语真乱臣贼子之言,看今日之负我,知他日必负皇父'之谕。即欲将其启折于皇考前参奏,年羹尧再三恳求而止。"

对于年羹尧的"卖友",雍正是将两人一耙子打倒,"年羹尧将伊启折与朕当日批谕缴上,恐存伊处招摇。当日不即参奏此二人者,因伊二人居心阴险叵测,各处结党狂悖。且年羹尧又明珠之孙婿,或希此发露以诬陷。朕岂肯堕其术中,是以切责批发,直书朕之衷曲,即附折收存以为凭据。朕深知戴铎行止狂乱,而不置之于死者,恐年羹尧等又加朕以杀戴铎灭口之名也。"

接着,雍正质问年羹尧:"昔日所批伊之启及朕所行之事、所说之言,或戴铎向伊曾如何说,朕果有不可以对今日之臣庶者,年羹尧一一据实具奏,庶使天下人共见之。若一言一字隐讳,乃天诛地灭人也。"①

雍正的赌咒发誓当然是有自信的,其结果就是将戴铎的十封书信及批语做成一个文档,供诸臣观看。后来文史专家在懋勤殿档案中找到这一文档,"十多折合钞一帙",不过已非原件而是补写,批词也并非原批,其中恐有改窜,方有此自信耳。

从年羹尧对戴铎的举报一事来看,后者显然过于招摇。也许,戴铎意识到自己虽然押中了宝,但似乎押错了方向;在新皇上面前,不要说什么前途,搞不好性命都没了,如发至年羹尧军前效力,搞不好就是雍正有意要"借刀杀人"!他之所以要把之前与雍正的通信给年羹尧看,其动机恐怕是要以此证明自己与雍正的亲密关系,让年羹尧不敢轻易动手。再者,年羹尧看了这些书信后,实际上是分享了戴铎与雍正在夺储路上一些不可告人的秘密,那戴铎在获得一

---

① 萧奭:《永宪录》,第 195 页。

重保护的同时，年羹尧则不得不为这些秘密付出代价了。

可惜的是，留着对手的把柄本身就是一柄双刃剑，尤其是对手过于强大时。戴铎是有些"小聪明"，但他若以为手里攥着主子的"把柄"就可以活命乃至荣升的话，他就大错特错了。雍正是谁啊，他是皇帝！他可以取人性命，同样可以阻断甚至篡改信息，任何文字、任何把柄，经他之手都会面目全非。如此，戴铎也好，年羹尧也罢，两人都是死路一条。

三年五月，雍正发布上谕："沈竹、戴铎乃朕藩邸旧人，行止妄乱，钻营不堪，暗入党羽，捏造无影之谈，惑众听，坏朕声名，怨望讥议，非止一端。朕隐忍多年，及登大宝，知此二人乃无父无君之辈，宽其诛，而皆弃之不用。"这就是不祥之兆了。

不过，戴铎好歹比年羹尧多活了两年。五年四月，蔡珽受审时牵出"应许戴铎求托转奏"一事，其中戴铎曾这样申辩："奴才自汤山叩送，蒙主子天恩教诲，至今四五年来，刻刻以心自勉。虽不敢谓'希贤'二字，而天地神明可鉴，各处官民可访。在任时几十万钱粮不清，奴才终始不避嫌疑，为主子出力。及闻主子龙飞九五，奴才会向巡抚蔡珽说：'恐怕西边十四爷与总督年羹尧有事，当以死自誓。'倒借给兵丁钱粮，冀用其力。此奴才之愚衷也。"

"汤山叩送"，应是康熙六十年戴铎赴四川布政使任时，"龙飞九五"说的是雍正即位，这里或许解释了戴铎因何被解任四川布政使，即涉嫌"贪污"。不过，时任四川巡抚的蔡珽为之转奏似无效果，因为在雍正眼里，戴铎犯的不是经济罪，而是政治罪啊。

戴铎死于雍正五年，究竟是被处死还是勒令自杀或者其他，具体详情因未见史料，目前不得而知。不过《永宪录》里倒有一条奇怪的记载，说"五年十月，戴铎与巴海、沈竹三人被追究罪行，称其为阿其那属下废员，治钻营结党罪"[1]。"阿其那"即八阿哥、廉亲王允禩，此时前者已死，戴铎被治"钻营结党罪"是死前之事还

---

[1] 萧奭：《永宪录》，第310页。

是死后追罪,不得而知。不过,戴铎如何成了允䄉"属下废员",倒是十分奇怪之事。可惜两人都死了,再多的秘密也已被掩埋了。

客观地说,雍正对之前的藩邸旧人还是不错的,年羹尧、戴铎等人乃系为数不多的反例。当然,雍正也不是一味纵容,如元年二月,其命科道官员留心察访,如有"旧人"在外招摇、生事不法者,随时密奏。与此同时,雍正也亲自告诫这些人要维护"旧人体面","莫负朕恩,莫夺朕之颜面",否则,严加治罪。

除年羹尧外,提拔重用的藩邸旧人还是很多的。雍正继位仅四天,康熙末年遭革职的年希尧(年羹尧之兄)被任命为广东巡抚;元年正月,其妻为年妃姐妹的知县胡凤翚被任命为苏州织造;其他如侍卫傅鼐,升为内务府总管,后又担任盛京户部侍郎、兵部尚书等职;再如藩邸侍读傅敏,相继升为内阁学士、内阁大学士;内阁中书傅尔多调为户部银库郎中,后升为安徽布政使;还有常来、绰奇等,多担任财政或军事上的要职。

戴铎之事,尚有余闻。据民国年间出版的《雍正帝轶事》①中记载,直隶邢台知县戴天球系戴铎之子,其母病死后,直隶巡抚李维钧上奏说,戴天球任知县两年以来,廉以服官,俭以持己,折狱劝农,实心行政,若离任深为可惜,请准他在任守制。雍正接奏后不觉大笑,连批三个:"大奇!大奇!大奇!"雍正说这样昏愚无知的人,"其父又是一个贪官,家教一无可取",居然也政声嘉美,真可谓奇事、大喜事也,好吧,准他留任!随后,雍正意犹未尽地告诉李维钧,说:"此奏出自他人,断不能信,必加以谬举之罪,尔今如此保荐,谅必实有可观;若因朕藩邸旧人起见,则大误矣,朕并无异于他人处,惟公正两字,可以自信耳。"

这戴天球是何许人也?说起来,他可是雍正的老相识了。雍正还在藩邸时,戴天球还是个小朋友,他长得挺讨人喜欢,"面团团如富家翁,惟鼻子甚小",那时雍正"常捉之以为笑乐,力又甚强,

---

① 羊城杨公道编:《雍正帝轶事》,大华书局,民国七年(1918年)七月出版。

只大指与食指夹之,任天球如何簸荡,卒不能脱。天球痛欲绝,至长跪始释。"后来,戴天球省亲,其父问,"尔事王有年,王举止奚若?"天球曰:"王允文允武,惟吃辣面,殊太苦人。"所谓"吃辣面"者,即今人戏小儿女以手捉鼻名耳。

戴天球当然会长大,雍正后来事情一忙,也不记得他去哪了,如今偶然间发现这小子居然做官了,而且官声还不错,难免勾起他昔日还算温情有趣的回忆。只是,当年雍正常说戴天球粗蠢不堪,"乃天日不醒的一个人",叫他"球"并以之为笑具,但类似玩伴性质的雍邸旧人,无形中也平添了一份好感,"准他留任"自然不在话下。

从权术的角度而言,雍正是一个隐忍、有心机并善于抓机遇的政治强人,而戴铎有点小聪明,是个善于察言观色并揣摩主子心思的人。对于后者的品性,雍正了然于心,对于其计谋,或对雍正夺储有一定的参考作用,但这种不谋而合,更多的是"同而相忌"。戴铎的聪明固然很好,但雍正又讨厌其太过聪明,尤其是他在康熙末年一些不知进退、不知死活的举止,更是给自己种下祸根。从这个意义上说,戴铎是聪明反被聪明误,误了自家性命。

梦断红楼：翻脸不认娘家人

雍正五年冬，山东巡抚塞楞额参奏江南三织造，称其运送龙衣经长清县等处时，在规定供应外多要人夫、程仪、骡价等项银两，骚扰地方，请求降旨禁革。雍正接奏后大为生气，说此前已经三令五申，不许钦差、官员等骚扰地方，扰乱驿递。如今江南三织造竟敢顶风作案，苛索繁费，苦累驿站，甚属可恶！现织造差员已到京师，著内务府给朕严查！

古代交通不便，官府往往在通衢大道上设立驿站，此举方便了来往官差，但对附近老百姓却未必是好事。因为他们常被地方官召去应付各种差使，碰上官品好的或许还有点工钱，碰上恶劣的难免白辛苦一场。类似这种骚扰地方的情形在驿路上是常有之事，不过有些不一般的是，江南三织造的这一扰民案却引起了雍正的重视，并最终在中国文学史上留下了浓重一笔。

之所以这样说，主要是因为这一扰民案的主角不是别人，正是大文学家曹雪芹的叔父曹𫖯，而这一案件的查办，也最终让曹家乃至与之休戚与共的江南三织造全部完蛋。家族的由盛而衰，人事的变幻无常，最终让曹雪芹在迷梦中清醒，并催生出《红楼梦》这一伟大作品。

曹雪芹的祖父曹寅，当年可是个风光无限的人物，其任江宁织造时，康熙四次南巡都由其接驾，迎来送往，跟自家人一样亲热。原来，曹寅之母孙氏乃康熙幼年时的乳母，因为这层关系，曹寅十三岁时即被挑选为御前侍卫,随后又应召入宫,陪比他大四岁的康熙读书。两年后,康熙打破惯例,将曹寅正式升为侍读。①

论身份,曹家系内务府满洲正白旗下包衣,而所谓"包衣",即满语之"家奴"也。不过,正如旗人官员一向对皇帝称"奴才"一样,他们的感觉往往比汉人官员称"臣"来得更加惬意,因为旗人代表了一个小圈子,和汉人官员相比,他们和皇帝的关系更近一层。至于曹家,情况就更不一样了,曹寅既是康熙的奶兄弟,又是少年天子身边的陪读与玩伴,那真叫"大树底下好乘凉",其信赖程度非一般大臣所能比拟。至于曹家什么"包衣"身份,那都不是问题。

早在康熙二年,曹寅的父亲曹玺被任命为江宁织造,主要负责监造与收购宫中使用的丝绸织物,同时兼管为皇家采办相关物品。当时,清廷仿效明例在南京、苏州、杭州三地设立织造署(即所谓的"江南三织造"),三处均由内务府管理,像这样的肥缺,也只能是皇帝信任的人才可能出任。在江宁织造任上,曹玺干了二十一年后卒于任所,而此时曹寅正在皇宫担任銮仪卫治仪正(大约相当于仪仗队队长)兼内务府正白旗包衣佐领,康熙本打算让其继任江宁织造,但因为曹家内部矛盾而暂时未果。六年后,先后在内务府慎刑司、会计司、广储司磨炼资历的曹寅被派为苏州织造,三年后转为江宁织造,原职由其内兄李煦继任。

曹寅上任时已是康熙中期,此时三藩业已平定,台湾也已收复,国力处于上升阶段。为更好地了解并加强对江南地区的统治,康熙于三十八年、四十二年、四十四年、四十六年连续四次南巡,而这一期间也是曹家及苏州织造李家、杭州织造孙家最为风光之时。这三家联络有亲,结为一体,正如《红楼梦》中说的,"一荣俱荣,一损俱损"。

康熙六次南巡中,有五次以江宁织造署为行宫,曹寅在任内赶

---

① 按当时规定,皇帝侍读必须是年龄相当且聪颖的满洲大臣子弟,曹寅显然是个例外。

上四次,每次他都远迎接驾,将昔日的"大哥"接至署中。到署后,曹寅之母、被封为"一品夫人"的孙氏正要给皇帝下跪请安,康熙急忙上前一把扶起,并对身边随从大臣们高兴地说:"此吾家老人也。"当时,正好堂下黄花菜(又名萱草)开花,康熙遂为亲笔书写了"萱瑞堂"三字匾额赐给乳母,以示不忘当年的抚养之恩。

论品级,江南三织造只是五品官,但因为他们都是皇帝的亲信并直接为皇上服务,地方官员难免要对他们另眼看待。更何况,江南是清廷最重要的税赋之区,任何风吹草动都可能影响到朝廷的财政收入甚至政治安全,江南三织造由此也就多了一项任务或者说权力,即所谓的"密折奏闻"。据统计,康熙朝三千余件密折中,其中有曹寅一百一十九件,李煦四百一十三件。而这些密折,内容大多为江南晴雨、丰歉、米价、疫病、民情、官吏品行等,如康熙四十八年二月,曹寅即向康熙报告:"目下江南、扬州各处,雨水调匀,蔬麦大长,百姓俱安生乐业。"当年六月,又奏报说:"目下麦子俱已收割全完。……近日湖广米来,米价将次可平,百姓插秧,复望雨以力作农事。……今岁入春以来,复雨不止,低洼之处,二麦歉收。"从这个意义上说,江南三织造还承担着情报官的职能。

除此外,曹寅还有其他兼差,如他和苏州织造李煦轮流担任两淮巡盐御史,这也是一个管钱的肥缺。在某些特定时期,他们也会奉命收购铜料以供铸钱之用,或为皇室采办各种物件乃至为内务府代售人参,挣外快以补贴皇室用度。另外,曹寅本人富有文才,为人风雅,其在江南时与文坛名士交往频繁,并曾奉康熙之命组织江南文士在扬州校刊《全唐诗》、《佩文韵府》等书。用现在的话来说,这做的是文化统战的工作,为清廷收容江南士人之心。

宠臣难当・自古伴君如伴虎

对于曹家,康熙也是关怀备至。如曹寅的两个女儿,都在康熙的主婚下嫁为王妃,其中长女嫁纳尔苏——后袭爵平郡王;次女亦嫁某王子——时为康熙帝待卫。曹寅以包衣身份而二女皆为王妃,这要不是康熙的面子,绝无可能。

康熙五十年后,曹寅身体一直欠佳,其自称目昏耳鸣,体虚发胖，似有高血压、心血管病的症状。康熙得知后极为上心，其于密折朱批中问清病情后亲自给曹寅开药方："惟疥不宜服药，倘毒入内，后来恐成大麻风症，出（除）海水之外，千万不能治。小心，小心！土茯苓可以代茶，常常吃去也好。"五十一年七月，曹寅去扬州督刻《佩文韵府》时患上恶性疟疾，其急请李煦转奏求赐"圣药"，康熙接报后立即派人送药，并写了这样一条长批："尔奏得好。今欲赐治疟疾的药，恐迟延，所以赐驿马星夜赶去。……南方庸医每每用补剂，而伤人者不计其数，须要小心。曹寅原肯吃人参，今得此病，亦是人参中来的。'金鸡拿'专治疟疾，用二钱末，酒调服。若轻了些，再吃一服，必要住的。住后或一钱，或八分，连吃二服，可以出根。若不是疟疾，此药用不得，须要认真。万嘱，万嘱，万嘱，万嘱！"据称，这次赐药"限九日到扬州"，其重视程度可见一斑。

很可惜，曹寅最终还是在当年去世，且与其父一样死在了江宁任所。痛惜之余，康熙决定让曹寅之子、年仅二十四岁的曹颙继任江宁织造，为保全曹家。据说，康熙四十四年南巡时，住在曹家的太子胤礽初见曹颙在客厅玩耍，以其无知而逗问："你知道江宁有好官吗？"曹颙说："知道，有陈鹏年。"此时的曹颙尚是少年，已能知是非而晓辞令。对于此子，康熙当然也见过多次并颇为欣赏，说他文武全才，在下一辈中颇为难得，将来可寄以重任。可天违人愿的是，曹颙的身体也不好，任职仅三年即去世。更糟的是，曹颙年轻无子，余下曹寅、曹颙两代孀妇（另一说是曹颙妻子马氏腹中尚有一遗腹子，即曹雪芹），无人奉养。

为此，康熙亲自主持为曹寅立嗣，其命内务府总管去问李煦，"务必在曹荃（曹寅之弟）之诸子中，找到能奉养曹颙之母如同生母之人才好"。最后，曹荃第四子、当时尚未满二十的曹頫被选中为嗣，并随即奉命继任江宁织造。

康熙一而再再而三的保全曹家，很大程度上也是因为曹寅死后留下了巨大的亏空，如由他人继任江宁织造及两淮巡盐御史的话，势必令曹家陷入灭顶之灾,这显然是康熙所不愿见到的。事实上,康熙心里也清楚,曹寅遗下的亏空,自己也不无责任,如其对大臣说:"曹寅、李煦用银之处甚多,朕知其中情由。"康熙没有明说是什么情由,不过众大臣想必也知道,曹寅、李煦为南巡接驾耗费巨大,各类花销真是像《红楼梦》说的那样,"把银子花的像淌海水似的"。再次,曹寅的其他差使,如联络江南士大夫的费用等,这些都不是正项款项,也没法报销,只能靠曹寅等人自己报效,亏空官帑也就在所难免。对此,康熙只能暗中领情而不便令其赔补。

不过,曹寅等人接驾时的排场之大、花费之多,就连康熙本人也觉得过于奢华,有些过分了,其于第四次南巡前特下诏给江南三织造:"尔等三处千万不可如前伺候,若有违旨者,必从重治罪。"曹寅尚在世时,康熙就曾多次提醒他减少开销,尽快将亏空补上。四十九年八月,康熙在李煦奏折上朱批:"风闻库帑亏空者甚多,却不知尔等做何法补完?留心!留心!留心!留心!"连用四个"留心",可见其担忧程度。同年十一月,康熙再下密谕,说两淮亏空甚是厉害,尔等须十分留心,免得将来"被众人笑骂,遗罪子孙"。康熙之所以安排曹寅、李煦二人轮流负责两淮盐政,恐怕也是打算让他们以盐政盈余来弥补亏空吧。

不可否认,曹寅任江宁织造期间四次接驾,这是曹家最鼎盛之时,但也埋下了巨大隐患。李煦在报告曹寅死讯时即说:"江宁织造衙门历年亏欠钱粮九万余两,又两淮商欠钱粮,去年奉旨官商分认,曹寅亦应完二十三万两零,而无资可赔、无产可变,身虽死而目未瞑。"接报后,康熙令李煦代理两淮盐政(原本轮到曹寅),并令曹颙继任江宁织造,与李煦一起设法补完亏空。次年,曹颙上奏说,李煦代任盐差已满,计得余银五十八万六千两,补足亏空后尚余银三万六千两,其奏请献与康熙做"添备养马之需"。对此,康熙批示说:"当日曹寅在日,唯恐亏空银两不能完。近身没之后,得以清了,此母子一家之幸。剩余银两,尔当留心,况织造费银不少,家中私债想是还有。"最终,康熙只收六千两,其余三万两赏给曹家

做不时之需。

　　随着曹颙的突然去世，曹家所受的恩宠也日渐衰落，不过这也是没办法的事。即便是曹家三代，康熙的关注也有明显的程度之别：如曹玺这辈，康熙更多的是敬；曹寅是早年伴读，关系最亲；曹颙被康熙看成子侄辈，这已经是靠着祖荫吃老本了，可惜还享年不永。由此，眷宠渐衰也是在所难免。至于曹𫖯的继嗣与继任，那纯粹是为曹家两世遗孀着想，还曹寅父子的感情债，其他还真谈不上太多。

　　对此，曹𫖯也是心里有数，不敢乱说乱动，以致康熙后来还责问他，说："你家中大小事为何不奏闻？"其中即有责备曹𫖯不如曹寅等人亲近之意。曹𫖯挨批后，慌忙请罪并把自己的家产情况也事无巨细地报告上去，还说自己未能启奏的原因是"事属猥屑，不敢轻率"——这也折射出到他这里与康熙的关系早已是疏多于密了。不过，康熙的态度还算可以，其批示说，你虽是个无知小孩，不过职责却不小，念在你父辈效力时间长才给你特殊恩典，派到任上；虽说织造监督不管地方上的事，但也可以像你父辈那样将所见所闻统统密奏给朕，不要怕说错，朕自会洞察，"就是笑话也罢，叫老主子笑笑也好"。

　　从这一批示看，康熙还是想恢复此前与曹家的亲密关系，但曹𫖯在血缘乃至资历、能力上都与曹寅、曹颙差了一大截，到他这里，家势衰微的征兆已很明显。不过话说回来，像曹寅和康熙那样的密切关系在传统王朝中并不多见，曹颙、曹𫖯兄弟辈无法恢复父辈的盛况，实属正常。按此趋势，曹家越往后与皇帝越疏远，几乎是一无可逆转的现实。

　　雍正继位前，应该与曹家有过交往，不过其在康熙四十二年随父南巡时是否见过曹𫖯则不好说。一则曹𫖯年纪太小，即使雍正见过他也未必有印象；二则曹𫖯系过继而来，当时也未必在曹寅家。从脉络上说，曹𫖯得以继任江南织造主要是康熙的恩典，与雍正关系不大，后者也不可能像父辈那般对曹家格外关照。

　　年羹尧青海大捷时，曹𫖯也上了个贺表，其中赞扬雍正皇帝

"智勇兼备",知人善任,完成了康熙帝的末竟事业,可谓仁孝,接着又说,这次大胜主要是皇上善政爱民,布德施恩,深合天心。这次的马屁拍得很好,雍正颇为开心地在表上批示说:"此篇奏表,文拟甚有趣,简而备,诚而切,是个大通家作的。"

曹頫的表态并非没有原因,就在前一年,与曹家同气连枝、任苏州织造达三十年之久的李煦被革职抄家,其家产被抵偿亏欠,房屋赏给年羹尧,奴仆在苏州变卖。后来,因为李家奴仆系旗人,当地没人敢买,雍正又让年羹尧任意拣取。当然,雍正的这一举动并非专门针对江南三织造,而是雍正元年清查亏空大热潮中的一朵小浪花,但这足以预告康熙年代的曹、李、孙三家即将到来的不妙命运。

从某种程度上说,雍正对曹頫还是抱有期望的,这从李煦被治罪而曹家宽限三年还清亏空的做法可以看出。雍正二年,大概是有人借亏空之事恐吓曹家,曹頫有所钻营,企图避祸,雍正得知后,遂在其请安折上批示:"你是奉旨交与怡亲王传奏你事的,诸事应听王子教导而行。你若自己不做非分之事,诸事王子都照看得来。你若作不法,凭谁也不能与你作福。不要乱跑门路,瞎费心思买祸受。除怡亲王外,不要再去找其他人,免得到时拖累自己。为甚么不拣省事有益的做,而非做费事有害的事?因你们奴才风俗向来混账惯了,不懂大道理,恐有人冒充是朕的主意骗你,你若不懂不解,错会朕意,那就受骗上当了,故特此写这份朱批给你。若有人恐吓诈你,你不妨就求问怡亲王,况王子甚疼怜你,所以朕将你交与王子。主意要拿定,少乱一点,坏朕声名,朕就要重重处分,王子也救你不下了。特谕。"

从这份朱批可以明显看出,雍正对曹頫乱跑门路很不满,但将曹家交给怡亲王看管,这种好意与体恤无疑是一种关怀,是一种亲密关系的体现而不应做监管的解读。以怡亲王当时在朝的地位,这对曹家来说当然是一个大靠山,但要是曹頫还在这里另寻庇护(极有可能是想走年羹尧的门路),"坏朕声名",那到时是自己取祸,怨不得谁。

应该说，雍正在这份朱批中的口气是比较严厉的，而一旦给他留下了不好的印象，后面恐怕就没好果子吃了。同年五月，曹頫在密折中报告江南有蝗但未成灾，且雨水充足，百姓已及时播种。雍正经了解后大发脾气，说："蝗虫闻得还有，地方官为何不下力扑灭？二麦虽收，秋禾更要紧。据实奏，凡事有一点欺隐作用，是你自己寻罪，不与朕相干。"在雍正心目中，密折就必须据实汇报，否则要密折何用？曹頫这次显然触了大霉头。

待到雍正四年，由苏州、江宁负责操办的缎匹衣料质量"粗糙轻薄"，曹頫等被责以另行织造并罚俸一年。事后，曹頫等保证"此后定要倍加谨慎，细密纺织"，孰料还未到一年，雍正所穿的石青缎褂面落色，查下来又是江宁生产的，结果曹頫又被罚俸一年。曹頫一次又一次的失职，雍正也对其起了疑心，遂决定将其召回北京当面考察训诫。五年五月，雍正命苏州织造高斌不必回京，其督运的缎匹由曹頫送来，而在其运送途中发生了骚扰地方之事，由此导致了曹家的最终雪崩。

另外，雍正也从两淮盐政噶尔泰的密奏中了解到，曹頫这个人年青而又缺少阅历，其本身没什么才能，遇事畏缩，江宁织造衙门的事务多交给管家丁汉臣，而后者也是一极平常的人，办事能力不行。噶尔泰的访察还是比较准确的，曹頫虽然好学但并非干才，所用又非人，结果是屡出差错，惹祸不小。对此，雍正也表同意，其在噶尔泰密折上说曹頫"原不成器"。既如此，也没有什么培养前途了，曹頫及曹家之后的命运可想而知。

曹頫获罪后还连累到了杭州织造孙文成家，当年十二月十五日，孙文成以"年已老迈"为由遭罢职，江宁织造、杭州织造同时换人。二十四日，两江总督范时绎奉命查封曹頫家产，并将其重要家人立即捉拿归案。经查，曹家房屋及家人住房十三处，共计四百八十三间；地八处，共一万九千零六十七亩；家人一百十四口；他人欠曹頫债务，连本带利共计三万二千余两；此外还有家具、旧衣及当票百余张。①事后,曹家"所有田产、房屋、人口等项"均赏给下一任江宁织造,只在北京给曹𫖯酌量留些住房,以便其家属回京居住。至此,曹家丧失了经营六十余年的基业,无可挽回的败落了。

　　雍正六年初夏,曹雪芹随全家老少回到京城,住在崇文门外曹家旧宅。这一年,曹雪芹大约刚满十八岁。从赫赫扬扬的官宦世家到无人问津的败落之所,从昔日的锦衣玉食、养尊处优坠入"绳床瓦灶"的穷困潦倒,这一急剧的人生转折对曹雪芹来说无疑是痛苦的,但若无如此刻骨铭心的亲历与体悟,那不可能有不朽的传世名著《红楼梦》。就此而言,曹雪芹本人是不幸的,但中国文学却得此大幸。

宠臣难当·自古伴君如伴虎

---

①另据萧奭:《永宪录》第390页记载,曹家被查封后,"封其家赀,止银数两,钱数千,质票值千金而已。上闻之恻然。"

治国理财
精明皇帝管钱忙

清查亏空：抄家才是硬道理

康熙六十一年十月，尚是亲王身份的雍正奉命查勘京通各仓。事毕后，雍正赋诗一首，曰：

> 晓发启明东，金鞭促玉骢。
> 寒郊初喷沫，霜坂乍嘶风。
> 百雉重城壮，三河万舶通。
> 仓储关国计，欣验岁时丰。

雍正的诗写得不算出色，这首大体也只是应景之作，其中多颂扬阿谀之词，未必是真实情形。事实上，康熙末年粮政弊端甚多，多数仓储名不副实，其中多为官员中饱亏欠，只因积弊甚久，各地竟视以为常事。就在前一年，左都御史朱轼即奏称："直隶各省积贮仓谷，不肖有司任意侵挪，一经地方报灾，或称平粜，或称借贷，或称煮粥，总系有名无实。"直隶巡抚赵弘燮也说："各州县收贮仓米，俱无实际。"通过这次的查仓，雍正倒是多少知道了这个王朝的底细，这也为他在一个月后接管整个帝国留下了最直观的初步印象。

康熙皇帝八岁登基，十四岁亲政，在位六十一年，其间擒鳌拜、平三藩、收台湾、击噶尔丹，开疆拓土，外服内治，诸多丰功伟绩自不待言，但其晚年因立储等事而陷于颓疲，昔日煊赫一时的帝国也难免走下坡路，其中尤以国库空虚、吏治腐败为最。据统计，康熙驾崩时，国库存银仅八百万两，只相当于中央政府年税收的27%，正如美国学者曾小萍在《州县官的银两》一书中的评价，对一个崇尚收支平衡并认为中央政府应有足够的储藏以备不虞之灾的古老帝国来说，这个数字令人吃惊而痛心。①

堂堂大清帝国，外面看来富饶强盛，里面却是空空如也，不过是一个空架子。对此，雍正当然不能坐视，其继位一个月后即给户部下达全面清查亏空钱粮的上谕，其中严厉地指出：各省钱粮亏空，不是上司勒索，就是自身侵渔，以前圣祖皇帝好生知天，不忍将赃官明正典刑，以致一些人毫无畏惧，恣意亏空；"朕深悉此弊，本应即行彻底清查，重加惩治，但念已成积习，姑从宽典。除陕西省外，限以三年，各省督抚将所属钱粮严行稽查，凡有亏空，无论已经参出及未经参出者，三年之内，务期如数补足。……如限满不完，定行从重治罪。三年补完之后，若再有亏空者，决不宽贷"。

雍正深知，钱粮奏销漏洞很大，其于元年正月下令设立会考府，由怡亲王允祥、舅舅隆科多、大学士白潢、尚书朱轼会同办理，以专门清查亏空。所谓"会考府"，其职责类似于现在的中央审计署，目的是将各部院的奏销大权全部收归中央，之后任何一个部门的钱粮奏销事务都必须经新设立的会考府清厘"出入之数"，再想用以前的老办法做手脚，那是不太容易了。

为更好地推进清查工作，雍正随后又命怡亲王允祥总理户部事务，特别告诫说："尔若不能清查，朕必另遣大臣；若大臣再不能清查，朕必亲自查。"在此严令之下，允祥就算跟雍正关系再好也不敢怠慢，首先查出户部亏空二百五十万两，雍正即令户部历任尚书、侍郎、郎中、员外郎、主事等官员及部吏均摊赔偿一百五十万两，另一百万两由现任户部官员弥补。户部是整个朝廷财政的主管部门，其亏空尚且如此，其他部门及各省可想而知。

由于就在天子脚下，京师部院一级的清查相对容易，不过也难

---

① 曾小萍在《州县官的银两：十八世纪中国的合理化财政改革》，第1页。

免涉及到皇族及前朝的高级官僚,如电视剧《雍正王朝》中即说,自小就跟随康熙的老臣魏东亭被逼得上吊自尽。[①]当然,魏东亭是虚构出来的历史人物,不过电视剧中逼得皇子上街卖东西的事例还真有,只是并非十皇子敦郡王允䄉而是十二皇子履郡王允祹——之前他主管内务府事务时也出现亏空,没钱赔补又逼得紧,他一怒之下就把家中器皿摆到大街上去叫卖,让人看自己笑话的同时,也让雍正难堪。至于十皇子允䄉也没好到哪去,他同样因为亏空没有补完而被抄家。其他内务府官员,如李英贵伙同张鼎鼐等人冒支正项钱粮一百余万两,因没钱补足,均被抄家治罪。

皇上至亲被逼得上街卖家当,若放在康熙朝恐怕难以想象,但在雍正这里却毫不在乎,其表示,允祹"亏空钱粮,私用官物",责令他赔补——就将家中器用物品铺列到大街上去出卖,那是"以示穷蹙",做样子给人看的;允䄉"应赔银两","伊仅完数万诈为穷状",那也都是骗人的,朕派他将哲布尊丹巴胡图克图的灵龛送还喀尔喀,他又是称病,又是说自己没钱置办马匹行李。现在好!抄了他的家产,光家中金银就六十多万两,其他金银器皿和土地房屋尚不在其内,你能说他没钱?要朕说,这家抄得好,该抄!

雍正既是这态度,那下面人可真就没法说了。从元年设立到三年九月裁撤,会考府在三年多的时间里共办理部院钱粮奏销事件五百五十件,其中驳回改正的九十六件,占所办事件的两成左右。由此,中央层面上的清查亏空算是首战告捷。

对于什么是"亏空"、应如何弥补,当时其实也有争议。很多官员被查时要么说这是上任乃至上上任留下的,我不应该为此负责;要么说因为突发天灾人祸,为赈灾才挪用正项钱粮的;更有说是上司勒索这才导致亏欠,其实我一分钱没捞着。各种借口,不一而足,其中多数抵赖,但也有一些不乏合理性。

---

①魏东亭的原型或为曹寅,后者字子清,号楝亭,曾做过康熙侍读,关系密切。"东亭"或取自"楝亭"。

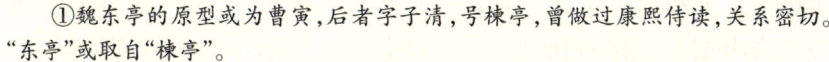

那么，究竟什么算是亏空呢？简单说，财政上应收未收、收少支多即谓之亏空，如国库应收四千万两白银，但实际只收八百万两，这亏空够明显吧？而事实的背后，造成亏空的原因也确实很复杂，究竟是因为民众拖欠还是政府超支，抑或是官员挪用乃至中饱贪污，其中必须区分清楚。

雍正的看法是，亏空原因无外乎三条，即"民欠、官侵与吏蚀"，这三项须"明晰清厘，不得丝毫朦混"，据其估计，后两条恐怕要占到亏空的一半。以江苏为例，当时负责清查的吏部侍郎彭维新及江苏巡抚尹继善奏报说，自康熙五十一年至雍正四年，江苏积欠约一千万两，其中民欠只占五百三十九万两，这与雍正的估计是接近的。而且，这部分涉及贪腐，关系官风与民生，也是雍正要求重点追查的。

钱粮亏空多因官吏贪腐，这也是朝中清流们的一致看法。元年正月，翰林院检讨汤倓即上折说，天下亏空者极多，陕西、山西、四川三省因打仗的缘故出现亏空尚且情有可原，但像直隶、山东、湖广这样的省份，竟然也有这么多亏空的州县，这原因何在呢？要知道，监守自盗的处分极重，小吏岂有不畏法而敢中饱私囊？这其中多因上司勒索或下面官员为打点送礼，结果剜肉医疮，只顾目前而不顾其他，结果日积月累，竟成无底之洞。

此后，各类抨击官员贪腐、支持清查亏空的奏疏相继出现，其中兵科掌印给事中陈世倕更是直截了当地指出：近年亏空累万盈千，根源在于督抚，"督抚贪，则一省之官无不贪。……亏空既成，督抚知其因己而亏，非抑知府而不报，即勒后任以交盘，又或摊于通省，不亏者亦亏。"这类奏疏大都强调亏空的根源在于吏治腐败，尤其以地方高层官员的责任为重，所谓"国家之重务在钱粮，州县之通病在亏空，亏空之事州县笃之，亏空之根起自督抚"。对此观点，雍正也表示同意，说现在的情况是，督抚有欲而司道窥之，接着传于郡守，又转传于州县，下面那些不肖官员为了自己升官发财而百般迎合上层。"以一州之赢余，快各上司之追求，库帑安得不空？

督抚尚安得辞其责哉?"

要整治各省亏空,光有舆论的支持是不够的,雍正随后推行关键的一步:走马换将。从继位开始,雍正即有意识地调整各省官员,其中尤以督、抚、藩、臬(总督、巡抚、布政使、按察使)最为重视。如登基当月,广东巡抚杨宗仁升为湖广总督;次月,原山东按察使黄炳升为山东巡抚;元年正月,贵州布政使裴徫度升任江西巡抚,山西布政使纳齐喀调升湖北巡抚,内阁学士魏廷珍调任湖南巡抚;二月,直隶守道李维钧补授直隶巡抚,左都御史嵇曾筠署理河南巡抚;三月,甘肃布政使傅德署理甘肃巡抚,安徽布政使石文焯升任河南巡抚,江南京口将军何天培署理江苏巡抚;四月,陕西宁夏总兵官范时捷署理陕西巡抚,内阁学士诺岷补授山西巡抚。仅半年时间,全国近半封疆大吏被更换。再如布政使、按察使这个级别的官员也是更换频繁,并且大都集中在年初的二三月份。

正所谓"一朝天子一朝臣",新升任的官员对雍正自然是感恩戴德,竭力图报,而有了这批亲信官员,雍正推行新政也就得心应手,清查亏空随即在各省全面铺开。元年五月,新任山东巡抚黄炳奏称,前任巡抚李树德在六年任期内亏空银两四十余万,现由李树德与布政使王用霖二人负责赔补,李已完银二十五万,而王之家属"至今尚无分厘完结"。同年八月,福建布政使黄叔琬奏报省藩库应存银八十万两,但实存库银仅四十余万两,亏空近一半,现已追补近半。十月,新任山西巡抚诺岷奏报本省亏空约一百三十万两,而前任巡抚苏克济难脱干系。十一月,湖南巡抚魏廷珍奏称本省藩库亏空约二十万两;另有江苏布政使宜思恭在五年任期内,共亏空银两四十六万。以上这些,还是省一级的亏空。

对以上情况,雍正大体还是心里有数的,其表示,"历年户部库银亏空数百万两,朕在藩邸,知之甚悉","藩库钱粮亏空,近来或多至数十万"。除此外,"道府州县亏空钱粮者"也为数不少,只是饭要一口一口吃,亏空原因也多种多样,其步骤是先追挪用,再查贪污,无论贪污还是挪用,每一笔账都要查清楚,凡已查明的,

一分一厘都不能少。

元年八月，通政司右通政钱以垲在上疏中提出对亏空官员的追补之法："凡亏空官员题参时，一面严搜衙署，一面行文原籍官员，封其家产追变，庶不致隐匿寄顿。"这一建议被雍正采纳后，全国范围内随即掀起了一场"抄家"大戏。

按雍正的指示，官员贪赃一经核实，第一件事是先罢官，决不让他们留在任上假公济私，靠勒索百姓以弥补亏空，接着，先抄官衙，同时行文其原籍政府控制其家人财产，以防被抄之人将家财转移隐匿。之后，如犯官亏空仍未追清而其宗亲戚友平时分用赃银赃物的话，这些人的家产也将被抄没，直至补足为止。

举例而言，当时山东巡抚黄炳奏报属下知府李元龙贪赃枉法，家私数百万而仍贪酷不已，且与前任巡抚李树德连宗任事，扰害百姓。雍正接报后御批："此等不肖种类，当一面拿问，一面参处。在此人身上，追出数十万金以养尔山东百姓，不是好事么？丝毫看不得向日情面，众人请托，务必严加议处。追到水尽山穷处，毕竟叫他子孙作个穷人，方符朕意！"

遇到这般严苛的皇帝，贪官们可真只有"死路一条"了。可是，在雍正手里，想"死"没那么容易，即便死了，也不能放过。雍正四年，广东道员李滨、福建道员陶范被参贪污受贿、亏空钱粮，未及审理即自杀身亡。对此，雍正颇为尖刻地说，这些犯官自知罪大恶极、自身难保，于是想一死抵赖，借以保住财产，让子孙后代享用——想得美！人死债不烂，跑得了和尚跑不了庙，找他们的子弟、家人算账，一分钱也别想少。

清欠过程中，雍正还有一招颇为辣手，那就是从中央选派钦差大臣下去清查时，同时又从各地抽调一大批候补州县官员随行。之所以如此，主要是中央大员与地方没什么瓜葛，既无前车之鉴，也无后顾之忧，下去清欠必有立功之心，以此获得雍正的信任与重用，如收取下面官员的贿赂而走过场的话，未免风险太大；再者，钦差大臣身边有一群候补官员，这些人也不是省油的灯，因为按雍正政策，贪官一经查出，立即就地免职，然后从随行的候补官员中选一个同级的马上接任。试想，这些候补们为了补官把眼睛都想绿了，那他们还不死盯着钦差大臣和受查官员，谁还会去和什么稀泥？把官抢到自己手里才是正经！如此，这招岂止是妙招，简直就是阴招、狠招。

雍正即位时，内阁草拟登基恩诏，按惯例开列豁免官员亏空一条，但被雍正坚决堵住，其表示，"朕今不能如皇考宽容"，亏空的钱粮，除被上司勒索及因公挪移分别处分外，其他贪污者，一经查明"即行正法"，若"徇私容隐"，则督抚"一并从重治罪"。在此严令下，湖广布政使张圣弼、湖广粮储道许大完、湖南按察使张安世、广西按察使李继谟、原直隶巡道宋师曾、江苏巡抚吴仁礼、江苏布政使李世仁、江南安徽粮道王舜、前江南安徽粮道李玉堂等人纷纷落马，官场一片哀嚎。

由于行事稍显刻薄，雍正得了绰号叫"抄家皇帝"，当时牌桌上也有了一种新打法，叫"抄家和"。四年七月，民间谣诼四起，说雍正为政严酷，"好抄没人之家产"。雍正为此特发上谕，说从前贪赃犯法之官，若又听其贪婪横取，自肥身家，以贻子孙，"则国法何存，而人心何以示儆"。再说了，犯法之人，原本就有籍没家产之例，抄没其家赀，不过是为公事赏赉之用——这是公事公办，怎能说朕严酷？

雍正的话当然没有错，打江山要靠枪杆子，治江山就得抓钱袋子，基于此意，亏空不能不补，腐败不能不惩。在继位三年内，雍正为清理钱粮亏空之事而发布上谕三十余次，其密度之大，重视程度之高，足以视为雍正初年的头等大事。很快，设定的三年年限已经过去，那清查下来的效果怎么样呢？只能说差强人意，户部清查在次年即有盈余，但地方各省大多拖欠未完。为此，雍正不得不将勒限延长三年并严厉警告，"如届期再不全无，定将该督抚从重治罪。如有实在不能依限之处，著该督抚奏闻请旨"。至雍正七年，国库存银已近三千万两，地方上也亏项渐清，藩库粮仓日渐充足，整个国家的财政状况有了明显好转，清查亏空之役也就告一段落。

对这样一个来之不易的成果，雍正本人也颇觉欣慰，其表示，"近观各省吏治，虽未必能彻底澄清，而公然贪赃犯法及侵盗钱粮者亦觉甚少，是众人悛改之象与朕期望之意相符，亦可遂朕宽宥之初心矣"。话虽如此，此前那些近乎"不近人情"的高压政策毕竟大大得罪了各级官员，后世对雍正的负面评价，很大程度上也多来自于此。不过，应该着重指出的是，雍正犯的是"官怨"而非"民怨"，其为国为民之心，是值得充分肯定的。毕竟，清查亏空事关重大，其成功与否不仅关系到中央及地方政府的财政收入，更重要的在于抑制康熙末年后的官场贪腐之风，惩贪、治贪、抑贪也是其中的重中之重。事实证明，这场清欠运动进行得如火如荼、彻底绝情，雍正的"辣手"不仅动了贪腐官员的钱袋子、官位子，更是动了不少官员的脑瓜子。如此，那些贪官能不惧怕并痛恨雍正吗？

耗羡归公：浑水变清难摸鱼

康熙六十一年八月，陕西巡抚噶什图奏请用通省火耗弥补亏空，孰料折子上去后，康熙立刻下谕痛批：火耗一事关系重大，断不可行，"自古以来，惟禁止火耗而已，不可开，奈何地方官稍征一二分，朕如何办？……尔等二巡抚昏愦受骗，布政使胆大，理应斩之"！此后，康熙又就此事多次发布上谕，其中称："定例私派之罪甚重，火耗一项，特以州县官用度不敷，……朕若批发，竟视为奏准之事。加派之名，朕岂受乎？""民间火耗只可议减，岂可加增？朕在位六十一年，从未加征民间火耗，今安可照伊等所题加征乎？"看到这里，读者或许要问，究竟什么是"火耗"，康熙又为何对这个折子火冒三丈呢？

表面上看，清朝所定的赋税并不高，其中农业税率一般不高于百分之十，商业税率也仅为"三十税一"或"值百抽五"，加上康熙朝后实行"滋生人丁，永不加赋"，老百姓的负担应该比较合理甚至可以说是轻松了，但事实并非如此。如时人所说，"今日之农，不苦于赋，而苦于赋外之赋"，"今日之商贾……不苦于税，而苦于税外之税"。这其中的奥秘，就在所谓的"火耗"。

明朝万历年间，张居正推行"一条鞭法"，赋税一律征银上交国库。但是，由于当时没有标准化银元，地方官府需将百姓交纳的零碎银两重铸为银锭才能上交，而在熔铸过程中，原银两会有些许损耗。由此，地方官在百姓缴纳田赋时往往要求加收这部分损失，即所谓的"火耗"。此外，官府征收"漕粮"时，也会因粮食晾晒、簸扬及长途运输而有所损耗，如遭雀吃鼠啃的损耗叫作"鼠雀耗"，解送入库、搬运过程中出现的损耗叫作"脚耗"，所有这些损耗（或说成本），官府不愿承担而将之转移给老百姓，即所谓的"耗羡"。"耗"者，损耗；"羡"者，多余也。

通常来说，碎银熔铸的损耗其实并不大，每两至多也不过一至二分，即百分之一至二；粮食在储存运输过程中的损耗及成本或许会大一些。但这些看似合理的要求，最后都无一例外的膨胀十几倍甚至几十倍。之后，所谓的"耗羡"，都已不是原始字面上的意思而发展成正税之外的附加税，不容小视。而最耐人寻味的是，这些收入并不上交朝廷而归地方官府掌管，朝廷虽明知于此，却从来没有公开承认过。

不承认并不代表不存在。康熙年后，征收火耗一如明代，且有不断加重的趋势，"州县火耗，每两有加二三钱者，有加四五钱者"；"大州上县，每正赋一两，收耗银一钱及一钱五分、二钱不等。偏僻州县，赋额少至一二百两者，税轻耗重，数倍于正额"。尽管谕令屡加禁止，但到康熙末年，火耗却越征越多，河南、山东等省的火耗率甚至达到正赋的八成左右。这些私征、私派、私用的所谓"耗羡"，不但加重了百姓负担，而且被地方官吏们视为约定俗成的"半合法"收入。如此，法外之税，又无监管，官吏们自然是上下其手，腐败丛生。

康熙是中国历史上少见的几个英主之一，对于这等乱象，他如何会看不明白呢？为何不加制止呢？究竟是因为年老力衰还是有意宽仁？是无力制止还是有其他方面的原因？情况看来并不简单。康熙四十八年九月，康熙在给河南巡抚鹿佑的谕旨中说："所谓廉吏，也不是一文不取！若真的一文不取，那他的日常生活及家人胥役，又何以为生？如果州县官只取一分火耗，此外不取，那就是好官。若一概纠摘，岂不是参不胜参？"同年十一月，康熙又说，凡事不可深究者太多，州县一分火耗，也是法所不应取。但仅以此法一概绳人,则人皆获罪,无所措手足矣!

由此看来,康熙不但对火耗心知肚明,而且在某种程度上予以容忍。正如六十一年他对大学士马齐说的:"火耗一项,特以州县各官供应差使,故于正项之外略加些微,以助常俸所不足,原是私事。"不仅是耗羡,康熙对地方官员收取节礼、规礼也同样采取姑息态度。康熙五十六年,他就对官员们直白地说:"外边汉官有一定规礼。朕管不得。"

这就奇怪了。一方面,康熙明知耗羡、陋规、节礼这些都是"法外之物",一方面却又说,这些都是官员们的"私事",他不宜过问。这不是自相矛盾吗?当然,康熙又说,凡事得有个度,"只取一分,便是好官"。可惜啊,这只是他的一厢情愿,贪官欲壑难填,他们取的远不止一分而最高达八钱,两者相差有八十倍之多!

康熙之所以容忍这些"法外之物",原因有三:一是官员低薪制,二是各级官府普遍缺乏办公费,三是地方亏空太大。说到官员薪俸问题,监察御史赵禧早在康熙八年就有过一段议论,他说:"总督每年支俸一百五十五两,巡抚一百三十两,知州八十两,知县四十五两。若以知县论,一家一日,粗食安饱,兼喂马匹,亦得费银五六钱,一月俸不足五六日之费,尚有二十余日将忍饥不食乎?不取之百姓,势必饥寒。督抚则必取之下属。俸禄不增,贪风不息;下情不达,廉吏难支!"

养家活口之外,地方官员还得聘请幕友、书吏、仆役、家丁等,否则办公、顾问、保卫、勤杂等事务无人承担,这些编制外支出,全部由官员们自掏腰包,朝廷是一分钱都不管的。除此外,过境官员的送往迎来、交际应酬,逢年过节还得打点、孝敬各级上司,各种费用加起来,根本不是这点低微的俸禄所能应付的。

对此,康熙心里也是十分明白,其在四十八年就说过:"朕听政日久,历事甚多,于各州县亏空之根源知之最悉。从前各省钱粮除地丁正项外,杂项不解京者甚多。自三逆变乱以后,军需浩繁,遂将一切存留款项尽数解部,其留地方者惟俸工等项必不可少之经费，又经数次裁减，为数甚少，此外则一丝一粒无不陆续解京，虽有尾欠，部中亦必令起解。州县有司无纤毫余剩可以动支，因而有挪移正项之事，此乃亏空之大根源也。"

地方官员的困境还不仅于此。按宋制，地方经费来自官廨田，明清后正项钱粮分起运与存留，但奏销制度在实行过程中极为复杂甚至堪称混乱，难以平衡。以平均水平而论，存留地方的大约为21%，其中多用于军费、驿传等，这些很显然也是关乎中央利益的支出。[1]此外，为维持地方的基本运转，如迎来送往、水利教育、灾荒赈济，等等，地方官除加派百姓、收取耗羡之外，甚至还会挪移正项钱粮，以致亏空日积月累，越积越大。

要解决这些问题，当然也不复杂——请中央拨款。但话说回来，地方上的亏空说白了就是欠中央的钱，若要给官员加薪、弥补地方办公经费，中央拿不出钱只能加税，而加税势必增加百姓负担，康熙又不愿承担这个骂名，正如他自己说的，"加派之名，朕岂受乎"？

康熙晚年精力不济，思想也日趋保守，其曾表示："今天下太平无事，以不生事为贵。兴一利，即生一弊。古人云多事不如少事，职此意也。"同时，康熙很注重自己万年之后的历史评价，其想在历史上留个"仁君"、"永不加赋"的好名声，所以他是宁可睁一眼闭一眼，实行得过且过的"鸵鸟政策"。康熙五十七年，江西巡抚白潢"请定火耗数目"，"明白晓谕州县，于定数之外多取者，即行参奏"。康熙对此很不以为然，他认为，"火耗明定额数"实际上是让"耗羡的私征"合法化、公开化，形同加税，而且，就算"明定额数"，地方上恐怕"人无忌惮，愈至滥取"。由此，白潢所议被驳回。

公开不能搞，查办又不行，康熙最后只能祭出儒家的道德大旗，寄希望于官员们本着天地良心，看在多年熟读诗书的份上，"只取一分，便是好官"。但如某句名言说的，"扫帚不到，灰尘不

---

[1] 曾小萍：《州县官的银两：十八世纪中国的合理化财政改革》，第29页。另据《大清会典》中的记载，康熙二十四年全国赋税银起运与存留的比例为78:22，见陈桦主编：《多元视野下的清代社会》，第50页。

会自己跑掉",道德反腐不奏效,他的这一烂摊子也只能留给雍正去解决了。

康熙末年的巨额亏空及耗羡的滥征滥派,自诩比康熙老爷子还要洞察世情的雍正自然心里跟明镜似的。即位之始,雍正即把清查亏空当成上任后的首要大事,赔补、革职、抄家,各种铁腕手段,一时闹得官员们怨声载道,几至"官不聊生"。

冰冻三尺非一日之寒,地方上的亏空也不是一天两天的事。期间,上任、下任交代不清,日积月累,很多其实形成了无头账。为此,一些督抚大员认为这样逼迫中下层官员也未必公平,于是提请"明定火耗额数",以火耗弥补地方亏空并提取办公费的呼声再一次兴起。元年五月,湖广总督杨宗仁奏请将耗羡提出二成,以充地方"一切公事之用";山西巡抚诺岷则奏请将每年收取的五十五万火耗银全部归公,其中二十万两垫赔实无可追的亏空及地方其他公用。之后,山东巡抚黄炳、河南巡抚石文焯也都提出了类似的奏请。

耗羡归公关系重大,何况这是康熙生前一再反对的,雍正对此当然不敢大意。为慎重起见,雍正将此议交付廷议,以听取大臣们的意见。讨论过程中,左都御史、吏部尚书朱轼等多数官员认为耗羡乃州县私征私派,于理不通,于法不合,于体制不符,若耗羡归公成为国家正税,一则有加赋之嫌,二则有纵贪之害,难免有违祖制,甚至遗患无穷。

时为雍正宠臣的吏部右侍郎沈近思即为反对派官员之一。他认为,耗羡归公是"正项之外,更添正项",今日如此,"他日必至耗羡之外,更添耗羡"。他还特别强调说,"臣尝为县令,故知其必不可行"。雍正听后诘问他:"你作县令时,收不收火耗?"沈近思答:"当然收。不收怎么养活妻儿老小?"雍正冷笑道:"你也是个读书明礼的人。你这样做,难道就不是为了一己之私?"沈近思抗辩道:"妻儿老小不能不养,否则即绝人伦矣!"雍正听后大笑:"虽终不用其言,亦不以为忤也。"

沈近思,字位山,浙江钱塘(今余杭)人,其九岁丧父,一度

治国理财·精明皇帝管钱忙

为灵隐寺收养,后主僧爱其敏慧,使读书应试,后考中秀才。康熙三十九年,沈近思考中进士,授河南临颍知县。在任期间,因颍水泛滥,沈集合民力,在二十日内筑成长堤,保一方平安。之后,沈近思又捐资建社仓、兴教育,官风甚好,其离任之日,"士吏攀车洒泣,道不得行"。康熙末年,沈近思受命台湾知府,雍正年后又超授吏部侍郎,以"真诚剀切,敢于直谏"而名著一时。

沈近思是宠臣也是直臣,雍正曾称他"操比寒潭洁,心同秋月明",其敢于冒犯龙颜、为民说话固然是一种胆魄,但最后也不得不承认,地方官员收取耗羡有一定的合理性。事实上,雍正对耗羡危害百姓何尝不明了,其在即位之初曾连发九道谕旨,其中在针对州县官的谕旨中就特别提到,"今钱粮火耗,日渐加增,重者每两加至四五钱,民脂民膏,朘削何堪?"

廷议前,山西巡抚诺岷将本省耗羡改革的情况奏报朝廷,其要点包括:一是定火耗率,并以减火耗为原则。根据各州县情况,高者降至一、二成,低者加至一、二成之间。二是将火耗银公提司库,州县官无权经管,以防中饱私囊。三是用火耗银弥补无着亏空,以示公平。四是从火耗银中提取公费,杜绝滥派理由。五是考虑实际情况,提高官员的养廉标准。

雍正对此极为赞许,他夸奖说:"山西通省亏空,诸务废弛。今诺敏到任方半年,料理清楚,钱粮分厘皆有著落,实可谓天下抚臣中之第一者也。"事后,诺岷请求将分配剩余的三万余两银赏赐给自己作养廉时,雍正朱批道:"不但全给尔,作为巡抚,这些何以够用?应当领银用以劝奖。"

相比于康熙晚年的宽仁无为,雍正在实事求是、承认现实方面更值得称道。有了山西的成功经验,雍正于二年七月乾纲独断,宣布实行耗羡归公。上谕中,雍正首度承认了耗羡的合理性,"州县火耗原非应有之项,因通省公费及各官养廉,有不得不取给于此者","朕非不愿天下州县丝毫不取于民,而其势有所不能也"。

由于廷议未能取得一致意见,雍正又说:"前朕曾降谕旨,令尔等平心静气秉公会议，今观尔等所议，亦属平心静气，但所见浅小，与朕意未合。"当有人提出先在山西试行，看效果如何再推广时，雍正断然道："此言甚非，天下事惟有可行与不可行两端耳。如以为可行，则可通之于天下；如以为不可行，则亦不当试之于山西。"这话的意思是，正当就推行，不正当就禁止，这也是雍正执政的典型风格。自此，各省相继实行耗羡归公。

雍正的精明不是吹的。在耗羡归公的制度设计上，其中一点值得特别注意，那就是监管上的"收支两条线"，即州县官员征收耗羡后，不再由其自行支用而是解归省库、国库，由上级分派。此前，山西太原知府金鉷曾主张"财在上不如在下"，州县官为亲民官，"宁使留其有余，养廉不能胥足，一遇公事，动致侉张"。对于此议，山西布政使高成龄提出批驳，说"正赋以供国用，耗羡以养廉员，治人食人，相维相紧"，"耗羡者，百姓之银钱，即朝廷之财赋，乃皇上体恤群臣、通院、司、道、府而酌盈剂虚，以补其常俸之不足，非专为州县而设也"，如耗羡为州县所得而上司不宜提解，那"不肖上司必将寻隙勒诈，别生事端，恣其无厌之求"，即使有淡薄自甘者，上司衙门"别无出息，枵腹办事，反不如州县各官，安享厚利，谁能堪此"。

再者，耗羡与节礼息息相关，"上司不提解耗羡，属官必呈送节礼"，而之前"州县征收火耗，分送上司，各上司日用之资取给于州县"。"耗羡之外，种种馈送，名色繁多，故州县有所借口而肆其贪婪，上司有所瞻徇而不肯查参"，以致上下勾结，相承共腐，吏治不清，腐败日深。既如此，"与其州县存火耗以养上司，何如上司提火耗以养州县"？

换言之，此前州县官是用耗羡养上司，而上司既在经济上仰仗下级，监督也就无从谈起；现在反过来，耗羡提交上级掌管，下面的公费开支由此拨出，下级也无从挟制上司，上下级关系才能理顺，良性的官场风气才能形成。

据此，高成龄的意见是：耗羡应公开并限定数目，"若不限于

治国理财·精明皇帝管钱忙

一定之数,则小民将无所遵依,而不肖州县反得任意多征";耗羡收取后,与其留于州县,不如提解国库(藩库),由大吏分拨,"通省遇有不得已之公费则可支应而不必分派州县,州县则无由藉端科索里甲,于是私派亦可禁绝"。这样的话,既能照顾到各地的平衡,也能防止下面州县官中饱贪腐,"州县不能入己,谁肯多征"?

耗羡归公无疑是一项重大的财税改革。此前,地方官员们以种种理由加增加派,肆意滥收,表面上都冠冕堂皇,说是为办公务,实则利用朝廷在许可与不许可、合法与不合法的依违之间浑水摸鱼,盘剥来的民脂民膏,少数办公,多数用于肥己。真正能够道德自律、"只取一分"的好官,少之又少。

一言而辟之,耗羡归公的本质在于财政公开化、透明化,即将此前征收的耗羡银由"非法"变"合法",同时由"暗征"变"明征",并使其数量和用途固定化。这样一来,地方官员不得再私自加派,明规则取代了潜规则,此前说不清道不明、半明半暗的财路由此被堵死,原本流失到州县官员手中的非法所得也被收归藩库国库。这种做法,不仅完善了之前的财税制度,而且也是一种反腐、防腐的制度创新。

事实证明,雍正朝实行耗羡归公后,康熙末年以来的滥征加派之风得到明显遏制,而各省火耗率的普遍降低,也在很大程度上减轻了百姓的负担。以河南、山东为例,其火耗率由之前的八成分别降低到13%、18%,其他各省通常在10%~20%左右,四川最高为30%,富庶地区更低,如浙江仅5%。①此外,实行耗羡归公也在一定程度上弥补了地方亏空并充实了国库,为之后的雍正新政创造了更好的环境。

如此一来,朝廷在国库丰盈后也能拿出钱来支付各省官员的养廉银及地方办公费用,地方官员有了这笔钱,既缓解了他们的生活压力,也有助于他们安于职守。耗羡归公加上养廉银的发放,有心

---

① 陈晔主编:《多元视野下的清代社会》,第85页。

贪污的官吏们也找不到下手的理由与机会了（至少不敢像此前那样明目张胆），这对于吏治的整饬无疑是大有帮助的。雍正的这次改革，正如时人评价的，"自耗羡归公后，一切弊窦，悉涤而清之，是为大利"。

雍正四年，鄂尔泰在与雍正讨论如何治国时即说，"窃惟国家政治，只有理财一大事。田赋、兵车、刑名、教化，均待理于此。财不得理，则诸事不振，故孔子不讳言财，曰有大道。本诸絜矩，而财非人不理，人非用不得理"。以此论，雍正不愧为"管钱皇帝"，也只有把钱袋子管好了，之后的各项新政才能有扎实的经济基础，否则尽成画饼矣。

治国理财·精明皇帝管钱忙

养廉银：名义收入太低背后的道德陷阱

雍正元年十二月，广东巡抚年希尧在奏折中向雍正汇报了一件小事：翰林院侍讲学士涂天相到广东出差时与地方上发生冲突，原因是嫌南海县招待不好，竟威胁要将招待人员抓起来。孰知南海知县宋玮也是个硬茬，他听了便带着刑具，押着招待人员到涂的住处，反弄得涂天相很是难堪，下不来台。之后，涂天相离开南海时，竟命随从将伺候的轿子给打碎了。

因为地方招待不好就打碎人家的轿子，这在官场上当然是一种失态，毕竟涂天相是饱学之士、天子身边的近侍，怎么能干出这种事？不过，据年希尧的奏折，涂学士出这趟差也是受了一肚子气，原因是什么呢？广东布政使王朝恩给他送"程仪"时，竟然只有一千二百两，而按之前规矩，至少也该是个三千两银子的大红包，这样大幅削减，岂不是看人下菜、明摆着欺负人吗？于是涂学士当场拒收。王朝恩见这事弄得难看了，于是就请涂的同乡、广州知府郭志道前去转圜，说地方上财政如何如何困难、实在不宽裕，等等。一番工作做下来，涂学士算是看在老乡面子上收了这个一千二百两的红包。但为了顺自己这口气，他又借口郭知府只送了四十两的见面礼，说你们广东官员未免也太小气，这点小钱也好意思拿出来，弄得大家脸上都很挂不住。①

---

① 关于此事，详见洪振快：《亚财政》，第86页。

据查,雍正改元之后,翰林院侍讲学士涂天相、查嗣庭等奉命祭南海、太昊伏羲氏等陵,这是新君继位、昭告天地的规定动作。涂学士出的这趟差,大概指的就是这事。事后,涂天相被雍正连续提拔,一年之间,相继担任日讲起居注官、詹事府詹事、内阁学士兼礼部侍郎,后又任刑部左侍郎。等到年希尧的折子一上,涂天相被降调为太仆寺卿,之后仕途顿挫,直到雍正末年才渐升为左都御史、刑部尚书。①

涂天相系康熙四十二年进士,之后出任过陕西乡试副考官,对官场规矩应该比较熟悉,因而其不满也并非全无缘由。事实上,不管是钦差也好,乡试考官也罢,既是皇上派的差,地方上都会致送程仪,而后者表面上看是路费或辛苦费,其实也可以理解为"封嘴费",就像灶王爷上天汇报工作,没点粘嘴的东西是万万不可的。因为这些人回京后,皇上必向他们询问所去地方的民情官风,这万一捅个娄子出去,地方官哪里吃罪得起。而这,或许也是涂学士敢于打碎轿子并训斥地方官员的底气所在吧。

此外,涂学士的气愤还不仅仅是因为他的程仪比别人少而丢了面子,更重要的是,程仪既然已经约定俗成,其数额也大体有了固定的标准,如果任由广东这样大肆降低规格,这不仅是不尊重自己的表现,而且还坏了之前形成的规矩。到时,不但此事传为笑柄,而且涂学士本人也会被同行们诟病,因为先例是你这里开的,万一各省也群起效仿、拉低价格,那岂不是损害了大家的利益?

从涂天相的例子看,送礼不但是官场的必修课,而且这门学问的门道还很多,搁不准就得翻船落水。回京后,估计涂学士对广东也没什么好话,因为广东巡抚年希尧也很快被罢职,这其中是否有直接联系不得而知,但无疑是一种两败俱伤的局面。

---

① 据《永宪录》载,涂天相为人诚朴,拙于言词,其当质审时,不能置辩,惟言缠不得而已。其降调为太仆寺卿时,因奏谢忤旨,复罢斥。其奏谢云:"素性孤介,不喜逢迎奔竞,致遭谤。又前曾向阿尔松阿(刑部尚书)言,我汉人,用我则用,不用我便回籍教书。"其个性可知。见萧奭:《永宪录》,第230页。

雍正元年二月，年希尧抵达广州就任巡抚，次月即向雍正奏报有关陋规收入的情况，其中说："查明巡抚衙门规例，司道府州县每节送巡抚节礼一万二千余两，一年四节约计银五万两，奴才钦遵圣训，概行拒绝。"从后一句话来看，雍正在其赴任前对节礼一项应有所训示，而这或许也是广东方面大幅削减涂学士程仪的原因之一。

雍正继位后曾明发上谕，禁止钦差接受地方官馈赠，督抚也不得接受州县官陋礼，年希尧的汇报应是这一新政的反馈。同一年，其他各省也对此有所奏报，如山东巡抚黄炳称其衙门年收规礼银六万两，其他如江西是五万两，河南四万两，广东也是五万两；广西、贵州比较穷，所以相对较少，但也分别达到一万二千两和七千两。这是巡抚衙门一级的规礼银。另据广西布政使刘廷琛的上奏，"除土府州县从无馈送外，所有九府每节各四十两，及六十三州县大小不同，或二十四两或十二两不等，约计每节得银一千三百余两"，这是布政使一级的，相对要少很多。在这些奏报中，所有官员都声称将这些陋规银一律革除，但是否真的拒收，数字又是否刻意压低，只有天知道。

之所以这样说，是因为江西巡抚白潢于康熙五十六年上的一个奏折即可作为旁证。其中，白潢列举了主要的五项陋规，其中包括下属官员送的节礼，每年约五万两；粮道衙门送的漕规礼，每年四千两；辖区内税关衙门送的关规礼，每年二千四百两；盐商送的盐规礼，每年一万两；布政使衙门送的钱粮平头银，每年八千两。仅这五项，就达到七万四千四百两。[1]

在雍正二年论述耗羡归公的奏折中，山西布政使高成龄也有一段论及节礼并将之视为亏空的原因之一，其中说："自督司道府厅，量其权势之轻重，定其规礼之厚薄，端阳、中秋、新年、生旦名为四节，四节之外又加表礼，表礼之外又有土仪，土仪之外又供时鲜；夫下既送节礼以媚上，则有所恃而生其挟制，必至肆行而无忌；上

---

[1] 陈桦主编：《多元视野下的清代社会》，第58页。

既贪节礼以取下,即有所闻而碍于情面,亦将徇隐而不言损名节。败官常朘民膏亏国帑,实由于此。"

当然,上下级的经济往来不仅于节礼,其他如门包、孝敬等种种陋规,没有人公然索取,但又都是不成文的规矩,遵守则无事,不遵则处处为难。久而久之,地方上也就主动奉纳,上边也安然收受,正如当下流行的一句话,"未必记得谁送了,但一定记得谁没送"。

顺治、康熙年间的吏科给事中林起龙曾说基层官员的难处之一就是"奉上官之累",其到任后,"参谒上司,则备见面礼;凡遇年节,则备节礼;生辰喜庆,则备贺礼;题授保荐,则备谢礼;升转去任,则备别礼",这其中就有五种礼。据田文镜的估计,一个县令每年花在送礼上的,就得有个三四千两。

以雍正元年即被革职的江苏巡抚吴存礼为例,其从康熙四十九年任云南巡抚到被革职为止,期间共十三年,送礼金额共计五十一万五千七百零八两,平均每年约四万两。据其家人王国玺交代的送礼名单,吴存礼除给京中高官及王公贵族送礼外,其亲属家人也同样利益均沾,如雍正元年给时任总理事务大臣的廉亲王胤禩之家人刘老公、佛大人就送了二万六千四百两,其他如大学士李光地、吏部尚书张鹏翮也分别受礼二千五百六十两和一千两,而后两人素来以清廉闻名。①

"五礼四节"是大礼,下级官员平时拜见上司还得送小礼,即所谓"门敬"、"门包"。从表明上看,"门包"好像是送给看门人或随从的,但实际上是上级官员的一项收入。据田文镜在雍正六年的奏报,山东的标准如下:巡抚衙门十六两,布政司、按察司衙门八两,粮道衙门十二两,驿道衙门五两,兖宁道衙门八两,巡道衙门五两,本府、本州衙门十六两,同知、通判衙门三至四两。由此可知,州县官员每年见上司的费用也得费去四五百两。

---

① 洪振快:《亚财政》,第 88 页。

除给上级官员送节礼之外，地方上还得准备给中央衙门的部费。在吴思先生所著的《潜规则》一书中，其开篇即引用了张居正的一段话："军队将校升官，论功行赏，取决于首级。一颗一级，规定得清清楚楚。从前有个兵部的小吏，故意把报告上的一字洗去，再填上一字，然后拿着报告让兵部的官员看，说字有涂改，按规定必须严查。等到将校们的贿赂上来了，这位吏又说，字虽然有涂改，仔细检查贴黄，发现原是一字，并无作弊。于是兵部官员也就不再追究。"此等手段之高明，聪明能干的张居正也得自问："将校们是升是降，权力全在这个小吏的手里，你不贿赂他，行吗？"①

论功行赏取决于首级，难免造成滥杀无辜，以良代匪借以冒功，而兵部小吏的伎俩还得往上多加几颗人头，这样成本与收益才能摆平，所谓"杀人不见血"，小吏之威可知矣。正所谓"不怕县官，只怕现管"，明清时也有句话，叫"未去朝天子，先来谒书手"，什么意思呢，说的是地方官员去京城办事，去见皇上前最好先去见见各部的办事人员（所谓"书手"），给他们点好处，否则事情准办不成。

之所以如此，主因还在于各部人员左右了办事进程，皇上发话是很容易的，但他不会亲力亲为，事情还得下面人办，而各部办事都有程序与规矩，用清人总结的就是"吏、例、利"，简而言之，吏援例而求利。不过这也是没办法的事，明清部费陋规由来已久，省外官员也难免要与各部打交道，特别在奏销等方面，更是有严格的时限性，而各部各书吏借机吹毛求疵、随意拖延驳回，"凡事不讲部费，事不能完结"，这大概就是所谓的"合法伤害权"或称"速度钱"②。不得已之下，省外官员不得不提前缴纳，以至部费逐渐演化成地方向中央官员的补贴，而且数目日益固定。

各部书吏不能直接伤害到省外官员，但他可以用拖延、挑毛病的方法来增加对方的成本，等到对方拖不起了，也只能乖乖就范。

---

① 吴思：《潜规则》，第3页。
② 洪振快：《亚财政》，第18页。"合法伤害权"的提法来自吴思，"速度钱"的提法源自洪振快。

正如晚清学者冯桂芬在《校邠庐抗议》中说的:"夫所谓可不可者,部费到不到也。"简单说就是,部费到了,事就办了;部费不到,事就难办喽。与其如此,倒不如直接致送部费,顺顺当当把事办了,反成为一种"经济"的选择。

无论节礼、部费或是门包,都是所谓的陋规,用洪振快先生的话来说就是一种"亚财政",这些费用,对地方官员来说不仅是额外支出而且是法外支出,但又不能不支出。正所谓,武将收之人头,文官取自火耗,归根结底,终究是"部员取之于督抚藩司,督抚藩司取之于州县,州县取之于火耗"——还是老百姓买单。

黑格尔有句名言叫"存在即合理",这个"理"倒未必是人伦之理或符合法理,只是说一种事物的存在,必然有它的合理性或者说可以有合理的解释。陋规正是这样一种东西,其所处的,正是不合法而又有一定合理性的灰色地带。陋规的不合法毋庸待言,但其合理性也很明显,而其根源就在于明清官员薪俸太低,各级部门办公经费严重不足,而这也是州县官员要在正项之外收取耗羡,上级官员要向地方官员收取节礼,而中央衙门要向省外官员收取部费的原因所在了。以部费为例,其在明清又名"饭食银",实际上是地方向中央人员的变相补贴,其不仅约定俗成,而且数目大体固定。以浙江为例,其"岁解部费约有二万余两",其中给刑部就有四千五百余两,"以供刑部书办纸笔饭食之需",而所有这些,"皆当取之火耗悉力完办"。

雍正五年二月,浙江巡抚李卫上奏说,"臣到浙江,除止留家人旧有些许门包外,其吃食口粮俱系原籍装运。凡一切日用盘费,及两衙门(巡抚、盐政)幕宾修金,皆臣自备,年费约费八千余两。非敢刻意矫廉,实巡抚衙门一无所有。"李卫出自豪门,"千里做官为发财"的定律在他身上或许未必生效,但这段奏折倒也折射了当时省级衙门的基本用度。可是,按清朝官员的薪俸制度,一品官员年薪一百八十两,二品一百五十两,三品一百三十两,四品一百零五两,五品八十两,六品六十两,七品四十五两。李卫是正二品官员,其所得与支出何止相差万里,就算他是家里富裕,愿意掏钱做官,但天下能找到几个这样的傻瓜蛋呢?

据乾隆年间《石城县志》记载,当时该县存留银总计九百七十八两,其中包括了本县官员的薪俸、役食、祭祀、廪膳、济贫等不可或缺的固定开支,其他如救灾、治水等非经常性开支尚不包括在内。石城县位处赣南,临近的信丰县则为一千一百四十七两。[①]这两县在全国应该属中下水平,但这一千两的必要开支也不是县令一年四十五两的收入所能承担得起的。

"三年清知府,十万雪花银。"真正的事实是,明清官员虽然工资微薄,但照样生活阔绰,人人抢着做官。田文镜就曾奏报,河南巡抚一年的陋规高达二十万两,这二十万两的灰色收入与名义工资相比,够甩出好几百里地了。当然,这些钱也不能全部纳入巡抚的私人腰包,其中各种开销前文已述,不再赘言。此外,还有很大一部分要用作办公经费,而这也是地方官员们向百姓收取耗羡而感到心安理得的原因。

雍正上台后,官员的日子有些难过,因为其即位之初即禁止钦差、各部官员接受地方馈赠,督抚也不得以此向州县摊派。雍正二年,随着耗羡归公政策的推行,从中央到地方,各级官员的很大一部分收入来源被截断,虽说在公费上有一定补偿,但官员还有家口及幕吏需要供养,在当时实行的低薪制下当然是无以为继。更何况,节礼、部费之类名义上是禁止了,但实际上未必能全禁(充其量像涂天相的例子一样——打折),地方官员的负担并没有大幅减轻。尤其在清查亏空的大棒下,下面官员既不能亏空正项钱粮,而耗羡又已归公,他们的收入如此微薄,如何能对付过去呢?

还有一点需要重点指出的,那就是人性的贪婪及由此带来的吏治腐败。对于此等痼疾,绝大多数君主都丝毫不敢放松,但结果是防不胜防,无法根除。明太祖朱元璋用"剥皮实草"的手段对付贪

[①] 陈晔主编:《多元视野下的清代社会》,第52页。

官够酷烈吧,但贪官们仍旧前赴后继,根本就吓不倒。与朱元璋的严苛不同的是,康熙为政宽仁,其大树清官,以道德治国,虽然在一定时期有一定效果,但终究不能持久。如他自己说的:"诸臣为秀才,皆徒步布素,一朝得位,便高轩驷马,八驺拥护,皆何所来赀?可细究乎!"①

康熙朝出了很多清官如于成龙、陈鹏年、张伯行等,这些是事实,但如果不是方面大员,要做清官也很难,聊举一例。孙嘉淦于雍正五年任顺天学政,其前往保定主持院试时,下面各官均表示各项陋规恕不供应,猝不及防之下,孙嘉淦靠借银五百才勉强度过窘境。最艰难之时,孙嘉淦向州县要供应而州县不出,向督抚求助而督抚不应,想停考又没这个胆,无奈之下,只得向雍正急奏,求皇上"怜臣之愚,谅臣之苦,敕谕督臣使速为拨接且救目前之急"。最后,还是雍正出面,才能解了他的困境。②这一官场恶作剧有些令人匪夷所思,或因孙嘉淦过于高调,声言不收陋规而各官有意为难所致?

话说回来,"不可细究"是康熙的大智之处,如真要细究,没有实干家的魄力与讲求实际的真精神,最终怕只能偾事,不能为也。幸运的是,雍正恰好具备了这两种素质。在通过清查亏空、禁收节礼部费、耗羡归公等手段堵死了官员的各种腐败渠道后,作为一国之君,雍正也得从大局考虑并顾及到手下官员们的感受——如让他们一点好处都没有,恐怕又会别生事端。由此,与耗羡归公配套的养廉银制度也随后推行。

早在北魏时,一位名叫高闾的大臣就曾说:"饥寒切身,慈母不能保其子;今给禄,则廉者足以无滥,贪者足以劝慕;不给,则贪者得肆其奸,廉者不能自保。"这大概是最早提出"以酬廉吏"观点的。当然,养廉不能说空话,也不能零打碎敲,要有真金白银才

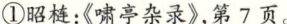

① 昭梿:《啸亭杂录》,第 7 页。
② 牛寒中:《孙嘉淦:山西清朝第一名臣》,第 66 页。

能见实效。

按光绪《清会典事例》，根据各地的不同情况，各省总督养廉银在一万三千至二万两，巡抚一万至一万五千两，布政使五千至九千两，知府八百至四千两，知州五百至二千两，知县四百至二千两上下。其他如河道总督六千两，漕运总督一万两，盐运使五千两，都是原俸的几十甚至上百倍。对于京官，则先后推行"恩俸"和"双俸"制，使其收入增加明显。

随着财政的日益宽裕，雍正五年后，各省又设立"留储银"，州县设"分储银"，驻防官兵设"备借银"，以解决地方办公经费不足的问题。其中需要指明的是，官员的养廉银本身也是包含办公费用在内的。乾隆时期，曾有人奏请督抚藩臬所奏事件俱用驿站，乾隆对此十分恼火并斥责说："督抚藩臬每年廉俸不薄，即遣人寄奏，途间资斧需用无多，而必欲省此区区，过为计较，尤属见小。"由此可以看出，这些支出（包括聘请幕吏等）应该由官员自付，只有公务办得妥当并经营得法，剩余的才能纳入私人腰包。

雍正推行的耗羡归公与养廉银制度是清廷在财税行政及官员收入方面的重大变革，其中还有两个辅助制度值得注意：一是耗羡归公时实行的"收支两条线"——收入有明细，支出须申报，由此清理了各种陋规及地方"小金库"。二是实行离任官员审计制，这一设想来自雍正五年河东总督田文镜的奏报："请嗣后知府、直隶州、知州离任时，将所辖州县仓库钱粮，照豫省交代例限三个月，令接任官查明结报。如有亏空，知府、知州均为赔给，方许新任。接任官徇情出结，即令分赔。"这无疑给想贪腐的官员又上了一道紧箍咒。

高薪养廉及其辅助制度固然好，但也不宜否认康熙所提倡的道德力量与因素。说到底，养廉银不过是手段，是为减少贪污，提高各级政府的行政能力而实施的，但对一些人来说，其本性是贪婪的，再多的养廉银也不能满足其无限膨胀的私欲。再者，任何制度在执行方面都会出现漏洞，如官员的品德素质太坏，再多"养廉银"也难以养廉，再严格的制度最终也制不住贪婪的人心。

总体而言，耗羡归公与养廉银制度是相辅相成的，前者是让浑水变清，后者至少缓解了大多数普通官员的经济与道德危机，令贪暴者更加孤立，不得人心，这对于扭转官场风气也有着明显的成效。在这一系列改革后，一般的守法官员不必再为生计发愁，而部分官员的贪腐之路也相对被堵死，欲贪而不能，且风险成本大为提高。如此，雍正朝国库较康熙朝要充足许多，官场风气有所扭转，百姓负担也轻了不少。正如雍正所说："朕之施恩于官者，实施恩于民。之意无非欲百姓等催科不扰，皆乐业于田间。"

实事求是的说，低薪制未必导致吏治的腐败，但与贪风盛行确实有一定的内在联系。雍正推行养廉银制度也主要是从实际出发，防范于未然，避免一般的官员倒入贪官行列。

当然，"法无至善"，任何制度或政策也不可能一劳永逸解决所有问题。雍正时期的养廉银制度在严格的监督制度下是有效的，但从乾隆后期开始，效果日益减退。正如晚清四川总督丁宝桢说的，嘉庆年后，养廉银"层层减扣，所剩无几"，最终各种节礼、规费死灰复燃，加上地方各项开支日渐增加及通货膨胀的不断加剧，一些官员又贪欲无底，欲壑难填，雍正朝的这一改革红利也就此吃尽，需要重新变革了。

摊丁入亩：有田者纳税，无田者不纳税

电视剧《雍正王朝》里，李卫在江苏推行摊丁入亩新政，结果遭到地方士绅与省内官员的一致反对，告示连写了七稿，还是不知所云。没办法，李卫只得将街上测字算命的都请到巡抚衙门，由自己亲自口述了一个告示，其中大意是：今后每丁两钱银子的人口税不交了，全部摊到田里去，田多的多交，田少的少交，没田的就不交，这就叫摊丁入亩。考虑到士绅们会群起抵制，李卫特别警告说，"你们有田，老子有权；你们有银子，老子有兵。普天之下，莫非王土，你们种了皇上的田亩，岂有不纳税的道理？……如果不交，老子就派兵和差役到你们家吃饭，一天不交就派十个人去吃，十天不交派一百个人去吃，吃到你交为止！"

电视剧编的还真有些事实根据。雍正二年时，浙江准备推行摊丁入亩，由此引发士绅蛊惑百余人齐集衙门哄闹，时任巡抚的法海惊慌失措，即令官员劝散，暂缓均摊之议。但这样一来，那些有丁无田的又不乐意了，结果他们也聚集乡民围辕吵闹更甚，搞到最后，没办法收场。等到雍正四年李卫出任浙江巡抚后，当地绅衿趁乡试时聚集千余人到钱塘县衙，阻止推行摊丁入亩并鼓动商人罢市。但这次，李卫却以强硬手段制服了闹事者，摊丁入亩由此在省内全面铺开。

浙江的情况并非个例而是普遍现象。在雍正推行的新政中，摊丁入亩在元年即已提出，但取得成效却比清查亏空、耗羡归公等要

晚得多。这一点,从最初的中央廷议就可以看出些端倪,雍正还为此发布上谕批评诸臣,说:"直隶巡抚李维钧提请将丁银摊入地粮征收,这事现交付廷议讨论,众臣并不据理详议而是一味地依违瞻顾,以迎合上意为起见。但凡九卿会议,理应将所议事件预先做好准备,至临议时各出己见,平心静气,共同商榷,以求至当,但近来开会人等多有不齐,会上又彼此推诿,有不发一言的,有故作假寐或闲谈的,会而不议,议而不决,迟延累日。诸位大臣都是圣祖在时提拔,理应实心图报,如每事迎合,不免辜负圣恩。再者,朕于诸事本无成见,有何可迎合之处?所发会议事项,本就是要与众臣共商,如所议允当,就算不采纳,那也不妨面折廷诤,再三执奏,未为不可。如果你们总这么敷衍下去,那朕只能'据理饬行'或'择人另议',到时,'尔等岂不自愧乎?!'"

雍正最末一句的口气很重,这一方面反映了他的失望,但另一方面也折射出众臣的为难之处。但凡改革,无非是先做大蛋糕,再重新分蛋糕,现在蛋糕还没做大,刀子先动到自己头上,那以人的本性而言,谁也不乐意不是?摊丁入亩,说白了就是让有田的多出钱,无田者减轻负担,试问在座的众大臣,哪个不是有田有钱人呢?你不让他们讨论年终奖怎么发放而让他们讨论这个,他们能积极得起来吗?

在此,不妨先将历代税制的变革稍微梳理一遍。长期以来,中国传统王朝多以土地税和人头税为主,辅以兵徭两役。如两汉时实行编户齐民,老百姓的负担有:田租(即土地税)、算赋与口赋(即人头税)、徭役与兵役。至隋唐后行"租庸调制",租为田租(谷物粮食),调为人头税(绢或布)。庸指的是纳绢代役,即在服徭役的期限内,可以纳绢或布代役,所谓"有田则有租,有户则有调,有身则有庸"。这一时期的税赋,多建立在均田制的基础上并以实物的形式出现。

中唐"安史之乱"后,由于社会动荡,财权下移,财税管理紊乱,此前的租庸调制无法继续实行,唐德宗遂于建中元年(780年)

接受宰相杨炎的建议，实行"两税法"改革，这也首开中国费改税的先河。"两税法"的主要内容，一是归并税目，即将当时混乱繁杂的各税种及乱收费统一归并为户税与地税两种；二是征税时间固定，即分夏、秋两次征收，其他时间不准扰民。

"两税法"的好处主要在于，一是通过简化征收手续、归并税种及收费项目而让纳税成本下降，既方便了百姓，又相对减轻了负担；二是中央政府以此重新收回税费征收大权，并在一定程度上抑制了地方上乱收滥收的不法行为。由此，中央收回了财权，老百姓也得到了实惠。改革后，中央年财政收入由一千二百万贯猛增至三千万贯，这对维护与提升大唐政权的权威无疑大有好处。

"两税法"实行了八百余年后，到明中期因各种弊病而再度瘫痪，各种乱收费死灰复燃，老百姓苦不堪言。与此同时，中央财政经费却捉襟见肘，地方各级机构也是举步维艰，难以正常运转。万历九年（1581年），内阁首辅张居正在深思熟虑后奏请推行"一条鞭法"，其目的是理顺各种税费关系，在减轻百姓负担的同时，也保障中央、地方各级部门的费用支出。

"一条鞭法"的主要内容是，"量地计丁，一概征银，官为分解，雇役应付"。简单说，就是将田赋、杂费与徭役合而为一、编为一条。具体来说则有三点：一是以田亩为对象，将各种名目的税赋、收费、摊派等全部归入田赋，税费合一，一次征收；二是"役归于地，计亩征收"，这是将最为扰民的劳役并入田赋之中，而且可以"以银代丁"，即交了钱就不出丁役，由政府雇丁服役，无田的工商业者则免除了这项负担；三是田赋一律折银交纳，官收官解，统一征缴国库。

"一条鞭法"和"两税法"的目的与好处大体相同，一是清理各项乱收费，二是节省纳税成本，三是增加中央财政收入。但有两点值得注意，一是"役归于地"，说白了就是"摊役入亩"，这使得徭役负担形同废除，国家政权对百姓的人身控制有所松弛，人口的流动性和自由度有所提升；二是税赋改用银两缴纳，这是实物税向货币税转化的重大变革,此举大大促进了农产品(及其他产品)的商品化,明清经济的繁荣很大程度上得益于此。

摊丁入亩实际上是在"一条鞭法"的基础上继续改革丁税(人口税),因为后者虽已废除了徭役,但田赋和丁银仍同时存在,丁银并未被废除而是与田赋合并交银。举例而言,一个地主家十口人,其家有两千亩土地,但他只需交十个人的丁银;而家里一亩地也没有的贫民家庭有十口人的话,他同样得交十个人的丁银。如此,其中的不合理、不公平是明显的。

入清以后,清随明制,这一弊病仍未解决。尤其在清初时,连年的战乱导致人口减少与不断迁徙,朝代的更迭使得原有的户籍税簿混乱不堪。为顺利完成地丁钱粮的征收,有些地区也开始试行"丁随粮行"的办法,如福建的龙溪、漳浦、海澄、诏安等县,其不是将缺额丁银(或因逃亡或因绝户)重新分摊到现有人丁上,而是直接均摊到田亩之中。山东济宁直隶州实行的"以田载丁"办法,则是其家必有地亩,始编其丁,"使丁系于地,地出丁银,无逃亡代赔之累,亦免小民偏累之苦"。这样一来,"有地有丁,无地无丁,地多丁多,地少丁少,尽一均平",避免了"派分里甲之弊"、"开报不实之弊"、"别籍影射之弊"和"滥冒优免之弊"。这些把丁银摊入田赋中一起征收的办法,为雍正朝全面推行摊丁入亩提供了宝贵的经验。

而在另一方面,无地或少地农民对不合理的丁银负担也表示了强烈的不满,尤其是那些产少丁多的家庭,更是赔累不起。在浙江钱塘、仁和两县,当地将有产业的称为"乡丁",无产业的称为"光丁",后者无产而应役,心有不甘且不说,经济上也承受不起。因此,一些农民提出了"随地派丁"的主张,但这一要求遭到富豪们的反对,双方相持不下。

在此情况下,一些地方官员尤其是州县官也看出了这一问题的实质所在。顺治朝进士,曾任汉中府司理、江西都昌县令的曾王孙就提出,"丁随粮行"可"去三弊、收三利","若一概从粮起丁,则买田者粮增而丁亦增,卖田者粮去而丁亦去,永绝包赔之苦",这是最大的好处;其次,如照粮编丁,则岁有定额,富者、贫者各得其所,吏胥也无从上下其手;最后,如"丁与粮分,则无粮之丁无所恋而轻去其乡;丁随粮行,则丁皆有土,有所籍而不致流亡",这样的话,既有利于社会的稳定,对稳定税收、官员考成也有好处。

与此同时,反对"丁随粮办"的人也很多,其理由无外乎穷人、富人都是人,如摊丁入粮,那就等于让富人代赔穷人的丁银,这不公平;再者,那些交不起丁银的人多为游手好闲之徒,如果免除他们的丁银,这些人就更加放纵,无所管羁,于社会稳定未必是好事。

康熙朝为政宽仁,尤其在晚年时,康熙认为海内承平已久,户口日繁,"若按现在人丁加征钱粮,实有不可。人丁虽增,地亩并未加广,应令各省督抚将现今钱粮册内有名丁数,勿增勿减,永为定额。其自后所生人丁,不必征收钱粮。"这就是康熙五十一年(1712年)"滋生人丁,永不加赋"的诏令。按此规定,今后全国征收的丁税额度以康熙五十年为准,新增人丁不再产生新的丁银。换言之,这一税额就此固定,即使人丁翻倍也不再扩大。

"滋生人丁,永不加赋"的政策一方面减轻了农民的负担,另一方面也为雍正朝的摊丁入亩创造了良好的条件。不过,丁税额度虽已固定,但无地、少地农民交不起丁银的问题还是没解决,因为这一政策针对的是今后滋生的人口(不再征收丁银),现有人丁还是要收人口税的。更何况,人丁的生老病死及流动迁徙在所难免,哪些人应该交丁银,哪些人又不该交丁银,这一问题繁难复杂,而且还为官吏舞弊提供了机会。

对此问题,御史董之燧在"滋生人丁,永不加赋"诏令发布的次年即提出,丁银总数应统计明白,平均摊入到田亩中,按亩征收。经讨论后,户部认为改变丁、粮分别征收的老办法不免变化太大,难以实行,不过这一问题提得很有现实意义,于是让广东和四川两省试行,摸索办法。对此,持反对意见的仍很多,福州人李光坡即认为,若按田亩派丁,各地亩积大小不同,难以做到平均;若依田粮派丁，则各地税粮轻重不同，难免出现偏差。这些意见，固然有为自己争利益的动机，但也确实点到了推行过程中可能会出现的问题。

雍正即位后，首先触及摊丁入亩问题的是山东巡抚黄炳，其在元年六月奏请按地摊丁，以解民困，"有地则纳丁银，无地则去丁银"，贫富负担平均才是良政。对此建议，雍正有些吃不准，说"摊丁之议，关系甚重，岂可草率从事"，随后以"冒昧渎陈"为由将之驳回。次月，直隶巡抚李维钧提出了同样的奏请，不过他吸取了黄炳的教训而将可能出现的反应一一归纳，最后才要求雍正"乾纲独断"，批准其在直隶境内试行。

这一次，雍正倒颇为重视，随后即将奏折交付户部官员讨论，其个人意见是，摊丁入亩一事甚好，不过最好在"丰年暇豫、民安物阜之时"推行，这样才能"熟筹利弊，期尽善尽美之效"。两个月后，户部复议，同意李维钧的主张。雍正对此仍不放心，于是再次让九卿复议。直到十一月，摊丁入亩政策才算正式通过。

此后，各省开始推行这一新政，不过时间跨度较大，如最早推行的为直隶、山东、云南，最晚的如山西与贵州两省迟至乾隆年间才开始实行，其他如河南、陕西、浙江、甘肃、江苏、安徽、江西等大多在雍正四年或五年相继实行。此外，在实行过程中，中央只给出了大的政策与原则，具体的实施办法还得各省根据不同情况加以制定。大体而言，多数省份均以县为单位，将康熙五十年该县丁银总数按亩分摊到田赋中，并随后者一并征收。如直隶各州县，每田赋银一两，摊入丁银二钱七厘；山东摊入一钱一分五厘；江西摊入一钱五厘六毫，诸如此类。这类办法，相对简便，采用的省份也最多。另一种办法是将丁银平均摊入田亩之中，土地多的摊得多；土地少的摊得少，采用这种办法的只有江苏和安徽两省，如安徽祁门县每亩土地摊入丁银一分六厘。

某种程度上说，摊丁入亩实际上是一种"损富益贫"的政策，一些无地或少地农民的丁银负担由此转摊到了地多丁少的地主富户

身上，由此遭到后者的抵制阻挠也就不奇怪了。对此，雍正帝看得也很清楚，说"丁银摊入地亩一事，于穷民有益，而于缙绅富户不便"。福建布政使沈廷正也说，"丁银归并地亩，于穷黎有益。"但持正而论，摊丁入亩政策的推行有利于国民赋税的合理化与平均化，这大概也是雍正坚决加以推行的原因之一。

当然，所有的财税改革最终都是为了解决财政危机，摊丁入亩也不例外。对中央政府而言，穷人交也好，富人交也罢，保证钱粮收入才是头等大事；对地方官员来说，收取足额钱粮，应付上级考成，这将关系到自己的仕途前景乃至个人收益，与其逼迫穷民，倒不如直接向富户收取，正如电视剧中李卫说的，"你们有钱，老子有兵"，征税成本反而更低。

另一方面，摊丁入亩政策的实施也令农民人身依附关系进一步松弛，并加快了人口的迁移和流动。同时，由于"滋生人丁，永不加赋"，国内人口统计数据也趋于准确，老百姓也不必为了避税而隐瞒人口数量，而清朝中后期统计人口的快速增长，与这两大政策有着直接的关系。

不管怎么说，摊丁入亩是中国财税制度史上的一大变革。并丁入粮后，当时即有人说从此"无丁赋矣"；还有人说，"生斯世者，几不识丁徭之名"。以此而论，从秦始皇时开始的"人头税"至雍正朝最终取消，这一进步可谓有目共睹。

废除贱籍：人人平等才是新气象

明人冯梦龙编的《喻世明言》中有一小说名《金玉奴棒打薄情郎》，其故事梗概是：宋朝时，某乞丐团头之女金玉奴，其丈夫莫稽早年贫困潦倒，后入赘金家，赖贤妻相助才得以连科及第。孰料莫稽得志后，不但不念妻德，反而嫌其出身微贱影响了自己的名声前途，赴任途中竟设计将玉奴推落江心。幸运的是，落水后的金玉奴被另一赴任官员许公救起，而后者正是莫稽的上司。得知金玉奴的遭遇后，许公夫妇将之收为义女，并在莫稽不知情的情况下将两人婚配，金玉奴由此棒打薄情郎，故事达到高潮。入清后，这篇小说被改编为戏剧，即人们所熟知的《金玉奴》。

《金玉奴》中有这么一句："若数着良、贱二字，只说娼、优、隶、卒，四般为贱流，倒数不着那乞丐。"从小说的写作背景看，这一故事很可能发生在明朝而不是宋朝，而所谓"乞丐团头"未必是乞丐（显非丐帮）而很可能是明清时期的"丐户"。就身份而言，乞丐虽然穷困但并非贱流而是良民，而所谓"贱流"，又被称为"贱籍"，却是有约束性的身份关系，即如故事中的金玉奴之父，其家并不穷困并希望摆脱这一身份，将读书人招赘入户以改换门庭未尝不是好办法，但这与当时的制度规定却是相违背的。

如时人所言，丐户者，"其人非丐，亦非必贫"，但这一群体与其他如乐户、堕民、疍户、细仆等所谓"贱民"一样，他们分布于各地，从事着为人所不齿的职业，不能与良民通婚，也不能参加科考，就连穿戴也与良民不同，而且其子女世世代代为贱民，由此形成明清时期一个奇特的现象。

雍正元年三月，监察御史年熙向朝廷奏请豁除山西、陕西乐户贱籍。据其所奏，山陕乐户的祖先系前明"靖难之役"中坚决拥护建文帝的官员，永乐帝夺位成功后，将这些人及其妻女罚入教坊司充当官妓，世代相传，久习贱业。年熙在奏疏中说，这些人都是忠义之后，因身陷乐籍而沉沦至今，地方绅衿恶霸也常以他们为蹂躏对象，处境十分悲惨，无从自新。因此，年熙请求皇上开豁他们的贱籍，准许其改业从良。

年熙是时任川陕总督年羹尧的长子（即赐给隆科多为子的那位），后者又正值恩宠之时，年熙的奏请也很快得到批准，山陕乐户于元年四月被"豁贱为良"。有趣的是，年羹尧被治罪时，这件好事居然也成了罪状之一，署理山西巡抚伊都立就参劾说，年熙的奏请实际上是年羹尧的主意，目的是为儿子捞取政治资本，等到乐户出籍后，年家父子又将之据为己功，且向泽州乐户窦经荣索取谢银十万两。年羹尧则辩白说，改乐为良乃"圣主首端风化"，自己哪敢掠夺为己功。这也是个小插曲。

山陕乐户究竟是不是"靖难之役"的受害者，因为时间久远、道听途说，实际也已说不清楚。类似的还有绍兴的惰民、常熟的丐户，等等，这些群体有时又被称"堕民"，或编入乐户。其来源的说法更是五花八门，有说是南宋罪俘罪臣的，有说是明初惩罚元代色目人的，还有说是朱元璋的对手陈友谅所部的，目前似乎无法定论。

山陕乐户被削籍后，两浙巡盐御史噶尔泰也于元年七月奏请豁免浙江绍兴府惰民的丐籍。这一群体，据说是宋代罪人的后代，到雍正朝至少也有四五百年的历史，他们籍属丐户，被排除在士、农、工、商四民之外，其从事的职业也极其微贱，男的不是捕蛙龟、卖汤饼，就是当吹鼓手、抬轿子，等等，女子则做媒婆、当伴娘或做接生婆之类，其从事的服务工作似乎多与婚庆、祭祀有关，与乐户也有接近之处，系出同源也很难说。

噶尔泰的奏折上去后，雍正交由礼部讨论。当时有人提出，削除其丐籍倒也问题不大，不过不准他们从事此前所谓的"卑贱"职业，反而让这些人无以为生——既然这样，削与不削，也没什么实质性意义。雍正听后认为，豁除贱籍本身就是好事，没有理由反对，具体步骤可以先让他们脱离丐籍、转为民户，之后再谈别习新业也无不可，此事遂定。之后，苏州府常熟一带的丐户，即当地称之为"大贫"、"男谓之贫子，妇谓之贫婆"的，也在江苏巡抚尹继善的奏请下豁除贱籍，列入编户。另外，江苏还有所谓的"九姓渔户"，据说是陈友谅部属李、袁、林、钱、何、叶、许、陈、孙九姓的后人，明朝后被列为贱籍，这些人多以打鱼为生，以船为家，常年并不上岸，后也被免去贱籍，并由地方官给予安置。

之后，雍正还自行发现类似问题，如安徽宁国府的"世仆"、徽州府的"伴当"，都是在他的主动过问下得以解决。安徽一带的"世仆"、"伴当"，当地又称之为"细民"，其世代为仆，但凡主姓有婚丧之事，此姓即往执役，有如奴隶，稍有不合，"人人皆得加以殴楚"。雍正说，这一怪事也不知起于何时，就是这些人自己也茫然无考，"非实有上下之分，不过相沿恶习耳"。之后，雍正令安徽巡抚魏廷珍提出处理意见。魏经查核后拿出方案：如有文契可考或由主家豢养的，仍保留主仆身份；如年代久远，没有文契又不受主家豢养的，一律豁免为良。雍正认为其所议"允当"，遂批准执行。

类似的案例还有广东的"疍户"。"疍户"又称蜑户、乌户、獭户等，这些人主要集中在广东沿海或沿江一带，与"九姓渔户"一样常年生活在船上，以捕鱼、水运为生。南宋诗人杨万里曾作《蜑户》诗，曰："天公分付水生涯，从小教他蹈浪花；煮蟹当粮那识米，缉蕉为布不须纱。"由此可知，疍户早在南宋时期即已出现。七年五月，雍正发布上谕："疍户……以船为家，以捕鱼为业。通省河路，俱有疍船，生齿繁多，不可数计。粤民视疍户为卑贱之流，不容登岸居住，疍户亦不敢与平民抗衡，畏威隐忍于舟中，终身不获安居之乐，深可悯恻。疍户本属良民，无可轻贱摈弃之处，且彼

输纳鱼课,与齐民一体,安得因地方积习,强为区别,而使之飘荡靡宁乎!"

雍正的意思是,这些人常年在江海之上飘来荡去也不是个办法,地方官应尽快将他们归入良籍,让他们上岸居住,不得任加歧视。考虑到这些人的实际情况及职业特殊性,雍正还特别指示说:"凡无力之疍户,听其在船自便,不必强令登岸。如有力能建造房屋及搭棚栖身者,准其在于近本村庄居住,与民丁同编列甲户,以便稽查,势豪土棍不得借端欺凌驱逐。"此外,对那些愿意上岸居住的疍户,地方官应帮助解决他们的定居、耕种等困难,使他们能尽快适应岸上生活。

养心殿东暖阁上,其匾额取"惟仁"二字,下有对联曰:"诸恶不忍作,众善必乐为。"雍正对"贱民"问题的关注,实际上是与他的父皇康熙一样的,希望自己也能做一"仁君"。正如雍正自己说的:"(朕)爱我百姓,实怀父母保赤之心,思勤恒出于至诚,若有一毫不便于民之处,立即措置,务使万民安居乐业,无一夫不获其所。"①

客观地说,贱民、贱籍是一历史遗留问题,此前除明英宗曾释放教坊司乐工及康熙曾裁革过扬州乐户外,其他统治者似无人关注这一问题。数百年来,这些群体长期隔绝于正常社会之外,世代相习,后人竟视之为当然。直到雍正朝,这一问题才得以解决。据载,乐户除籍令颁发后,乐户们激动得涕泪俱下,清人俞正燮也说,"本朝尽除其籍,而天地为之廓清矣"。不过,乐户等群体虽已被豁除贱藉,但因为职业与生存的缘故,很多贱民实际上仍操旧业,生活依然如故,所谓"从良",也非易事。即使"从良"后,官方有些做法也很苛刻,如乾隆年间即有规定,出籍贱民至少要四代以上才能报捐应试,"若仅一二世及亲伯叔姑姊尚习猥业者,一概不许滥厕士类",这明显还是一种歧视。

---

① 吴太尚评著:《雍正》,第 205 页。

豁除贱籍的同时，雍正还有一个反向操作，即打击剥夺绅衿特权，革除"官户"、"宦户"、"儒户"等名目，让他们与百姓一体当差，一同交纳钱粮。雍正特别强调，那些有功名的绅衿之家只能免自己一人丁粮差役，其子孙及家族成员不能减免，如不法绅衿敢于违抗，或地方官故意隐瞒乃至相互勾结，一经查出，即行重处。

"士民一体当差"的政策引起了士绅们的强烈反弹，其中尤以河南表现最为突出。雍正元年，河南巩县县令张可标发布告示，令"生员与百姓一体当差"，这边墨水未干，那边监生们就跳起来了，而与张县令素有矛盾的县学教官杨某借机煽动监生闹事，攻击张为贪官并试图将之赶走。事后，雍正令河南巡抚石文焯前去查办，杨某及领头闹事的监生被严惩。等到田文镜任河南巡抚后，更是引发了震惊全国的"开封罢考风潮"，此事前文已述，这里不再敷言。

明清时期优待有功名及做官的人，地方绅衿拥有不交钱粮、不应差役的特权也是由来已久，之后竟演化成一人为官（或有功名），全家免税免役，而各府厅州县的地方官在征收钱粮、滥加耗羡时，绅衿并不一体完纳而是任意减轻，之后"取偿于百姓小户"。这种做法在全国颇为普遍，雍正对此当然不能容忍。此外，一些绅衿在已有特权之外还经常包揽讼词、干涉官府，有些则包揽钱粮，或将他人土地挂在自己名下，以免除杂役、从中渔利。更有少部分人仗着特权横行乡里，欺压小民，所作所为非但没有起到端正民风的作用，反而影响恶劣，荼毒乡邻。

为此，雍正出台了严厉的惩罚规定：凡贡生、监生、生员包揽钱粮而有拖欠的，不管多少，一律革去功名；拖欠至八十两的，以贪赃或枉法论处，并照所纳之数，追罚一半入官。在山东，当时有句俗语叫"不欠钱粮，不成好汉"，绅衿欠粮抗粮，几成风气，但这事到雍正这里就麻烦了，后来那些有功名的人，包括举人、监生、秀才、贡生什么的，因欠粮税而遭罢革的竟达上千人。江苏方面的绅衿积欠也很厉害，最后惹得雍正龙颜大怒并派出钦差前去清查，那些欠户抗拒不还的，就在门口用红笔写上"清查"二字，再不还就投入监牢,直到还清为止。就这点而言,雍正的手腕还是极强硬的,一些不法绅衿的嚣张气焰也由此消停了许多,整个社会风气有所好转。

此外,雍正对旗人特权也有所抑制,以尽可能维护"满汉一体"的做派。由于历史的原因,直隶一带旗地多,部分旗人依恃特权欺压汉民而导致旗汉冲突屡屡发生,雍正对此很不满意。其即位不久,直隶巡抚李维钧奏报房山县庄头李信与宛平县庄头索保住勾结作恶。其罪行包括:独霸房山一带石行并强抢附近老百姓牲口;放高利贷而勒逼他人妻子、子女为奴;强占民间妇女多人为妾乃至打死人命;这些人的强横,"以致宣化府士民罢市"。雍正接报后大为震怒,说"畿甸之内,旗汉杂处,旗人暴横,颇苦小民。尔当整饬,不必避忌旗汉形迹,畏惧王公勋戚",对于李信等旗人恶霸,必须严加审讯,"以示惩创,以舒畅小民怨抑之气"。

类似的案例还有不少。康熙末年,旗人许二率众打死民人刘国玉,按新帝即位的恩诏可免一死,但雍正特别将此例拎出,说许二之罪实属可恶,不可赦免,仍按原罪拟绞监候,秋后处决。雍正四年,直隶总督李绂奏报镶黄旗满人王三格以内务府仓官为名在满城县殴打佃农,占据民田。受害人向官府告发后,其反而诬告受害人聚众闹事,以至造成冤狱。由于王三格是内务府仓官,地方官不便审理,雍正随即将王三格仓官一职革除,并指示说:"三格实属可恶,宜加倍严惩,以擎刁诬。仓官非官,彼自名为官也,殊可发一大笑!"①

雍正五年,直隶旗人方冬魁去酒馆喝酒时,因汉人张四未给他让座而动手打人,愤激之下,张四反将其失手打死。事后,当地官府将张四拟定绞监候,雍正对此不以为然,说"向来庄居旗人,欺凌民人者甚多,即方冬魁之事可见",何况此事本就是旗人理亏在先,这些人一向强横惯了,结果惹下这场大祸,送掉自己性命。张

---

① 吴太尚评著:《雍正》,第210页。

四虽然也有过错,但判死罪未免太重,改枷号示众即可。当然,雍正这种人治之法及刑罚轻重固然可以讨论,但此举对惩办不法旗人、平服汉人愤怒却大有成效。

清朝的职官制度,中央各部设双尚书、四侍郎,满汉各半,虽说是"满汉一体",但实际操作中,满员地位高于汉官,就连入朝退朝,满员也得走在汉官的前头,后者也常慑于前者的威势而不敢多言。为此,雍正还特别做出规定,内阁大学士主事者以满人中居首的充任,其余大学士的行走秩序不必区分满汉而依补授时间排列名次。有一次,雍正看见汉人大学士、宠臣张廷玉的班位排在满人大学士孙柱的后面,于是将他叫出,令其走在前面。张廷玉为人持重,说还是按老规矩,让满员先行,雍正不许,仍坚持让他"安心居前"。《啸亭杂录》也记载了这样一件事,说雍正中期时,满洲副都御史缺出,一时乏人,雍正命九卿密保,"鄂文端公保许公希孔宜任风宪,上曰:'彼汉人,碍于资格。'鄂公曰:'风宪衙门所关甚钜,臣为朝廷得人计,初不论定制也。'上乃用许公为满副宪缺,逾年始调汉缺云。"

雍正一向宣称自己"视满汉臣工均为一体",又说"朕待臣下至公至平,从无一毫偏向,惟视其人如何耳"。这倒也不是空话,雍正六年十月的一个事例就颇能说明问题。当时,镶黄旗蒙古副都统宗室满珠锡礼上奏说,京营武弁等员,参将以下、千总以上应参用满洲,不宜专用汉人。雍正将此议驳回,并借此说了好大一段关于"满汉一体"的看法,其中云:"从来为治之道,在开诚布公,遐迩一体,若因满汉存分别之见,则是有意猜疑,互相漠视,岂可以为治乎?天之生人,满汉一理,其才质不齐,有善有不善者,乃人情之常。用人惟当辨其可否,不当论其为满为汉也。"

雍正举例说,太祖高皇帝(努尔哈赤)开国之初即满汉兼用,是以规模宏远,中外归心。汉人中固然有不可用之人,但可用者也很多,当年"三藩之乱"中,汉人中奋勇效力乃至捐躯殉节者不乏其人,怎能说汉人不当用?满洲中可用之人多,但不可用者也多,

如贪赃坏法、罔上营私之辈，岂能因为其是满洲之人而用之？至于满珠锡礼说的京营武员的选用问题，因八旗人数本来就少，若参将以下之员弁都用旗人，恐怕人数不敷，到时有员缺而无补授之人，徒生滋扰。

事实上，雍正也看出了满珠锡礼背后的那点私心，于是在上谕中特别告诫说："朕屡谕在廷诸臣，当一德一心，和衷共济，勿各存私见而分彼此。在满洲，当礼重汉人，勿有意以相远，始为存至公无我之心，去党同伐异之习。盖天下之人，有不必强同者，五方风气不齐，习尚因之有异，如满洲长于骑射，汉人长于文章；西北之人，果决有余；东南之人，颖慧较胜。非惟不必强同，实可以相济为理者也。"最后，用雍正原话来总结就是，"不知满汉之见，惟知天下为公；中外诸臣，交相为济，则国家深有倚赖"。

立国立制

惟以一人治天下

军机处：一等大秘张廷玉

终雍正一朝，始终受宠而从未挨批的汉臣唯张廷玉一人。《啸亭杂录》中即记一事，说雍正五年五月时，张廷玉偶有小疾，请了几天病假。数日后，雍正对近侍们说："我这几天连日臂痛，你们可知道？"众人惊问其故。雍正说："大学士张廷玉患病，此人如朕手臂，岂能不臂痛？"①仔细推敲，雍正如是说亦非矫情，一则其勤政过度，二则彰显了张廷玉的重要性。试想，有张廷玉在旁辅佐尚且劳累，没有张廷玉岂有不臂痛之理？

张廷玉，字衡臣，安徽桐城人，其父张英为康熙朝名臣，后累官至文华殿大学士兼礼部尚书。桐城张家世代诗书，为当地望族。据《桐城县志》载，张英京中为官时，其老家人因与邻居吴家争宅基地而飞书京城，让他给地方官打个招呼，"摆平"吴家。张英收信后，只回了一首诗："一纸书来只为墙，让他三尺又何妨！长城万里今犹在，不见当年秦始皇。"家人见后大为羞愧，遂主动退让三尺，邻居吴家亦深受感动，也退地三尺，"六尺巷"之典故，即由此出。

张英词臣出身，康熙十六年设立南书房时，张为首批入值者。后为方便其来往，康熙特在西安门内赐给宅第，这也是汉臣入居禁城之始。张英为人平和，办事勤勉，康熙说他"始终敬慎，有古大

---

① 昭梿：《啸亭杂录》，第9页。

臣风"，每幸南苑及巡行四方，张英必随侍左右，朝中制诰亦多出其手。为官三十余年后，张英以老病求归，康熙特在畅春园为之赐宴送行。四十四年康熙南巡，张英于淮安迎驾，随行至江宁。此前，两江总督阿山欲加钱粮耗银以供南巡之费，江宁知府陈鹏年起而反对，阿山遂罢手不管，以致江宁供应招待不周，随行人员向康熙进谗言，陈鹏年顷刻间或有大祸临头。这时，张英入见，康熙问江南是否有清官，张首推陈鹏年，阿山等人意为之沮，而陈鹏年因祸得福，由此扶摇而上，成一代名臣。三年后，张英于老家去世，谥"文端"。

张英共六个儿子，其中有四子登科，长子张廷瓒为詹事府詹事；次子张廷玉；三子张廷璐官至礼部侍郎；五子张廷瑑为雍正元年进士，后任工部侍郎、礼部侍郎等。张家六子中，以张廷玉最为显贵，其于康熙三十九年中进士，后历任翰林院检讨、洗马、侍讲学士、内阁学士、刑部侍郎、吏部侍郎等职，功业直追其父。

雍正登基后，见张廷玉在群臣中"气度端凝，应对明晰"，认为其人才可用，随即将之擢升为礼部尚书，参与机密。雍正二年，张廷玉转任户部尚书，同时兼翰林院掌院学士、国史馆总裁；雍正四年，晋文渊阁大学士并充康熙实录总裁官；雍正六年，转保和殿大学士兼吏部尚书，同年作为首批大臣入值军机处。据其自订年谱，是年吏部尚书事务无人管理，雍正特召其面谕曰："铨政最关紧要，必得公正无私，朕所深信之大臣，始可委任。汝职掌繁多，日无宁晷，朕本不忍再以铨部之事累汝，但再四思维，无有出汝右者，汝第总领大纲，不必躬亲细事，即偶有忽略处，朕皆原谅，不汝督也。"其重视与信任程度可知。

张廷玉的仕途平顺也不是没有原因。一则其父在清廷高层多年，康熙难免对其子有所照顾；二则张英历经宦海数十年，平日里言传身教，张廷玉对各种为官之道自不陌生；三则张廷玉本身才华过人，文笔好，记性好，非常人可比。据其自述，"凡有诏旨，则命廷玉入内，口授大意，或于御前伏地以书，或隔帘授几，稿就即呈御览，每日不下十数次"。《啸亭杂录》中也说,张廷玉辅相两朝几二十余年,一时大臣皆出后进。其上年纪后,仍精神矍铄,裁拟谕旨,文采赡备,凡其所平章政事及召对诸语,归家时灯下蝇头书于秘册,不遗一字。有时雍正偶然问起各部院大臣及司员胥吏的情况,张廷玉即缕陈其名姓籍贯及其科目先后,从无错误。至八十岁后,某次书写颠倒一语,即掷笔叹曰:"精力竭矣!"[1]如此办事能力,如此"活档案库",雍正帝不由赞叹:"尔一日所办,在他人十日所不能也。"

张廷玉不仅能力强,而且人品官风极佳,同僚一致公认他为人淡泊宁静,气质和平。为官期间,张廷玉不轻易帮人说话,也极少介入人事纠纷,其名言是:"予在仕途久,每见升迁罢斥,众必惊相告曰:此中必有缘故。余笑曰:天下事,安得有许多缘故?"更难得的是,张廷玉位处中枢数十年而很少交结外官,几"无一字与督抚外吏接"。平日里,张廷玉也无声色之嗜,办事唯出公心,从来也不曾受过贪渎的指控。他做主考官时,有人想通关节而以微词试探,其以诗做答:"帘前月色明如昼,休作人间幕夜看。"其长期处机要之地,而"门无竿牍,馈礼有价值百金者辄却之"。

从工作性质上看,张家父子其实都是皇上贴身秘书,这种工作的保密性尤其重要。若论口风之紧,张廷玉更在其父之上,其襄赞雍正十三年,朝中各项重要决策都曾参与,但凡事他只管默默去做,从不张扬。正因为如此,雍正对他极为信任,一些人事任免也往往参考他的意见,而张廷玉从不走漏一丝风声。其办事之余,从不留片稿于私室,也不让家人子弟探知。如《啸亭杂录》所言,很多后进大臣都是经他推荐而受重用,但他们却终生不知道自己被起用的背景,更不知张廷玉在其中的作用。

以此个性及行事作风,张廷玉似乎是一个没有故事的人,其作用虽大,却无非写写划划,雍正身边的一等大秘而已。不过令人奇怪的是,雍正死前发布遗诏,以张廷玉"器量纯全,抒诚供职",令

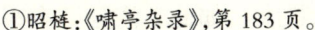

[1] 昭梿:《啸亭杂录》,第 183 页。

其百年后配享太庙。"配享太庙"是什么概念呢？这就是说，张廷玉死后其神位可以安放在太庙的前殿西庑，接受皇帝每年一次的祭祀，这是清朝历代皇帝对大臣给予的最高礼遇和殊荣。终清一朝，汉大臣配享太庙者惟张廷玉一人，而其他配享的满大臣，无不在建国立业、开疆拓土上做出了卓著的贡献，反观张廷玉不过一文臣，其何德何能，能享此殊荣？遗诏既出，满汉大臣眼红嫉妒不服者大有人在，就连乾隆本人也不能免俗——他后来与张廷玉闹别扭时，也指斥张廷玉并没有大的功劳，原本是没资格入享太庙的。那么，乾隆的评价是否公正，又是否符合事实呢？

这问题恐怕还得从军机处说起。雍正二年年羹尧平定青海后，罗卜藏丹津逃入准噶尔，受策妄阿拉布坦的庇护。两年后，为筹划用兵西北，雍正密令怡亲王允祥，大学士张廷玉、蒋廷锡于内廷密秘筹办军需。又一年后，策妄阿拉布坦去世，噶尔丹策零即位，雍正提出将罗卜藏丹津交付清廷的要求而遭拒绝。七年六月，为及时有效地调用各项物资及人员以对准噶尔用兵，雍正在隆宗门内北侧设军需房，这就是军机处的前身。雍正十年，军需房正式定名为"办理军机处"（简称军机处）并由礼部铸造印信，这一机构遂成定制。

关于为何要在内阁之外设立军机处，雍正的解释是："国家政治，皆皇考所遗。朕年尚壮，尔等大学士所应为之事，尚可勉为代理，尔等安乐怡养，心力无耗，得以延年益寿，是亦朕之惠也。"这段话，听起来好像是大学士德高望重，又多年老力迈，雍正为关怀长者而慷慨自任，自担重责，但实际上并不是那么回事。

从清廷机构与政权运作来看，军机处的设立有其历史的逻辑性。八旗入关前，满洲军事贵族坐而论政，当时的努尔哈赤不过一总统领，与之后清朝帝王的专制程度没有可比性。等到八旗入关后，清承明制，内阁虽设，但军国大事由议政王大臣会议决定，这还是沿袭入关前满洲八旗议政的军事旧制。康熙朝后，因皇帝年幼，顺治遗命鳌拜等四大臣辅政，满洲、蒙古都统俱为议政大臣，六部满洲尚书也参与会议，议政王大臣会议有所扩大。如此，清廷即有军事、行政两套系统，皇帝之权较明朝有所削弱。

等到康熙亲政后，其在宫内设南书房，抽调自己亲信的翰林入房办事，这实际上是皇帝身边的一个机要秘书班子，其目的无非是架空议政王大臣会议和内阁。康熙为一代英主，自幼饱受儒家学说熏陶，其对满人打天下时的那套旧制自感不以为然，议政王大臣会议也日渐边缘化，以致为人所不知。至于内阁，康熙也无意恢复明朝时的首辅制度而牵绊到自己的权力，其另起炉灶打造的南书房，也可以说是军机处的一个雏形。

雍正即位后秉承其父思维，而西北的战事为其设立军机处提供了良机。众所周知，军事有别于一般行政，当事者运筹帷幄，决胜于千里之外，其机密性与快速决断乃至执行均非常事常态可以比拟，这对加强皇帝集权非常有利，而非内阁制度所能承担。

事实上，在西北军事停止后，军机处非但没有撤销反而成为常设机构，进而成为雍正直接控制的权力中枢，其职责也由之前办理战争、军政及八旗事务扩大为所有机要政事。归纳而言，军机处职责主要有三类，一是不时应召商议要务，二是面奉旨意草拟谕令，三是管理机密文书档案。这就相当于皇帝秘书班子的正式化了。

奇怪的是，军机处如此重要，但其设施所在却极其简陋。最初，军机处设在乾清门外，后又迁入门内离雍正寝宫养心殿很近的地方。据载，军机处初创时不过几间简陋的木板房，到乾隆初才改建为厢瓦房。和周边那些高大宏伟的殿阁比起来，军机处未免太过矮小而且简陋寒酸，以致在很长一段时间里，很多大臣都认为它不过是临时机构而会被随时撤销。

军机处当然没有被撤销，但也没有成为与内阁、六部一样的正式机构。雍正设立军机处，只是让亲信大臣参议机密重大之事，但决定权完全在皇帝手中。军机大臣草拟谕旨，但秉承皇帝的旨意，自己并不能做主，而且军机处人员都是兼差，其大臣原属内阁、六部的，仍归本部就职，领取本部薪水。换言之，军机处人员没有固定职权，也没有编制，纯属顾问性质而已。通过军机处，雍正的旨意能畅通无阻地直达各部院及地方，如人使臂，如臂使指，不但大大提高了行政效率，而且作为中枢的军机处官员也都成了他完全掌控的办事人员，此前各朝的外戚、宦官乃至宰相、首辅擅权不复再有。

按规定，军机处设军机大臣、军机章京两种职官。前者俗称"大军机"，又称"枢臣"；后者俗称"小军机"，与"大军机"相对。军机大臣通常从内阁大学士、六部尚书、侍郎中挑选，其名额没有定数，或三或四或六，均视情况而定。同样，军机章京也没有定员，其主要由内阁、翰林院、六部、理藩院等衙署中下级官员中选任，其职责是辅助军机大臣，承担拟稿、公文收发等日常事务。值得一提的是，军机大臣间并无隶属关系，其只接办皇帝交给的机要事务并只对皇帝一人负责，所谓"首席军机"，与明朝首辅是两个概念。

在清朝所有军机大臣中，张廷玉无疑是最为突出的。据其自撰的《澄怀园语》中说，其于雍正五六年后以大学士兼管吏部尚书、户部尚书、翰林院掌院学士，"皆及繁要重大之职，兼以晨夕内值，宣召不时，书日三接，习以为常"。西北兵兴后，"遵奉密谕筹画经理，羽书四出，刻不容缓。每至朝房或公署听事，则诸曹司及书吏抱案牍于旁者常百数十人，环立更进，以待裁决；坐肩舆中，仍披览文书；入紫禁城乘马，吏人辄随行于后，即以应行止者告之。……每薄暮抵寓，燃双烛以完本日未竟之事，并办次日应奏之事；盛暑之夜，亦必至二鼓始就寝；或从枕上思及某事某稿未妥，即披衣起，亲自改正，于黎明时付书记缮录以进"。对张廷玉的劳累与忙碌，雍正也多有体察，说："尔事务繁多，……恐尔眠食之时俱少矣，嗣后切宜爱惜精神，勿过劳，以负朕念。"

如果张廷玉只是勤勉能干，那还不足以解释他何以能配享太庙。事实上，张的贡献并不仅限于文字与参谋，而最要者在于军机处的建章立制，这才是他的大功业。《清史稿》中即说，"军机处初设，职制皆廷玉所定"；其所定规制，"诸臣陈奏，常事用疏，自通政司上，下内阁拟旨；要事用折，自奏事处上，下军机处拟旨，亲御朱笔批发。自是内阁权移于军机处,大学士必充军机大臣始得预政事,日必召入对承旨,平章政事,参与机密"。

在张廷玉规划的制度中,尤其值得一提的是"廷寄"制度。此前,皇帝谕旨经由内阁发出,即所谓"明发上谕",之后或由六科抄发,或由相关部门行文,既费时日,又难保密,相关的地方官员往往在京雇人先行投递,等正式公文到来后,他们早已作好准备。如此行政,效率与可靠性当然大打折扣。军机处设立后,张廷玉所制定的"廷寄"办法系由军机处将上谕函封后交兵部,兵部管属驿站根据函面要求,或日行三百里,或四五百里乃至六百里加急进行传递。和内阁的"明发上谕"相比,"廷寄"谕旨不仅保密性高,而且速度大为提高,这对提高整个王朝的行政效率有着极大的促进作用。此后,内阁所办谕旨多为国家重大政令或程序性事务,而各项机要事务统归军机处办理并严格要求"一日事、一日结",绝不允许出现积压。如此,办事效率想不高也难。

此外,军机处制定有严格的保密纪律。军机大臣应召承旨时,太监不得在侧;各衙门人员乃至王公重臣,非奉特旨严禁进入军机处,即使值房台阶外也不许站立,以防窃听。军机处内部也同样如此,各大臣、章京在承办事务时不得任意宣泄,也绝不允许过问他人事务,但凡撰写谕旨、办理朱批奏折,均须在办公房完成,不得夹带出外。任何文书来往都必须收发登记,画押存查,承旨底稿也须押封存记,待办完后再行拆封登档。

军机处是机密之所,气氛难免严肃,因而雍正在其南窗题一匾额,曰:"一堂和气。"据说这块匾额的来历是当年同受重用的军机大臣鄂尔泰和张廷玉关系不和,雍正特书此额以调停两人关系。《啸亭杂录》中记了这样一件趣事,说张廷玉与鄂尔泰在军机处共事多年,"往往竟日不交一语",鄂尔泰偶有失语,张廷玉必以微语讥讽,使前者下不来台。某年暑日,鄂尔泰脱帽乘凉而见堂宇湫隘,其环视曰:"此帽置于何所?"张廷玉徐笑曰:"此顶还是在自家头上为妙。"鄂尔泰听后好几天都不高兴。①当然，这只是说笑了。

军机处人员公务繁忙，由此也得了许多格外的恩典，如每日入值的军机大臣、章京饭食均由御膳房供给，满汉章京散值后还可以去方略馆聚餐。对于"大秘"张廷玉，雍正更是宠爱备至，优赏有加，如张好饮茶，雍正在每次地方贡茶到时均不忘赏赐。十余年间，雍正六次赏帑金给张廷玉，每次辄以万计，其中一次赏银二万两（雍正八年），张廷玉辞谢而雍正不许，说："汝非大臣中第一宣力者乎！"某年，张廷玉回乡祭祖，雍正在其行前赠给一件玉如意，意在"往来事事如意"，同时还赠送各种贵重物品及内府书籍五十二种，其中《古今图书集成》只印了六十四部而独赐张廷玉两部。另外，雍正还行文各省，着"所过地方派拨兵弁护送，并文武官员迎接"，回京时，又遣内大臣海望迎至卢沟桥，几成望眼欲穿之势。

雍正曾赐张廷玉春联，曰："天恩春浩荡，文治日光华。"此后张家门联，多书此二语。又赐诗，曰："峻望三台近，崇班八座尊。栋梁才不忝，葵藿志常存。大政资经画，訏谟待讨论。还期作霖雨，为国沛殊恩。"期许之重，信任之专，雍正朝中除鄂尔泰外别无他人，即鄂、张两人也是不分伯仲。

不过话说回来，像张廷玉这种处事谨慎、心思周密、有才又好用的下属，若不得领导欢心反而不正常了。作为雍正身边的头等秘书，身处在军机处这种机密之地，张廷玉身上最可贵的品质在于"沉默是金"。正如其最推崇的黄庭坚之语，"万言万当，不如一默"，与其言多必失，不如少说多做，管住自己嘴巴，切忌张扬。办事时，则处处小心谨慎，细致周到，事成则归功于人主，事败则自己先承担责任。作为领导秘书，这些都是值得称道与学习的良好品质。

除辅佐之功外，张廷玉还先后纂修康熙、雍正两朝实录及《明史》、《清会典》等重要典籍，文治之功也相当了得。事实上，张家三代都文才飞扬。张廷玉同样有三子登科，其中张若溎于雍正八年

---

① 昭梿：《啸亭杂录》，第183页。

中进士；张若霭于雍正十一年殿试第四名；张若澄为乾隆十年进士。尤值一提的是，其长子张若霭原本高中一甲三名探花，张廷玉闻知后立刻面见雍正，以自家世受皇恩、科举很盛而请求降低其子的名次，其表示："天下人才众多，三年大比莫不望鼎甲，官宦之子不应占天下寒士之先。"如此，张若霭才被改为二甲第一名。如此看来，张廷玉亦同其父，不失"古大臣之风"矣。

立国立制·惟以一人治天下

密折制：大触霉头杨名时

与前朝前代相比，雍正朝的行政效率大为提高，这其中既有雍正的个人因素，另外军机处所定的"廷寄"制度及其相辅相成的密折制度也很关键。按清制，奏折分题本、奏本两种，凡弹劾、钱粮、兵马、刑名等用题本，钤印具题，宋体字誊写，附"贴黄"（摘要），录有副本；到任、升转、谢恩、本人私事等用奏本，概不用印，手续较简。①

按程序，题本由通政司转送内阁，经内阁审核拟旨后呈皇帝批准，最后用满汉文字誊清；奏本不经内阁，直接由通政司转呈皇帝。无论题本还是奏本，两者的中间环节都比较繁琐，效率低下，加上经手的人较多，泄密也是常有之事。为此，康熙朝时即出现所谓"密折"，这种机密文书不拘格式，直达御前，由皇帝亲自拆看，简便迅速而又保密性强。对其好处，康熙曾多次言及："朕令大臣皆奏密折，最有关系，此即明目达聪之意也。其所奏之或公或私，朕无不洞悉。凡一切奏折皆朕亲批，诸王文武大臣等知有密折，莫测其所言何事，自然各加警惧修省矣。"

古代因为交通、信息技术落后，下情上达不易，地方官员欺瞒上司乃至君王在所难免。为此，明朝行特务政治，其东西厂、锦衣卫固然有耳目之用，但其随意捕人，扰乱地方，弊大于利。对此前

---

① 杨启樵：《雍正帝及其密折制度研究》，第156页。

车之鉴,康熙也很谨慎,说:"密奏之事,惟朕能行之。前朝皆用左右近侍,四外探听,此辈专好颠倒是非,肆意妄行,援举奸佞,偾事甚多。"正因为如此,康熙朝密折乃系特权,仅限于少数亲信官员及内务府人员(如曹寅等)使用。康熙还特别强调,相关官员务必亲自书写,词但达意,不必计较字画工拙,如个别武官不能亲自书写,可由亲近子侄代写,折尾加以注明。对密折的处理,康熙也很小心,"所批朱笔御旨皆出朕手,无代书之人。……朕以右手病不能写字,用左手执笔,断不假手于人。故凡所奏事件,惟朕及原奏人知之。"一般来说,密折经批阅后发还本人,上奏人也不必担心密折被曝光或日后落下把柄。

雍正继位后,密折制度日益正规化,其范围也大为扩大。首先是封疆大吏们普遍有了这一权力,不久又扩大为科道官员。之后,就连一般的道员、知府、同知、副将一级的官员也有了密奏上折的权力。据估计,雍正朝单独或领衔具折官员至少在两千三百人以上,连同随折列名人员则在两千五百人以上,其折件总数应不少于三万件。

既为密折,其机密自不待言,而对于那些违反保密规定的官员,雍正的处罚堪称严厉。二年十一月,雍正在上谕中颇为严肃地指出,密折"皆国家机密紧要之事,关系甚重,不得预先轻泄于人。是以朕将内制皮匣发与诸臣,令其封锁奏达,盖取坚固缜密,他人不敢私开也。去年初行时,诸臣尚皆敬慎,近闻各督抚中竟有子弟亲戚在京私启密封者"。接着,雍正点了五个人的名,一是闽浙总督满保,二是户部侍郎塞德,三是山西巡抚诺岷,四是江苏布政使鄂尔泰,五是云南巡抚杨名时。雍正说,"朕待诸臣推心置腹,事事至诚,言无不尽",各位大臣也当同样对我,岂能委托子弟亲戚在京探听消息乃至私启密折、偷看密旨?这一旦泄密,滋生种种弊端,到时你们可吃罪得起?今后满保、诺岷、鄂尔泰、杨名时四人停止密奏特权,有事只照例具本。最末,雍正更是严厉警告,今后"其余督抚大吏所奏折子,若有子弟亲朋在京私开者,一经发觉,朕必将

私开之人正法，督抚等照溺职例革职，决不宽贷"①！

之后，诺岷、鄂尔泰等人经认错求情后恢复了密奏权，而满保的心腹家人再次擅拆密折而被人告发，雍正大怒之下将其家人处死，而原本信任颇专的满保也在任上惊惧而死。雍正三年夏秋间，杨名时具折请安，并请云贵总督高其倬代为呈递，雍正不能接受这种暗中认错的方式而予拒绝，但随后又在密谕中示意高其倬从中转圜，说"杨名时前日之题奏，朕看来（为）只知身而不知有君之人。内制端阳果锭赐你，兼有赐杨名时、李卫者。杨名时若具本谢，不可；他若必欲题奏，则是不欲受恩也。今不必强赐，即不必与他罢。他若有口奏求你转达者，不必应他。大概汉人们着了急，丢了丑，即欲告退。你要着实劝导他可惜朕恩，抑且恐有身家之祸"。又说，"杨名时是一好巡抚，但前者不许奏折，求也不求，未免自恃沽名，朕所以着他为难，亦自取之也。朕无怪他意。密之。"②

这里先简单介绍下杨名时的情况。杨名时，字宾实，江苏江阴人，康熙三十年进士，其出于大学士李光地门下，后者曾评价说："将来汉人杨宾实未可量也，志气强毅，临事有担当，外面却如田夫野老，甚好。"不过话虽如此，杨名时在仕途上并不算特别顺利，其先后任顺天学政、直隶巡道、贵州布政使等职，直到康熙五十九年才升为云南巡抚，其间宦海浮沉已近三十年。雍正登基后，杨名时年已逾花甲，按说发达有限，不过雍正对他却颇为重视，说他历来居官声名甚好，今后应再接再厉，"莫移初志"。之后，雍正又派内侍将康熙御用遗物，如端砚、荷包、鼻烟壶、水晶眼镜等，送给高其倬和杨名时，说这些都是"先帝亲用之物"，现赐予诸臣，传于后代，睹物思人，"如先帝一般恭遇"。

应该说，在最初一段时间里，雍正对杨名时颇有好感，并公开褒奖他"清操夙著"、"和平安静"，是皇考留下的好巡抚。当然，

---

① 陈锡良：《铁面仁心杨名时》，第109页。
② 吴太尚评著：《雍正》，第49页。

雍正此前与杨名时素未谋面,但他也通过其他渠道了解到,儒臣出身的杨名时做事有些软,魄力不够,并有瞻徇下属的毛病,如高其倬所说,"洁己有余而勤公不足"。

密折泄密事件后,杨名时在高其倬的点拨下正式具题,承认错误并恳求恢复密奏权。有了这个台阶后,雍正批复说:"杨名时既知过失,恳切奏请,仍准折奏。"三年九、十月间,杨名时先后晋升为兵部尚书、云贵总督,但仍管云南巡抚事。在其谢恩折上,雍正颇有些动情地说:"前因人捏陷尔奏,朕偶失斟酌,所疑今已明白,何罪之有?朕再不粉饰一时之误,枉罪汝也。朕之性情如此,不畏有过,但虑朕不能改耳。往事当释然于胸,不必丝毫系念也。"至此,这场君臣误会算是涣然冰释。四年七月,杨名时转任吏部尚书,仍以总督管理巡抚事,这是其一生仕途的巅峰,但令人意想不到的是,天恩宠幸就此戛然而止。

问题还出在密折泄密之事上。四年十一月,杨名时就清查云南盐课一事具本上奏,其中误将雍正之前的密批谕旨载入本中,后者为之勃然大怒,其在上谕中切责说:"凡督抚折奏经朕批示发回者,不过据朕一己之见,即便批发,伊等具本时,只当就事论事,听候部议,部中覆奏之日,朕自有定夺,焉有具本时将密折所批公然载入之理?"再者,之所以要用密折,主要是因为"国家庶务殷繁,亦有不便宣露于众者,亦有本章谕旨所不能尽者,亦有一时不能即定者,故于密折内往来斟酌,期于周详妥协",如"督抚要务,有举劾二端,参劾应用露章,荐举则应用密折,此人臣事君之道"。

雍正又说,杨名时此前即因泄密而被停用密折,后经恳求才得以恢复,如今他再犯此错,"明系回护从前泄漏之罪故意如此,想其心中以为不当有密奏密批之事"。而且,杨名时"将密批旨意载入本中"的做法,部议时"断无不准行者",这岂不是借皇上朱批以挟制部臣而侵夺阁部之权吗?"似此怙恶不悛,大奸大诈,全无人臣之体,甚属可恶。交部严察议奏!"

之后,吏部部议将杨名时革去所有职务,交刑部治罪。对于此议,雍正未置可否,孰料后面又有两事,算是彻底惹毛皇上了。第一件事前文已经述及,当时黄河祥瑞,鄂尔泰与杨名时上的贺表都有违规,但雍正只下令议处杨名时而不问鄂尔泰,其解释是:鄂尔泰公忠体国,是纯臣,故不忍以小节加以处分,而杨名时"毫无亲君爱国之心,与鄂尔泰相去霄壤"。这明显是赤裸裸的双重标准。

雍正五年闰三月,杨名时被免去吏部尚书职务。这时,杨名时又奏请用盐务盈余修浚洱海河道,雍正又大加责难,说杨名时在云南多年,"于地方事务苟且因循,全不经理,一味沽取虚名,求悦于众",如云南盐政、铜厂等,都是李卫的整顿之功。现在他即将离任,才请求修浚河道,这不过是假公济私,为自己博取好名声,也是与后任争名,如此用心,岂可问乎?①

雍正又说,杨名时"但知有己,而不知有人,并不知有君,尚得觍颜自命为读书人乎",更何况,盐务银两乃系国家公项,"岂可将此为邀誉沽名之具"?既然杨名时想加惠地方,那好!就让他自己出钱修治洱海河道,将来他死后,"著伊子孙承办,使天下之人知沽名邀誉之徒不但己身获罪,而且遗累子孙也"。就这样,一件好事硬是被说成了坏事,雍正对杨名时成见之深,由此可知。

接着,杨名时被罢官,新任云南巡抚朱纲负责就地审查。在此过程中,因省内亏空案同时涉及到高其倬和李卫,朱纲以密折上报,雍正对此颇为嘉许,说此案原系"杨名时可恶起见",若高、李二人牵扯进去反而不美,因为这两人"皆朕倚任之人,面上不好看,况亲朋情面,又不关公帑,尚有可恕。所以此事朕未发出,尔等亦当密之"。又一个赤裸裸的双重标准!事实上,单论密折泄密之事,比杨名时情节更恶劣的大有人在,如李卫"每有折件奉朱批,多半宣扬于众",这又该当何罪?不照样没事?

以此论,杨名时的倒霉还不仅仅因为泄密而与当时雍正发起的打击科甲中人、批判清官巧宦的大环境有关,而杨名时很不幸成为

---

①有论者认为,杨名时被整系李卫出告。

了靶子。雍正即对云贵总督鄂尔泰说，"今海内李光地辈已逝，如杨名时者少矣"；"朕整理科甲积习，伊挺身乐为领袖"；"仗伊向来风望，必因其党庇恶习，抗违朕意，即如朱轼、张廷玉现任大学士，莫不因伊前辈，憪服尊重"，若不惩治他，"恶习万不能革"。

雍正还举例说，杨名时在云南巡抚任上，"一味袒护科甲，颠倒是非，以行其私。在任七年，仅参一进士出身之知县"。说到这里，雍正不免质问：这么长的时间，难道云南通省之科甲官员，除了这一知县可以参劾，其他都是贤员，没有劣迹可纠？即此一事，就可明了杨名时的居心行事，不过是一味地虚假诈伪罢了！像杨名时这样的人，只图一己之虚名而不知纲常之大义，"夫以盗名之邪念，至欲君父成己之名，在家则为逆子，在国则为逆臣矣！天理尚可容乎"[1]！这个骂得是相当狠了。

雍正即位之初，其在发给总督的上谕中即批判了那种所谓"名利兼收"的官员："朕观古之纯臣、载在史册者，兴利除弊，以实心、行实政，实至而名亦归之。……今之居官者，钓誉以为名，肥家以为实，而云名实兼收，不知所谓名实者果何谓也。……更有仕宦之初颇著廉名，及身跻大位则顿易其操者。古人谓之巧宦，其心事岂可问乎？"

数年后，雍正又批判那些所谓的"清官巧宦"，其中特别点了查弼纳、杨名时、裴𢡟度、张楷、魏廷珍五个督抚的名，说他们"操守虽清而皆顾惜情面，将就求容悦于人，故内外之人皆称誉者甚多"。雍正认为，封疆大吏应"有猷、有为、有守"，三者并重，"但恃其操守颇廉，以为可以博取名誉而悠悠忽忽，于地方事务不能整饬经理，苟且塞责，姑息养奸，此等之人，贻害甚大"。如此看来，杨名时正好成了雍正所讨厌的几类人的集大成者。

当然，杨名时也不是一块纯洁无瑕的美玉，他在有些方面做得确实有些过。康熙四十二年杨名时任顺天学政时，某次他去迎驾，

---

[1] 陈锡良：《铁面仁心杨名时》，第119页。

康熙特勒马停行批评他,说:"有人举报你督学以来,专挑那些年老有病、贫寒出身的人做秀才,那些殷实之家出来的读书人,纵然精于学业、工于文章也必不录取,这样未免沽名钓誉,理应从重治罪。不过,朕多方查访,你毕竟没有卖过一个功名,就算是权贵也决不开例,这样很好,但你做事过于偏执,今后应改过自省。"

古人云,"水至清则无鱼,人至清则无徒",杨名时或许还真有道德洁癖。再举一例,其担任贵州乡试考官时,原本已经中榜的某举人因为在花名册上将"成字十三号"误写成了"戌字十三号",杨名时不顾其他考官的反对而硬是将其涮掉。如此做法,说好听点叫刻板,说难听点简直就是招惹是非乃至让人痛恨了。①

不过话又说回来,杨名时固然有些做作、不近人情甚至就算是沽名钓誉,但他毕竟是个清官。也正因为如此,朱纲对杨名时是百般审讯,也审不出个所以然来。搞得最后,朱纲甚至想用刑讯逼供,但总督鄂尔泰呵斥了一句:"汝过汤阴岳忠武庙见铁人乎?"朱纲听后,立即缩手。"忠武"者,岳飞也;"铁人"者,秦桧也。

雍正其实也明白,杨名时没有什么把柄,其"醉翁之意"也不在于此。那么,雍正究竟想干什么呢?"杨案"尘埃落定后,雍正曾向鄂尔泰交底,说"若不先治其假誉,反成伊千百世之真名矣!""此辈假道学,实系真光棍,诚为名教罪人,国家蛊毒。若不歼其渠魁,恶习万不能革。但此种类,若不治其名而治其身,反遂伊之愿也。"换言之,雍正整杨名时是为了剥下其"假道学"的画皮,如果只是将之处死,未免失于简单而且给自己留了骂名。这种事,聪明如雍正者如何会干?

在此精神指导下,朱纲审讯中多冲着杨名时的"好名"而去,其中令人发笑的片段不少,如诘问:"杨名时看你所行的事与你所说的话都不相符,看你举动都是你装出来的假样子,这样看来,你任内不肖的事体自然还有,你一一据实供来!"又问:"你说历任多

---

① 陈锡良:《铁面仁心杨名时》,第39页,第69页。

年一个钱不要,今据你自己供出历年所得银两共有十六万余两,即除你养廉诸凡用度之外,尚有入己银数万两,这不叫做'要钱'么?你可据理供来!"无供。

又问:"看你所行的事,不但并无实政,一味要在人跟前讨好,现据范溥供称,你叫他赏钱局内夫役银两,要讨夫役们的好,范溥有了亏空,你又拿银子帮他,讨范溥的好。如此等行事,这是圣人所嫉恶的。连日听你口里讲的话,都是圣贤所说的话,至于你所行的事体,都是圣人所痛恶的。你既读过书,再无不明白大体的,你如有辩处,不妨据了大道理上,你只管供来,以便入奏。"无供。

又问:"据你引'子贡说颜回窃食'一段,你说可见委曲人的事体甚有,你的意思是委屈你了。如你徇庇属员,不参范溥亏空,反帮他银数千两,又收他金杯、缎匹,又入己银数万两——这都是你自己供认的,并没有人诬赖你。你如今心里有无委曲,必要据实供来!"审来审去,杨名时就一句话:"臣实在昏庸,从前不是处甚多,惟有叩求皇上开恩宽宥。"

据笔者揣测,雍正大概很想与杨名时来一场大辩论,但由于后者始终不肯说违心话,朱纲最后也没办法,只能以其任内亏空五万八千两银子拟罪,依律当绞。雍正看了报告后,深知这些钱多用于公务,杨名时绝无纳入私人腰包;若限他一年时间追赔,显然是不可能完成的任务。于是,雍正大笔一挥,改为追赔三千两,可事后抄家,"先取邸中物,并脱夫人之簪珥充数,估直不满二百余金也"。这点钱,连个零头都不够,可见其清官之名,并非虚传。

权衡再三,雍正只好把这案子挂起来,不了了之。如此,终雍正之世,杨名时一直待罪云南,不过他也没闲着,期间著述、授读、编《云南通志》,忙得不亦乐乎。雍正驾崩后,乾隆召其来京,说"原任尚书杨名时,皇考原欲召令来京,未曾降旨"。这话的意思,好像雍正更好面子,拉不下脸来承认自己的错误,只好由乾隆代劳了。

杨名时离开云南之时,"滇黔人狂走欢告,老幼相率观公,或张酒宴罗拜,继以位,至环马首不得前",可见公道自在人心。乾隆元年二月,杨名时被特赐礼部尚书衔,兼管国子监祭酒事,又在上书房并南书房行走,奉旨为皇子讲课。未及一年,杨名时病逝,谥"文定",年七十七岁。

综而论之,密折制度有利有弊,有得有失。按雍正自己的归纳,密折作用有二:一是通上下之情,以便施政;二是启示臣工,以利其从政。对于收集信息、洞悉下情及其提高行政效率而言,密折制度的优势当然很明显,而且上密奏的官员既多,地方上的事情不好隐瞒也不敢隐瞒,这样有利于官员们相互监督而起到澄清吏治的作用。但天下事有一利则必有一弊,密折制度是有效率了,但同时也加强了君权专制,弄不好就可能滑向特务政治。

在《南亭笔记》、《啸亭杂录》等清人笔记中,有很多关于雍正搞特务政治的奇闻轶事。什么某官员在家里玩纸牌,突然一张牌不见了,第二天被雍正召见,还给了他;还有,某官员买了顶新帽子,次日入朝,免冠谢恩,雍正突然冒出一句:"慎勿污汝新帽也!"如此种种,多为野史小说之言,这种所谓的"特务政治"未成事实,更与制度无关。至于什么"血滴子"、"粘杆处"之类,就更加虚妄荒诞了。

不过,当官员们利用密折相互监督时,确实有些类似于特务政治,如鄂尔泰举荐王绍绪为广东提督,雍正对他不放心,于是让广东将军石礼哈留心观察,据实上报。石礼哈后来奏报说,王绍绪为官做事有些琐细,但总体还是清廉忠诚的,而且也比较勤恳。雍正还不放心,又让广东巡抚傅泰去调查,后者说他人品端正,也不贪污受贿,只是办事不够果断,为人有些懦弱。雍正这才放下心来。此外,包括傅泰、石礼哈在内,广东布政使王士俊、按察使楼严等人也是相互监督,彼此奏报,如傅泰即被王士俊密参而被调回京城。似此行事,如再迈一步的话,离特务政治也确实不远了。

尊老尊孔：教化才是第一位

在很多小说或野史中，雍正往往被刻画成冷面无情、天性凉薄的残暴之君，这与历史上真实的雍正实则相去甚远。雍正的为人与为政，其于政敌、于治官确实有刻薄严苛之处，但对于老臣故旧仍属知恩图报，对能臣干吏也多有维护爱惜。总体而言，雍正是一性情中人，并没有人们想象中的那么坏。

继位之初，雍正即追赠已故大学士张英为太子太傅，已故刑部侍郎励杜讷为礼部尚书，说他们"从前内廷行走年久，端谨恪勤，亦曾教诸皇子读书"，"笃念旧劳，特加恩恤"，这是雍正尊师的体现。对另一位师傅顾八代，雍正更为重视。四年正月，雍正给吏部、礼部下谕，说："原任礼部尚书顾八代，品行端方，学术醇正，昔蒙皇考简用，服官有年。……其品学优长，足为模范，特命为朕兄弟之师。朕自幼与共朝夕，讲论忠孝之大义，研究经书之至理，胗诚周至，获益良多。嗣以公事讹误罢职，仍在内廷课读数载，后因抱疾，遂就闲居，于戊子之冬物故。"

雍正说，顾师死后家境贫寒，葬礼还是由我亲自主持办理，"本欲陈情于皇考之前，求加恩赐恤，适值圣体违和，不敢渎奏。迄今回忆当年诵读情景，宛然如昨。老成旧学，时眷于怀，应加优赠恤，以展朕笃念师资、酬奖前劳之至意"①。嗣后，部议恢复顾八代

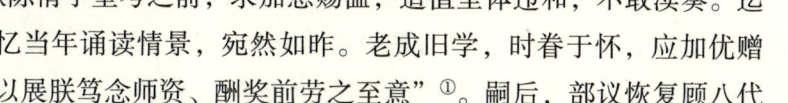

---

① 萧奭：《永宪录》，第261页。

尚书原职并加赠太傅。十年七月，雍正又下谕内阁，说："朕师傅、原任尚书顾八代子孙甚贫，著加恩赏银一万两。"其念旧之心可见。

雍正不仅给老师报恩，同时也不忘幼时的乳母王氏、谢氏。其继位后，立即派人去立碑献祭，王氏碑文中说："朕惟古者慎选诸母，必温良慈裕之皆全；朝廷追录旧劳，贵存殁始终之罔替，厥有辛勤着绩，宿夜殚心者，必申锡以扬芬。爰追褒而酬勚。……"谢氏碑文中说："朕惟宫庭阿保之司，必资慈惠温良之选，……谢氏秉性柔嘉，持躬谨厚，服勤内职；奉朕冲年，顺阴阳之宜；善调服御，审寒暑之节；克慎起居，惟祗奉于在公，罔经营于家事；令仪如昨，慨岁月之潜移……"事后，雍正又施恩赏赐其家人，以示不忘旧恩。①

在尊老方面，雍正做得还是不错的。其继位后颁布恩诏，凡七十以上者免丁侍养，八十以上给绢一疋、米一石，九十以上倍之，百岁以上给银建坊。这些都是新君继位的常规动作，不过雍正特别叮嘱户部，说："恩赐老人原为崇年尚齿，而地方赏老人者，每州县动支数千金，司、府、牧、令上下通同侵扣，吏役复任意需索，老人十不得一，上负旷典，罪不容逭。今饬令督抚严查，务令有司亲自沿乡访察，据实造册给发，不许丝毫侵扣。倘仍蹈前弊，立即参处。如督抚奉行不谨，朕若访出，必加以失察之罪。再老人九十以上者，州县不时存问，其或鳏寡无子及子孙贫不能养赡者，督抚以至州县公同设法恤养，或奏闻动用钱粮，务令得沾实惠。"这是把工作做得实处，并非因循泛泛而作。

对一些老臣甚至其父母，雍正也多有照顾，如清官名臣陈鹏年在其继位不久即因积劳成疾而殁于工所，"闻其家有八旬老母，著该抚赐司库银二千两，资其养赡。伊母给以封典并予陈鹏年谥，照一品荫其子"。江苏巡抚陈时夏因其母年逾八旬，欲陈请乞假。雍正令云南方面派专人协助其弟乘驿护送至苏州，又赏给人参四对，为

---

① 据网友的发现，谢氏之碑仍保存完好。

老年人药饵之需。雍正还不厌其详地交代说,陈母年事已高,不必急着赶路,一切视其情况而定。到后,陈时夏具折谢恩,雍正又赏赐貂皮、宁绸、伽南香珠、眼镜、鼻烟壶、奶酥饼、果子干等物作为添寿之礼,如此这般,陈时夏焉能不感激涕零?

当然,也有反例。雍正四年,河南禹州知州孙国玺被召见,雍正问起他寡母年龄,说等到其母八十岁时可奏请御赐匾额。两年后,孙国玺转任台湾道而奏请将老母寄居漳州,雍正觉得他孝心可嘉,于是将之改任为福建盐驿道,以便于其奉养。又过了四年,孙母已届八旬,孙国玺想起雍正之前的承诺,于是上折请求为其母题写匾额,孰料匾额没拿到,反而得了好一顿劈头盖脸的责骂:"朕初期望于汝之心实惟天鉴,岂料汝如是负朕深恩也。今日不但汝母匾额无须启齿,汝若不痛自悛改,仍循洁己,沽誉欺蒙,隐饰辙迹,身家性命目前难保,累及汝母尚在未定,具何心胆面皮,辄敢冒请封典耶!观汝此奏甚属妄诞,可恶之至!"

中国自古以来就是农业大国,康熙年后的人口更是成倍增长,雍正对此颇为忧虑,"土地止有此数,兼收倍获,非率天下农民竭力耕耘,欲家室宁止,治不可得";"农事者,帝王所以承天养人,久安长治之本也"。为体现对农事的重视,雍正下令恢复古代之耕藉礼,后又命各府州县设立先农坛,地方官于每年仲春时举行耕藉礼,目的是使官员"存重农课稼之心",而民"无苟安怠惰之习"。

榜样的力量是无穷的,雍正自己就以身作则,亲自扶犁耕地,播种收割。但对于这样一个号召,有些地方官不以为然,以为不过做做样子,敷衍了事过去就行了,极个别甚至置若罔闻,毫不理会。五年九月,广西临桂知县杨询朋被参劾藉田荒芜,以致颗粒无收,雍正接报后,下令将之革职并罚他在该县耕田十年。六年六月,浙江永康知县陈桂被参劾藉田典礼草率了事,后也被同样革职。雍正的意思很明显,"稼穑为生命之所关,非此不能生活,而其他皆不足恃"。你们这些官老爷看不起农民,不在意农事,那好,就让你当十年农夫,看你还端不端官架子?

中国自古有"士农工商"的四民分法，不过雍正却认为，"农人辛苦劳作以供租赋，不仅工商不及，不肖士大夫亦不及也。"这就把农民的地位提到了士大夫之上。为此，雍正还突发奇想，说官员可以有顶戴，那农民为何就不能？来啊，令各州县每年每乡选出一两个勤劳俭朴又无过失的老农，授予八品顶戴，以示奖励。这就是雍正朝"老农顶戴"的来历。

"雨过番湾滑大堤，先农坛下看扶犁。争传野老荣冠带，到处撑献早罨泥。"这首松江府民谣颇为贴切的形容了雍正朝"重农"之风及顶戴老农的风光。若论品级呢，县丞（相当于副县长）也不过是个八品，一个老农能有如此待遇，那在当地可不是件小事。雍正这样做，就是要提高农民地位，同时利用老农的经验来推广先进技术，以起到互帮互助、促进农业生产的示范效应。当然，有些地方推举顶戴老农也出现了弊端，如一些乡绅无赖往往通过贿赂地方官得到这一顶戴，尔后作威作福，个别人甚至以八品命官自居，进而干涉当地政务，等等。为此，雍正又将一年一选改为三年一选，以示慎重。乾隆朝后，大约新君觉得这事有失体统，顶戴老农一事也就无疾而终了。

"民风浇薄须陶化，世态参差待品裁。"除顶戴老农外，雍正又在乡间推广乡约制度。早在康熙九年时，清廷就颁行《圣谕十六条》，其主要内容是：

> 敦孝弟以重人伦，笃宗族以昭雍睦，
> 和乡党以息争讼，重农桑以足衣食；
> 尚节俭以息财用，隆学校以端士习，
> 黜异端以崇正学，讲法律以警愚顽；
> 明礼让以厚风俗，务本业以定民志，
> 训子弟以禁非为，息诬告以全良善；
> 戒匿逃以免株连，完钱粮以省催科，
> 联保甲以防盗贼，解仇忿以重身命。

雍正对此极为赞赏，后令科道官员对其逐条解释，最后编成洋洋万言的《圣谕广训》，并成为童子试时的必考科目。雍正七年，又命在各州县普设乡约，大力宣讲《圣谕广训》。按规定，凡大乡大村派约正一人，值月三四人，约正由地方官于生员中挑选充当，政府酌量发给补贴，值月由耆民充任；其职责主要是宣讲《圣谕广训》，并备置善、恶两簿册，以对民人进行表彰和规教。乡约设立后，《圣谕广训》的宣传力度大为加强，就其效果而言，一方面加强了专制统治，另一方面对淳化民风也不无帮助。

康熙朝后，八旗上层官员基本都已儒化，雍正本人对儒家学说、尊孔也极为重视。二年二月，雍正发布上谕，说："帝王临雍大典，所以尊师重道，为教化之本。朕览史册所载，多称'幸学'，近日奏章仪注，相沿未改。此臣下尊君之词，朕心有所示安。今释奠伊迩，朕将亲诣行礼。以后奏章记注称'幸'非宜，应改为'诣'字。"表面上看，这只是改一个字，但其中含义却大不相同。此前帝王巡视太学称"幸"，那是由上而下的"临幸"，彰显的是帝王的尊贵，现在雍正改为"诣"，那是拜访请教的意思，这不仅是一种谦虚，更是对儒家文化的尊重。这种做法，无疑深得士人之心。

不仅如此，雍正又以"先师孔子圣讳，理应回避"为由，将姓氏、地名乃至图书中带"丘"的"俱加'阝'为'邱'字"或干脆改名，以副"尊崇先师至圣之意"。由此，"邱"姓或带"邱"之地名即由此出。①另据《冷庐杂识》卷一载，雍正四年八月，"上亲行释奠礼，太常寺卿呈仪注，献帛进酒皆不跪。上特跪以将敬，命记档案，永远遵行"。释奠礼原为古代学校的祭祀典礼，这里说的是"君师"之礼，即祭奠孔子，历代帝王只献不跪，而从雍正始行跪礼。对此，《冷庐杂识》作者陆以湉也大加称颂，说："圣天子尊师重道，远轶前古，宜乎人文化成，臻极盛也！"此外，康熙朝皇子拜师，师傅尚须行跪礼，雍正即位后认为不妥，改为师生相互行

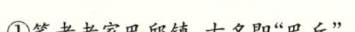

①笔者老家巴邱镇，古名即"巴丘"。

揖礼而罢。

尊儒之外，雍正对佛道也颇为尊崇，这与其早年经历有着直接的关系。十一年时，雍正在宫中举行法会，又从亲贵大臣中收门徒十四人，自封法号，登坛说法，君臣煞有介事的坐而论道，这不免引起非议。如宠臣沈近思，雍正本以为他曾做过和尚，想和他谈谈佛理，孰知后者却说，"愿皇上为尧舜，不愿皇上为释迦"——雍正愣是碰了个软钉子。更有一次，雍正与翰林院检讨任启运谈起某佛经的问题，任却硬邦邦地顶了回去，说："臣未之学！"雍正自讨个没趣，只好讪讪地说："朕知卿非尧舜之道不陈也。"

当然，对于个别官员迫害僧道的做法，雍正也大加反对。如某御史请将天下僧尼勒令还俗，被雍正斥为荒谬；直隶唐山县令更因驱逐僧人、改僧舍为民房而被革职拿问。有位名叫钱以瑛的官员，雍正看他人尚老成，遂由知县行取入都，补授御史。既为御史，当有条奏，其奏三事：一请饬各省督抚，勒令尼姑还俗；二令民间养女至二十岁外者，请饬督抚谕令速行择配；三曰民间斗殴每起于数十文之微，请令有司于境内查明，需用数十文钱之穷民，赏给钱文，济其缓急，以息争端。雍正读后哭笑不得，说尼姑还俗，必至失所；官法绳婚，必至失配，钱以瑛所奏"鄙琐不通"，著以主事原职衔勒令休致回籍。①

雍正尊孔重孝但并不泥古，如对所谓"割股疗亲"的做法，他就认为乃是愚民所为，毫无益处。雍正七年，直隶文安县有某赵氏，"奉侍翁姑竭尽孝道"，后因婆婆郭氏患病不见好转而割股熬药，当地知县呈报朝廷，请求嘉奖，雍正阅后很不以为然，说："割股之事，乃愚孝也"，"不可将此鼓舞百姓"。雍正十年，直隶通州有一位十三岁的幼子为寡母割股疗亲，当地官员上请表彰，孰料得来一顿训斥："此风实愚民无知之习，甚无情理，一无可取，非可奖励之事"；"何必多此一番渎奏"！

---

① 萧奭：《永宪录》，第255页。

雍正七年，西安将军常色礼奏报其旗下有某未字之女，已订婚而夫先死，后为节妇二十余年，请求朝廷表彰。雍正批示说，这种事情何必如此渎奏，节妇又不能训育兵丁人才，就算是将西安妇人尽化导为节女烈妇，又何益之有？！尔等将此作为自己的功劳，朕真为你们感到羞愧！现在进藏路上尚有官兵沿路抢夺，你们就算二三十年偶出一节妇，又岂能借此遮羞？"汝等之厚颜，则不知作如何想也。"对于旗下那些年少无子且无近族的寡妇，雍正也明确表态，令其守节，实非善事，"如有坚欲守节者，令其族中及佐领下人等公同具保"；如此，"则年少寡妇既不至耽误其终身，而守节之妇亦得以表见矣"。

对旗下乃至各省的赌博之风，雍正也是严抓不懈，其连颁谕令，一再告诫官民，称赌博"败坏品行，荡废家赀，其为害于人心风俗者，不可悉数"。又说，赌博之事，"若下等之人习此，必至聚集匪类，作奸犯科，放辟邪侈之事，多由此起；若读书居官之人习此，必至废时失事，志气昏浊，何能立品上进？……若不严禁赌具，究不能除赌博之源。著京城内外及各省地方官，将纸牌骰子，悉行严禁，不许货卖，违者重治其罪。"光警告还不行，雍正还特别规定，"凡犯赌博者，旗人鞭一百，民人责四十板，各枷号两月。其造牌骰之人，亦照赌博治罪。"①

康熙年后官场民间日渐兴起的奢靡之风，雍正也是深恶痛绝。元年八月，雍正指出："国家欲安黎庶，莫先于厚风俗；厚风俗，莫要于崇节俭。"其后，雍正对官民婚丧、出行等做出具体规定，如汉人纳彩成婚，四品以上官员之家，绸缎首饰以八件为限，食物限十样；五品以下官员至平民之家送绸缎分别递减，果盒限四种。婚礼当天，品官用本官执事，限用六灯、十二吹鼓手，庶民限四灯、八鼓乐人。丧葬也是一样，死者前后殓衣不得超过五袭，鞍马一具，棺罩用春布，若是秀才、监生则用春绢。雍正还说，用金银殉葬对

---

① 萧奭：《永宪录》，第156页。

死者丝毫没有好处，有些地方送葬时还设筵演戏，应晓谕劝止。至于官员们，应按品级规定戴素珠，穿马褂，进膳食，用座褥，放引马（前导骑从），不得僭越。雍正还指出，部分官员在衙署或家中自设戏班，年费数千两银子，这不但浪费钱财、影响公务，而且造成社会奢靡之风，应严令禁止。

若论奢靡，明清的盐商当然是其中之最。为此，雍正于元年八月特谕各省盐政官员，指责盐商们穷极奢华，"恒舞酣歌，宴会嬉游，殆无虚日，金钱珠贝，视为泥沙。甚至悍仆豪奴，服食起居，同于仕官。越礼犯分，罔知自检，骄奢淫佚，相习成风。"其警告说，若不痛自改悔，徇礼安分，则不免"蹈僭越之愆"。

雍正不准别人奢侈，那他自己做得怎么样呢？五年三月，其谕内阁称："朕生平爱惜米谷，每食之时，虽颗粒不肯抛弃。以朕玉食万方，岂虑天庾之不给？而所以如此撙节爱惜者，实出于天性自然之敬慎，并不由于勉强。且以米谷乃上天所赐，以生养万民者。"那么，雍正是否装模作样、假以矫饰呢？张廷玉在《澄怀园语》中有这样一则记载："世宗宪皇帝时，廷玉值内廷，上进膳，常承命侍食。见上于饭颗饼屑，未尝费置纤毫。每燕见臣工，并以珍惜五谷，暴殄天物为戒。"如张廷玉所见，雍正连饭颗饼屑也捡起来吃了，这未免有些寒酸，但还不是最节俭的。

雍正二年，御膳房得令："凡粥饭及肴馔等类食毕，有余者切不可抛弃沟渠。或与服役下人食之，人不可食者则哺猫犬，再不可用者则晒干以饲禽鸟，断不可抛弃。朕派人稽查，如仍不悛改，必治以罪。"数年后，雍正又训诫管事太监："膳房沟水内尽弃饭粒甚多，从前不时晓谕，尔等并不严饬所管人役。如朕再行查出，必不轻恕尔等，不单罚尔等之俸、革膳房人等钱粮而已。慎之！"剩饭晒干以饲禽鸟，固然是节约，但雍正管得也未免太细了。

雍正曾说："世人无不以奢为耻，以勤俭为美德，若诸臣以奢为尚，又何以训民俭乎？"和康熙、乾隆相比，他不仅是个小气皇帝，而且还是个省钱皇帝。举个简单的例子，如今保留下来的朱批，很多都是写在裁剪而成的小条上,上面密密麻麻写满了雍正的谕旨。雍正即位后,既未去过承德避暑山庄,也未去江南巡幸,就算不得不出城拜谒祖陵,稍有花销,即认为是过奢之举而加以减免。除因为怕热而在城外修建圆明园外,雍正在位十三年还真没什么大的花销。《啸亭杂录》中说:"宪皇在位十三载,日夜忧勤,毫无土木声色之娱。余尝闻内务府司员观豫言,查旧案档,雍正中惟特造风、云、雷、雨四神祠,以备祈祷雨外,初无特建一离宫别馆以供游赏。故当时国帑丰盈,人民富庶,良有以也。"①

    虚窗帘卷曙光新,柳絮榆钱又暮春。
    听政每忘花月好,对时惟望雨赐匀。
    宵衣旰食非干誉,夕惕朝乾自体仁。
    风纪分颁虽七度,民风深愧未能淳。

移风易俗乃系春风化雨,非一朝一夕之事,雍正的这首七律大概也意识到这一问题,才会对"民风未淳"而有所遗憾吧。不过退一步说,雍正的节俭比起乾隆的奢靡那是强太多了。

立国立制·惟以一人治天下

①昭梿:《啸亭杂录》,第9页。

秘密建储：好皇上从竞争上岗开始

"九王夺嫡"之事在前书《夺位战争》中业已详述，而其中的关键，立储问题着实成了康熙晚年挥之不去的梦魇。因为这事，康熙在执政末期的十余年中精力多有不济，很多想办、该办的事都没办或没办成，吏治由此腐败，盛世自此转衰，也是客观的事实。

当然，这事也不能完全怪康熙，因为历朝历代的权力移交问题都很麻烦，很少有不出乱子的。若综合来看，嫡长子继承制大概是古人所能想出的最好办法，其所确立的规则与秩序在政权更替时能相应的减少政治动荡并维护社会稳定，这或许是民主选举制度产生前最不坏的选择。

应指出的是，嫡长子继承制往往在维护稳定的同时牺牲了效率与公平，无法选出于国于民最为有利的君主，这就是所谓稳定与效率的矛盾。事实上，很多君主都意识到这一问题，但以儒家学说为基础的嫡长子继承观念一旦形成，在其巨大的制度惯性力量下，要想改变绝非易事。而在实际操作中，嫡长子继承制往往会产生很多意外问题，如皇太子个人品德出现污点、身体残疾或智力出现问题，等等，这往往使得废黜太子具有一定的合理性。另外，君主也会出于个人的好恶而破坏嫡长制（比如耳朵软的皇帝听从宠爱妃子的谗言而另立太子），在专制体制下，这种破坏发生的概率也不容忽视。

问题的关键还出在皇权的世袭上。世袭制使得最高权力的转移排除了国民参与而只限于极少数皇室成员中进行，其整个过程的决定权完全掌握在君主手中,这也是传统专制社会中难以克服的结构性问题。换言之,中国传统的专制体制是一种排他性、非竞争性的模式,而嫡长子继承制更是以生理基础取代了皇子之间本就少得可怜的竞争,而这或许是导致唐朝以后中国发展陷于停滞的一个重要原因。

有因必有果,权力移交问题无法得到合理解决,储位斗争也就屡见不鲜了。事实上,中国历史上很多英明之主都曾在立储问题上栽过大跟斗,有的人甚至连老本都输光,整个王朝也跟着全部玩完。如当年秦始皇,其何尝不希望基业能直至万代,但这一美好愿望在第二代即宣告结束,而其触发点正是立储问题。秦始皇原本以公子扶苏为接班人,但因后者性格温和、太过仁义,秦始皇遂将之发配北地边疆,其用意大概是加以磨炼。但万万没想到的是,秦始皇出巡路上突然驾崩,一向惟命是从的宠臣李斯在关键时刻与赵高一起背叛自己,结果扶苏被矫诏所杀,胡亥被立为秦二世。不到十年,秦王朝迅速土崩瓦解,灰飞烟灭,秦始皇子孙们也都骨肉相残,遭受灭顶之灾。

康熙曾说,"唐太宗定储位于长孙无忌,朕每览此,深为耻之"。但讽刺的是,他和唐太宗李世民遇到的几乎是同一个问题。在推翻隋朝一统江山的过程中,秦王李世民居功至伟,无论是功劳和才能,他都比其他兄弟要胜出不少。由于李世民的势力太大,太子李建成感到十分恐惧而开始拉帮结派,由此引发"玄武门之变"。在此变乱中,李世民一派人将太子李建成和齐王李元吉乱箭射死,唐高祖李渊被迫退位为太上皇,李世民登基为新帝。

李世民靠杀戮自己的兄弟登上皇位,但作为报应的是,他后来也为储位问题而苦闷不已。原来,李世民为避免将来自己的儿子们重走老路,即位之初就将年仅八岁的嫡长子李承乾立为太子。可惜的是,太子李承乾不甚聪明,常做傻事,权变谋略更谈不上,只因他是长孙皇后的长子,才在李世民的十四个儿子中被选为太子。但是,长孙皇后的其他儿子如蜀王李恪、魏王李泰也都是嫡子,他们对此愤愤不平，蠢蠢欲动。眼见儿子们为皇位争得两眼通红，几成你死我活之势，李世民痛苦不堪，激动之下竟拔出佩刀要抹脖子自尽。幸好当时长孙无忌在旁，其一把夺下李世民的佩刀，并建议将李泰囚禁而立了李治，这才解决了这一危机。

对于李世民的遭遇，康熙也颇为感慨。但他万万没有想到的是，历史的悲剧同样要发生在自己身上。太子被废，储位未定，诸皇子们个个摩拳擦掌，虎视眈眈，这一切，康熙是看在眼里，寒在心里。他痛骂自己的儿子们说，将来等朕死了，停尸在乾清宫，"尔等束甲相攻耳！"每想到此，康熙心里都感到毛骨悚然，不寒而栗。

历史上，皇位继承时的悲剧举不胜举，如宋太祖赵匡胤死时烛光斧影，死因不明，皇位被其弟弟赵光义接管；明太祖朱元璋传位与长孙建文帝，朱元璋刚死，四子燕王朱棣便发动靖难之役。诸如此类，可以列一长单。遥想当年，齐桓公、唐太宗、宋太祖、明太祖都是叱咤风云的帝王，但无一例外的在立储问题上大栽跟头。康熙同样是一代英主，但照样解决不了这一问题，由此也成为他生命中最大的遗憾和痛苦。

事实上，康熙以前的清帝继位也是一团糟。满洲起于蛮荒，皇位继承制度自不成熟，在其前期，皇帝生前并不立太子，而往往在皇帝死后由诸王大臣共同推举皇子中有贤能者为君（类似于公推制）。毫无疑问，这种制度在实行过程中会产生很多问题和争端，如推举者多出于私心，往往推举和自己关系密切的皇子，而贤能的定义和高低，在利益的权衡下只会演化成各候选人势力大小的竞争。

举例而言，努尔哈赤死后没有指定继承人，当时的四大贝勒代善、阿敏、莽古尔泰和皇太极都是王位的有力竞争者，而其中又以皇太极势力最大。不料，努尔哈赤的大妃乌拉纳喇氏突然跳出来假传遗嘱，说由其子"多尔衮继位，代善辅政"。话音刚落，皇太极等人便带头鼓噪起来，在场的人也大都反对，毕竟多尔衮只有十四岁。之后，皇太极把努尔哈赤的近侍找来，令其当众作证说努尔哈赤死时确实留下过遗言，不过是要大妃乌拉纳喇氏为之殉葬。权杖狰狞满是血，多尔衮与弟弟阿济格、多铎三人也只能眼睁睁地看着母亲被活埋。

后来，皇太极突然暴毙于沈阳清宁宫，年仅八岁的福临被立为皇位继承人，这也是一个出人意料的结果。原来，皇太极死后，当时能觊觎皇位的有四大亲王：睿亲王多尔衮、礼亲王代善、郑亲王济尔哈朗和肃亲王豪格；另有三位郡王：武英郡王阿济格、颖郡王阿达礼和豫郡王多铎，也是皇位的有力争夺者。

当时的力量可分为两派：一派以睿亲王多尔衮为首，其弟武英郡王阿济格、豫郡王多铎及两白旗（正白旗、镶白旗）都是其有力支持者。另一派是皇太极长子、肃亲王豪格，他是最名正言顺的皇位继承人，时年三十五岁，年富力强，正是当打之年。豪格的背后则是实力强大的两黄旗（正黄旗、镶黄旗），礼亲王代善和郑亲王济尔哈朗也准备投他的票。

为解决皇位继承问题，后由礼亲王代善主持，诸王大臣集合于崇圣殿开会讨论。就在这时，两黄旗大臣在大清门前盟誓，要求拥立豪格为皇位继承人，领头人鳌拜和索尼甚至带剑入宫，向诸王大臣请命："先帝有皇子在，必立其一。"多尔衮大怒，呵斥其不懂规矩，令其立刻退下。这时，阿济格和多铎则跳出来劝多尔衮即位，多尔衮见形势还不明朗而暂不答应。多铎见多尔衮不表态，便说："你不做，我来做！"但又被多尔衮以年幼无知给呵斥了一番。多铎又说："那就让礼亲王代善来做，他年长为尊！"代善连忙推辞，说豪格是"先帝长子，当承大统"。豪格听后十分得意，以为大局已定，便故意谦让一番，说自己"福少德薄，非所堪当"。说完，其起身离去，想来个三辞三请，以示名正言顺，众望所归。

这时，殿内两白旗与两黄旗的人怒目相向，几乎就要火拼。眼看局面可能失控，多尔衮心里开始盘算：如自己强行继位，两黄旗的人不服气，一些大臣恐怕也不服，但要让豪格继位，自己在两白旗里恐怕也会众叛亲离。看来，为避免事态恶化，多尔衮和豪格谁也做不成。

多尔衮转念一想，既然两黄旗的人要求皇子继位，那不如由九阿哥福临来继位，自己和济尔哈朗为左右辅政，待福临成年后，再让他亲政。这下豪格和两黄旗的人被弄得哑口无言，有苦也说不出；济尔哈朗白捡了个便宜，当然愿意支持这个建议；代善等人见形势已定，也纷纷附和。这样，多尔衮以退为进，虽然没有夺得皇位，但掌握了实际的权力。由此，福临才登上帝位，是为顺治。

康熙的继位也颇具戏剧性。顺治当时死得不明不白，有人说他因为董鄂妃的死而厌倦人世，后来抛弃皇位出家了；也有人说他伤心过度而导致天花乘虚而入，结果暴病身亡。正因为如此，被吓破了胆的皇族才在慌乱中立了刚出过痘的玄烨为帝。总而言之，康熙以前的几次权力交接都是在混乱中完成，包括雍正的继位，同样被人所质疑。

也有学者认为，康熙晚年即已酝酿"秘密建储"，如四十七年"一废太子"后，康熙曾表示，"今立太子之事，朕心已有定算，但不告知诸大臣，亦不令众人知。到彼时，尔等只遵朕旨而行"。这似乎已透露了一点信息。五十二年"二废太子"后，康熙又说，"宋仁宗三十年未立太子，我太祖皇帝并未预立皇太子，太宗皇帝亦未预立皇太子。汉唐以来，太子幼冲尚保无事；若太子年长，其左右群小，结党营私，鲜有能无事者"。这是康熙对不明立太子的解释。五十六年十一月，康熙在"长篇面谕"中指出，"十年以来，朕将所行之事，所存之心，俱书写封固，……立储大事，朕岂忘耶？"为此，康熙末年将废太子允礽迁往郑家庄，"这是康熙帝晚年实施秘密建储计划的一个步骤"；"郑家庄王府、行宫建成后第二年，即康熙六十一年十一月，六十九岁的康熙帝突然病逝。他册立允禵为储君并移允礽至郑家庄的意愿，均成泡影"[①]。

元年八月，雍正于乾清宫西暖阁召集各王公大臣一起商议立储办法，以避免骨肉相残的悲剧再次发生。雍正说："想当年父皇因

[①] 杨珍：《康熙晚年的秘密建储计划》，《中国文化报》2012年9月10日第7版。

为储位的事情，太子立了又废，废了又立，弄得心神憔悴。朕想立储乃是关系到朝廷长治久安的大事，终归要有个预先安排，你们且说说，有什么好的建议？"

如此重大的事情，又见雍正胸有成竹的样子，大臣们当然不敢随意发表意见。雍正于是自己说了："朕以为，皇太子立后问题很多，但不立又不行。朕想了个变通的法子，即把继位的皇太子名字写入密封，藏在匣内，然后匣子放在乾清宫正中的'正大光明'匾额下。这是宫中最高处，以备不虞。如此，大家就知道建储已设，人心安定。此密储之匣，今后收藏数十年也未可定，就算将来情况有变，到时也可再拿下来重新修改。"各大臣们听后，皆无异议。雍正遂将一份亲手写好的继位书放进匣中，又命侍卫当众将锦匣封好，放在匾额后面。另外，还有一份同样内容的继位书则由雍正自己随身携带，在死后才能打开。

这就是历史上所称的"秘密建储"。从此以后，"正大光明"这块匾便也充满了神秘的色彩，匾下的那个锦匣子更是让皇子们日思夜想，魂牵梦绕，因为大家虽然知道皇太子已经确定，但彼此之间并不知道谁有这份幸运。更重要的是，立储之后还可以更换人选，这就加剧并延长了彼此间的竞争。各皇子必须时刻注意自己的言行，约束自己，方有机会成为皇位最有力的竞争者。

雍正的秘密建储，实行的是秘密与公开相结合的方法，即皇储之名严格保密，但建储之事及密旨存放地点向大臣公开。这样的话，一旦皇帝发生意外，即可在全体朝臣的监督下于"正大光明"匾下取出密旨，确立新帝，这样既可以避免此前继位的混乱，也可以防止皇子们事前相争，父子、兄弟感情不至受到影响。更重要的是，秘密建储给皇帝挑选优秀的皇位继承人留下了很大的灵活性，如选定的太子表现不好的话，可以随时更换而皇子们并不知晓，这等于是开放了一定的竞争，让皇子们都有机会参与，而皇帝则是最终裁判，从中择优选取。从制度上说，传统的嫡长子继承制已被颠覆，这也是最高权力移交问题上的一大进步。

当然，秘密建储也未必是雍正首创。据《旧唐书·波斯传》中说，波斯国王继位后，即"密选子材堪承统者，书其姓名，封而藏之，王死后，大臣与王之群子共发封而视之，本所书名者为主焉"。如此看来，波斯人在唐朝时即已实行这样的制度，不过雍正的创意是不是来自于此，这个却不好说了。

从实践上看，雍正搞的秘密立储在后面几代皇帝的继承问题上确实发挥了作用，其后没有出现清初那样皇子间结党营私、争夺皇位的现象，选中的继承人也大都表现不错。雍正十三年八月，雍正第四子、宝亲王弘历成为第一代经秘密建储继位的皇帝，是为乾隆。四十三年后，乾隆发布谕旨，将秘密建储确定为"建储家法"，令后继者世代奉行。乾隆禅位时，密匣立储传位于皇十五子颙琰（即嘉庆），后来嘉庆也用此法传位于皇次子旻宁（即道光），道光再以此法传位于皇四子奕詝（即咸丰）。

可惜的是，晚清咸丰以后，秘密建储却没有了意义，因为爱新觉罗皇族的子嗣不旺，最后的几代皇帝更是麻烦不断，如咸丰只有一个儿子同治，而同治、光绪（乃至宣统）根本就没有儿子，建储尚且无从谈起，又有何秘密可言！由此，慈禧太后把持最高权力近半个世纪，女人当国，这大清朝想不走下坡路都难啊。

雍正之死

古来皇帝都寂寞

勤政皇帝第一：朕就这样的任性

阁中帝子今何在，槛外长江空自流。从康熙末年开始，雍正看着自己的那些兄弟为了皇位而打得头破血流，最后又被自己整得死去活来，但他并没有感到一丝的快感。有时候，雍正一个人孤坐在高大的皇位上，或者徘徊在森严的皇宫时，他总感到莫名的寒意和落寞。即使在阳光灿烂的日子里，他来到自己亲自主持设计、美轮美奂的圆明园中，他也感觉不到丝毫的温暖和光明。

经历了十几年的政治斗争，雍正突然发现自己没有了对手，但皇宫却依旧笼罩在阴森惨淡的空气里，像是幽幽冤魂躲在僻静的宫墙下面，似乎又有浓浓残雾在宫殿的上方消失不尽。在安静的大殿当中，无人时，雍正也会突然感到惊慌，他似乎又看见了父皇的身影，让他恐惧和不安。是啊，如何才能打发这皇帝的时光呢？唯有工作，不停地工作能让他得到心中的安息和平静。

在解决了令人头疼的储位问题后，雍正长舒了一口气，把自己的全部精力投身于政务活动中去了。客观地说，雍正接手政权时，由于康熙晚年的宽仁无为政策，吏治松弛，各种许多社会矛盾盘根错节，已经积累到了相当程度。好在雍正登基时正值年富力强之时，加上其丰富的阅历与政治经验，他对康熙晚年弊政看得非常清楚，所以一上台便雷厉风行，大刀阔斧地进行改革与整顿。

中国历史上，雍正或许是最勤政的皇帝。他刚一登基，即罢鹰犬之贡，表示自己不事游猎，这和康熙动不动就出巡或围猎大不相同。雍正在位十三年，不巡幸，不游猎，除去过河北遵化东陵数次外，就没太出过北京城。最开始时，雍正大概是怕允禩等政敌发动变乱，后来政局稳定后，他也没有出游，主要原因还是政务繁忙，根本没时间出去享受。

雍正处理朝政，从早到晚，寒暑不断，年年如此，几乎没有停息。从雍正元年至十三年，六部及各省题本约十九万二千余件，按此计算，平均每年达一万四千七百件，而每日须阅览题本四十件以上。在《雍正朱批谕旨》一书中，共选录奏折七千余件，按检出比例估算，雍正一朝经其手批的奏折大约在三万五千件，而满文奏折尚不在内。这些朱批奏折，既是雍正勤于政务的真实记录，也是后人不可多得的珍贵史料。

对臣工奏章，雍正极为重视。在他看来，封疆大吏"往复万里，惟凭一纸折奏"，岂能不认真对待？其阅览本章不畏烦琐，谕令每日"将本多送"，不许积压。如果说阅览题奏本章尚属例行公事、费力不多的话，那批阅奏折可就格外辛苦了。由于密奏权下放，雍正一朝具折人数之多、奏折内容之丰富，堪称前所未有。为"宣达下情、洞悉庶务"，雍正将批阅奏折视为极紧要之事，所有朱批，多为其夜间亲笔批写，皆出一己之见，从不假手于人。朱批短的两三字，长的竟有上千字，甚至比原折还要长。如此累积下来，雍正在不到十三年的时间里，光朱批就写了有三四百万字，这在一个使用毛笔书写的年代，可真不是件容易事。看来，雍正是把皇上这好职位硬给做成苦差事了。

除批写奏折外，雍正还有一项重要的政务即接见官员。据统计，雍正朝中引见官员至少在七千人以上，其中文官五千八百余人，武官一千四百余人，部分官员还被多次引见。如五年四月十六日，雍正在一天之内召见官员三十一人，其中分成十一批分别入见，以决定任免补授。整个清朝二百六十八年，自顺治十二年开始实行官员引见后，雍正一朝就占到四分之一，真可谓不怕繁累。

"独览万几凭溽暑，难抛一寸是光阴"，雍正的忙碌太容易被发现。随便翻开起居注或实录等资料就可以发现，雍正每天的工作安排都排得满满当当：白天他忙着召集廷臣开会，接见外放官员，出席各种仪式，等等；大臣们下班了，雍正还得灯下批阅奏折，"秉烛至丙夜、子夜未罢"；"每至二鼓三鼓，不觉稍倦"。其忙其累，用他自己的话来说就是："朕自朝至夕，凝坐殿室，披览各处章奏，目不停视，手不停批，训谕诸臣，日不下数千百言。"类似记录，在雍正朱批上比比皆是，如"灯下所批，字画潦草"；"灯下批写，字迹可笑之极"；"日间刻无宁晷，时夜漏下二鼓，灯下随笔所书，莫哂字画之丑率也"。

二年十一月，雍正曾在上谕中叹过一段苦经，说"自古云为君难，若非身体力行，不能确知其难"，昔日朕曾见父皇"或遇一事似难区处而行之坦然，或遇一事似属寻常而倍多委曲，或有一人似不可用而用之不疑，或有一人似若可用而置之不用"，彼时朕茫然不解其故，"及今乃知为君之难，非亲历其境不知其中有万难万苦处也"。

"为君难"典出《论语·子路》。雍正继位后，御书"为君难"匾额悬于勤政殿后楣，又书"惟君难"于养心殿西暖阁匾额，此外还命人刻制多方"为君难"印章，钤于御书及古书画上。两千年前至圣先师的答语，竟成两千年后雍正的内心独白。无他，只为激励自己时刻不忘君王职责耳。

皇上这么辛苦，当臣子的当然也别想轻松。让人有些无语的是，但凡是被雍正看上的能臣，十有八九都得鞠躬尽瘁，死而后已。如怡亲王允祥，他大概就是给活活累死的，雍正也为此感到自愧内疚，说："吾弟八年之中，辅弼勷襄，夙夜匪懈，未必不因劳心殚力之故，伤损精神，以致享年不久。"再如田文镜，其在雍正七年后即患病，九年五月上疏乞休，雍正不准而令其回京调养，未及三个月，田文镜即被催回任所继续任事。一年后，田文镜因病势始终不见好转而请求解任，但雍正命其留在任内调理。没多久，田文镜即一命归西——你能说这不是给雍正累死的？

雍正的勤政与他的执政理念有着直接的关系，正如其在西暖阁上题的匾联："惟以一人治天下，岂为天下奉一人"，可谓道出其中精髓。雍正此联语出唐人张蕴古所写的《大宝箴》，其原文是："圣人受命，拯溺享屯；归罪于己，推恩于民；大明无私照，至公无私亲；故以一人治天下，不以天下奉一人。"这话的意思是，皇帝受命于天，拯救万民于水火；困厄痛苦由己承担，恩惠甘霖推之于民；其心系臣民，不偏不倚，大公无私，如同太阳的光辉一般；故皇帝为治理天下而生，而非以天下奉养一人。

引用这一名言时，雍正改了几个字，后一句的意思差不多，但前一句就大不一样了，其强调的是皇权的至高无上、皇帝的唯我独尊，如其父皇康熙说的，"天下大权，惟一人操之，不可旁落"。因为专权，雍正容不得任何可能的威胁，在这一方面也表现的特别残忍而苛刻，如其对"八王党"的次第肃清，对诸弟及其党羽的黜革、圈禁、流放乃至屠戮，可谓无所不用其极。即便是一度宠幸有加的亲信，如年羹尧、隆科多等，一旦被雍正发现其心怀不轨，便一除到底，毫不容情。

雍正一生，自信、自负且自视甚高。一方面，他认为自己一心为公，所作所为都是为了国家社稷、黎民百姓，有做"圣君"的心理驱动；另一方面，雍正又很自负，尽管他承认自己"才德远不及我皇考（康熙）"，但他"在藩邸阅历四十余年，人情世态无不周知，亦非可以欺隐蒙蔽者"。因此，其自认"虽不谓上等圣明之君，亦不为庸愚下流之主"。

雍正同时也是个好胜的人，他自信一切比别人强，不管是文章道德，还是见识水平或者办事能力，他是极端的"予智自雄"，正如他自己说的："朕自揣生平诸事不让于人，向在藩邸时，诸王大臣不能为之事，朕之才力能办之，诸王大臣见不到之处，朕之智虑能及之。"如此大言不惭下，他经常训斥别人——"你知道什么"，"所见甚浅矣"，"你非长才之人"，"看你伎俩实属特平常"，等等，也就一点都不奇怪了。也正因为如此，有人说他"性高傲而又猜忌，自以为天下事无不知无不能者"，可谓一语中的。

太过自信而又自负之下，雍正说话做事难免精严刻薄。以他个人的角度看，自己是一身清白，浑身上下"高大上"，没什么东西能瞒得过他，因而眼里也揉不进一点沙子，存不得一点尘埃。有些大臣因循惯了，难免滋生官僚主义，或疏忽大意，或草率从事，这些都难逃雍正的法眼。如某次浙江官员报告甘凤池案件，雍正阅后斥道："前既奏过，今又照样抄剩渎奏，是何意见耶？"福建巡抚刘世明某次忘记对其指示做出回应，雍正即怒斥说："朕日理万机，刻无宁晷，费一片心血，亲笔训诲之旨，竟一字不提，想汝终日在醉梦中矣！"

除刻薄之外，雍正还有一种不加遮掩的任性。元年正月，雍正以宝座铭考翰林诸官，编修成文拟"兴利除弊"，结果大触霉头，雍正痛斥说："皇考圣旨有何弊，朕又何以除之？伊有条奏，八旗十五岁以上俱令读书，则一应护军挑取何人？伊教习二十阿哥，为人甚狂妄，着革职，仍令悛改前非。"①二年八月，山东巡抚陈世倌收到御赐的新鲜荔枝，谢恩折中说了几句"不曾尝过如此人间美味"之类的谄媚话，结果惹得雍正老大不高兴，说你是浙江人，离福建不远，果然不曾尝过吗？五年七月，江苏巡抚陈时夏恭进地方土产，雍正收到后说，因为你一片至诚，我才勉强收纳数件，"亦未令廷臣观看"，"若论物之好丑，实宫中弃置之物较之亦不及也"。看看，这话说得又何必！

《啸亭杂录》中有一则"杖杀优伶"的记载，说"世宗万几之暇，罕御声色。偶观杂剧，有演《绣襦》院本《郑儋打子》之剧，曲伎俱佳，上喜赐食。其伶偶问'今常州守为谁者'（戏中郑儋乃常州刺史），上勃然大怒曰：'汝优伶贱辈，何可擅问官守？其风实不可长。'因将其立毙杖下，其严明也若此。"②

所谓"知子莫若父"，对雍正的这种任性，康熙很早就用了四个

---

①萧奭：《永宪录》，第85页。
②昭梿：《啸亭杂录》，第12页。

字来形容："喜怒不定。"为此，雍正也深感羞愧，他曾对张廷玉说："朕阅康熙四十九年实录，内载皇考谕朕，有'喜怒不定'一语，朕曾奏曰：'臣侍皇父左右，时蒙训诲，实深感愧。至'喜怒不定'一语，昔年蒙皇父训饬，此十余年，皇父未曾降诲，是臣省改微诚，已荷皇父洞鉴。今年逾三十，居心行事，大约已定。'喜怒不定'四字，关臣生平，仰恳圣慈将谕内此四字恩免纪载。'随蒙仁皇帝传谕：'十余年来，实未见四阿哥有喜怒不定之处，此语不必纪载。'今朕克成大统，一喜一怒，慎之又慎，未敢轻忽，或尚有不足之处，愈见皇考知人之明。朕仰遵庭训，时时体察，得以陶镕气质。皇考教诲之恩尤不敢忘也。尔等可将前后情节，据实添载。"

雍正曾对大臣说："皇考每训朕诸事当戒急用忍，屡降旨朕敬于居室之所，观瞻自警。"既"屡降旨"，则可见积习难改。雍正继位后又定制"戒急用忍"匾额，直至终世前三年，宫中密档尚有制作"戒急"吊屏谕旨，可见雍正心知而不能改也。不过，好在雍正尚有此自知之明，其性急犯错之时，也还能听得进别人的意见，但凡于民于国有益，雍正也会更改甚至认错，如其所说"改过是天下第一等好事"，这也算是难得了。

当然，雍正也不是纯粹的工作狂，一味的刻板如机器。事实上，他也有自己的喜好，并非对声色犬马完全无动于衷。真玩起来，雍正还挺有腔调、挺上档次甚至专业到发烧友的级别。据宫中档记载，雍正嗜好鼻烟壶，曾亲定烟壶式样；喜欢用眼镜，造办处曾多次奉命制作，或供上用，或供赏赉；闲时喜欢养狗，狗衣、狗笼、狗窝、狗垫等多为其亲自设计，做成后又多次返工修改，不容许丝毫马虎；喜制奇巧玩物，如自鸣鼓、藏身表等，曾亲自参与设计；喜好西洋器物，如通天气表（温度计）、镶象牙藤筒千里眼（望远镜）等。

雍正一生不兴土木，其最大的挥霍莫过于扩建圆明园。四年正月，雍正特为此事发布上谕："今日朕坐于勤政殿，以待诸臣奏事，乃部院八旗竟无奏事之人。想诸臣以朕驻跸圆明园欲图安逸，故将所奏之事有意减省耶！朕因郊外水土气味较城内稍清，故驻跸于此,而每日办理政事与宫中无异,未尝一刻肯自暇逸。已曾屡降谕旨,切告廷臣令其照常奏事,若朕偶欲静息,自当晓谕诸臣知之。倘廷臣不知仰体朕心,将陈奏事件有意减省,是不欲朕驻跸圆明园矣!"

说雍正贪图安逸而修建圆明园当然也可以成立,但主要还是因为雍正患有严重的"畏暑症",其早年曾中过暑,因此每值盛夏,"心中稍觉畏怯"。为免于中暑,雍正还亲自设计改制了一种绳拉的大型风扇,以便在酷暑时使用。宫中档即有如下记载:二年六月,总管太监张起麟、奏事太监刘玉向造办处传旨:"尔等做的风扇甚好。朕想,人在屋内摇扇,天气暑热,气味不好,不如将后檐墙拆开,绳子从床下透出墙外转动。做一架,拆开墙洞,照墙洞大小做木版一块,以备冷天堵塞。俟保德收拾东暖阁之日,再拆墙砖。再做一架,放在西暖阁北边,绳子从割断门内透在外边转动。"

"秋宵嗷嗷云间鹤,古调泠泠松下琴。皓月清风为契友,高山流水是知音。"相比于康熙与乾隆,雍正的家庭生活比较平淡而寂寞,更有一种孤芳自赏的感觉。首先,他不好酒,"朕之不饮,出自天性,并非强致而然";其次,雍正也不好色,如他自己所说,"自幼性情不好色欲,即位以后,宫人甚少。朕常自谓:'天下人不好色未有如朕者!'"①终其一生,雍正共八个后妃,继位后未再纳妃嫔,在皇帝里面确实算不上贪图女色。至于子嗣方面,雍正也不算旺盛,他有十子但只有四个成年(其中长子弘时死因不明),另有四女但只有二女儿长大出嫁,且在康熙年间即已去世。

雍正的一生,就是这样一个皇帝,就是这样的性情,就是这样的汉子。也正因为这种自信、自负而又任性的气质与魅力,才使得雍正成为历代最受关注的帝王之一,至今仍长盛不衰。遗憾的是,正当其政绩卓然,国家治理已见成效时,雍正却猝然去世,诚可谓天不假年,让人倍觉惋惜。其后事如何,请看下文。

---

①朝鲜《承政院日记》中说:"雍正沉淫女色,病入膏肓,自腰以下不能运用者久矣。年且六十,其死固宜。"这则记载把雍正的寿命也搞错了,所谓"沉湎女色"很可能是道听途说。转引至杨启樵:《雍正帝及其密折制度研究》,第270页。

死因众说纷纭：雍正或是过劳死

雍正十三年八月二十三日，在没有明显预兆的情况下，雍正突然于圆明园九洲清晏寝宫龙驭宾天。由于当时正值天下太平，雍正的意外死亡自然引起了众多的猜疑。《清朝野史大观》卷一中说，雍正是被民间侠女吕四娘所杀，原因是其祖父、清代著名学问家吕留良受"曾静案"的牵连而被挖棺戮尸，一向跟随大侠甘凤池练习剑术的吕四娘大愤之余，后于某深夜入宫将雍正刺杀，并割去其头作为报复。由此，民间传说雍正死时安的是一个金头，以掩饰其首级被盗的尴尬。

也有人说，雍正因为迫害自己的兄弟，结果引起原阿哥们所蓄养的武林人士的仇恨。当时有个僧人武功很厉害，后来雍正派其豢养的武林高手们将之团团围住。僧人说，今天我气数已尽，但三个月内必有人为我报仇，说完即自刎而死。那些人将僧人首级割回去复命，并把僧人说的话禀告了雍正。雍正听后大为惊恐，随后大力加强宫廷防卫，并命侍卫们日夜巡查。但仅过一个月，雍正便无故暴死于内寝。

附会在雍正身上的野史从来不嫌多，而最具喜感的是，一向不好运动的雍正却往往被说成是江湖人士、武林高手，其中虚妄，不待智者而自知。野史说法只当一乐，那么正史中对雍正之死又是如何记载的呢？

据《雍正朝起居注册》，其中说："雍正十三年八月二十一日，上不豫，仍办事如常。二十二日，上不豫，子宝亲王、和亲王朝夕侍侧。戌时，上疾大渐，召诸王、内大臣及大学士至寝宫，授受遗诏。二十三日子时龙驭上宾。大学士宣读朱笔谕旨，宝亲王（即乾隆）即位。二十三日晨奉大行皇帝黄舆返大内，申刻大殓。"

官方记载显示，八月二十一日时，雍正身体不适，但依旧照常办公。到二十二日时，雍正有些挺不住了，他让儿子宝亲王弘历及和亲王弘昼前来照顾，不料当晚病势即急转直下，其急忙将诸王、内大臣和大学士们召至寝宫，发布遗诏。子夜时分，雍正在一片慌乱中驾崩。

根据清实录记载，二十一日之前的几天，雍正并没有什么异常情况，他在十八日接见了办理西南事务的大臣们；二十日时又接见了宁古塔将军咨送的补授协领、佐领人员。如此看来，雍正在二十一日发病前似乎身体状况良好，不然的话，也没有必要接见这些不甚重要的官员。

作为这一突发事件的见证人，顾命大臣、大学士张廷玉在其《自订年谱》中描绘了这一事件的详细经过。他说，八月二十日时，雍正就感觉有点不舒服，而"犹听政如常"，时为军机大臣的张廷玉也每日照常进见，没有间断。此系张廷玉亲自所见，颇为可信。可就在二十二日晚上漏将二鼓（晚上9点到11点）时，张廷玉本已脱衣上床睡觉，突然家门口有人"咚咚"砸门，似乎发生了急如星火的大事。张廷玉慌忙披上衣服，等到开门一看，原来是宫里太监，急宣张廷玉火速去见皇上。

张廷玉不知道发生什么事，当时也顾不上想那么多，就匆忙赶到雍正所在的圆明园。此时，门口已有几个太监在那里焦急等待，他们一见到张廷玉，便直接将他带到雍正的寝宫。张廷玉进去后，"惊骇欲绝"，他发现白天还好好的雍正，到了晚上竟然已经"上疾大渐"，快不行了！

随后，庄亲王允禄、果亲王允礼、大学士鄂尔泰、丰盛额、讷亲、内大臣海望等人也先后赶到。众人在雍正御榻前请安后，便出去到外面阶下急切地等候里面的消息。当时只见御医们进进出出，在不停地奔忙。子夜时分，哀讯传出，御医回天无力，雍正龙驭宾天了。当时弘历"趋诣御塌前，捧足大恸，号哭仆地"，众大臣和太监们也大作哀声。

在《鄂尔泰行略》里，作者袁枚又接着写了下面的事。雍正驾崩后，现场一片混乱，鄂尔泰想起雍正曾跟他和张廷玉说过传位遗诏的事，他见大家都在痛哭，心想老这么哭下去也不是办法，国不可一日无君，于是他便拉起张廷玉，对众人厉声道："现在不是哭的时候！大行皇帝曾和我二人说过有两份传位密诏，一份就在宫中，现在事不宜迟，应马上请出来！"

一语惊醒哭中人，庄亲王允禄和果亲王允礼这才醒悟过来，急命总管太监将遗诏请出。那总管太监吓得要命，慌忙跪下说："大行皇帝并无交代，奴才实在不知道密诏所在！"众人惊愕之余，张廷玉沉吟道："大行皇帝当天的密封之件，也没有多少，外面用黄纸封住，背后写有'封'字的那份就是！"

太监们急忙按张廷玉说的去找，不久便找到传位于弘历的那份遗诏。在皇位继承问题解决后，鄂尔泰捧着遗诏，急匆匆地从圆明园赶往紫禁城安排乾隆登基和雍正的后事去了。由于当时已是半夜三更，一下子也找不到马，鄂尔泰只好骑了头运煤的骡子奔回去，回到皇宫后七天七夜才出来。鄂尔泰回家后，其左裤红湿一片。原来，那天晚上鄂尔泰骑着那头劣骡，被弄得肛门开裂，鲜血直流，当时在宫中忙得连换衣服的时间都没有。

如此看来，雍正死前身体状况比较正常，并无任何特别的征兆。如排除被刺杀可能的话，那雍正的死因可能是下面两种：一是服用丹药中毒而死；二是过分劳累导致的猝死，如中风、脑溢血或者突发心脏病等，即现在所谓的"过劳死"。

雍正驾崩次日，刚刚即位的乾隆在百忙当中突下谕旨将炼丹道士张太虚、王定乾等人立刻驱逐出宫，那些炼丹炉、炼丹药之类的，也都全部清运出去。乾隆还特别警告说，张太虚等"市井无赖之徒，最好造谣出事",如敢泄露宫中的任何事情,就将立刻正法。

说起炼丹,雍正曾写过一首诗名《烧丹》:"铅砂和药物,松柏绕云坛。炉运阴阳火,功兼内外丹。光芒冲斗耀,灵异卫龙蟠。自觉仙胎熟,天符降紫鸾。"这又是炉火,又是铅砂的,好似一幅活灵活现的炼丹写真图。由此可见,雍正在继位前即对炼丹颇有研究。等到他做皇帝后,对炼丹依旧兴趣不减,并在宫中蓄养了一些道士专门为他炼丹。

继位八年后,雍正得了一场大病。为治病,他特地给河东总督田文镜、浙江总督李卫等人写下亲笔密折,要他们"留心访问深达修养性命之人或道士等人,要是有缘访到,务必要耐心开导,好生安顿他的家人,然后一路上要好好照顾,迅速将之送到京城,朕有用处"。据查,这份密谕现仍有十五份得以保存,而且每份内容都完全一样,全是雍正用朱砂一笔一笔、一份一份地书写,不但十分工整,而且一字不差。

在这些进宫的道士中,浙江总督李卫推荐的贾士芳最为有名。贾士芳原是北京白云观道士,后浪迹各地,有了些名气。入宫后,贾士芳开始给雍正治病,最初颇见疗效。对此,雍正曾对云贵广西总督鄂尔泰透露:"朕躬违和,适得异人贾士芳调治有效";又对李卫说:"朕安,已全愈矣。朕躬之安,皆得卿所荐贾文士(即贾士芳)之力所致"。但奇怪的是,仅过了一个多月,贾士芳即被问斩。据雍正自己的说法,这个贾士芳深谙"按摩之术"、"密咒之法",起初确实"见效奏功",但"一月以来,朕躬虽已大愈,然起居寝食之间,伊欲令安则安,伊欲令不安则果觉不适";"其调治朕躬也,安与不安,伊竟欲手操其柄,若不能出其范围者"。如此,雍正岂不是要受他摆布?这还了得!

除用道士治病外,雍正还用他们炼丹。自四年始,雍正就经常吃一种叫"既济丹"的丹药,他不但自己服食,而且还将丹药作为礼品赏赐给鄂尔泰、田文镜等人,并说这些丹药"经过精心炼制,效果非凡,确是一种有益无害的良药,尽管放心服用,不必迟疑"。

由此，乾隆即位后的突然之举，不得不让人怀疑雍正是不是服用了某种丹药而导致中毒身亡。清史专家冯尔康先生即认为，雍正可能是病死，但可能与吃丹药有关。其原因是，雍正从政太紧张，累坏了身体，想用丹药补养，但并没有起到多少作用，终因脑溢血突发症而死亡。

雍正终年五十八岁，在当时虽然不算早逝，但以其帝王的生活待遇及与其父其子的寿考相比，就未免寿短了些，而这或许与其不注重养生有关。清朝中前期的帝王如康熙、乾隆等大多文治、武功并重，但雍正是个特例，其一生不爱运动，就连旗人传统的骑射狩猎，他也很少参与。继位后，雍正更是深居简出，一心勤政，几乎没有时间与兴趣去骑马射箭，就连例行的承德避暑行宫巡幸与围猎，雍正在位十三年也不曾举行过一次。不注意运动和锻炼，无意是影响其寿考的一大因素。

据记载，雍正在即位后的五六年里身体还算可以，但在雍正八年时，或许因怡亲王允祥去世的缘故，雍正也得了一场大病，这一病就是一年多，几乎一命呜呼。在此期间，雍正的病情时好时坏，最严重时，就连他本人都失去信心，以致开始安排自己的身后之事，就连祭品、殉葬品都已经备好。因为病得太重，雍正连皇后崩逝也未能亲临含敛，一度还将传位密旨透露给了鄂尔泰与张廷玉。

后来，大概御医调理有方，雍正的病情有所缓解。逃过一劫后，雍正又开始逞强好胜而忽视调养，甚至为了长寿而求助于旁门左道，服食丹药。此外，雍正也放不下肩上的这副担子，其熬夜工作已成习惯，只要身体允许，从不怠惰。对这一点，雍正本人也很清楚，他自己也说过，"凡夜晚办事，最是伤人"。但是，说是一回事，做又是另一回事，为给百官制造一种身体强健的感觉，雍正始终讳言病情，手下官员上请安折让他多休息，雍正偏要逞强，只要他能动得了，什么事情都要躬身亲为。如此一来，即使不忙死，也会累死。就说雍正去世前的几天，他也没有得到任何的休息，反而一直在抱病工作。直到最后那天挺不住了，他才让两个儿子前来侍候。

由此，雍正"过劳死"的可能性更大。所谓"过劳死"，指的是"在非生理的劳动过程中，劳动者的正常工作规律和生活规律遭到破坏，体内疲劳淤积并向过劳状态转移，使血压升高、动脉硬化加剧，进而出现致命的状态"。目前，美国疾病控制中心已正式将此病症命名为"慢性疲劳综合征"。"过劳死"的前五位直接死因是冠心病、主动脉瘤、心瓣膜病、心肌病和脑出血，但却又没有明显的病症。

据美国心脏病专家弗里德曼与罗森曼的研究发现，那种雄心勃勃、急躁而缺乏耐心、有强烈的时间紧迫感的人，是一种典型的"A型性格"，用六个字来概括就是：忙碌、好事、急躁。这种性格的人多数患有心脏疾病。反观雍正，其性格刚强好胜，自信自大，很可能就是这种"A型性格"，并很可能患有心血管方面的疾病。

以此推论，雍正"过劳而死"的可能性是非常大的。由于他过于勤于政务，几乎没有休息的时间，每天都是从早忙到晚，有时候深夜都在阅批奏折，而第二天很早就要去上朝。长年如此，身体状况自然江河日下。雍正还不像康熙那样懂得如何休息和放松，他也没有什么娱乐活动或特别的爱好，每天就是接见大臣并整日和奏折打交道，这都是需要极大的体力和智力，而这个工作又没人能够替代，也实在太难为他了。

"古今将相在何方？荒冢一堆草没了！"是人终归是要死的，皇帝也不例外。雍正也早早地为自己挑选了一个千年吉地，不过不是在埋葬顺治和康熙的遵化东陵，而是在距东陵近三百多里的河北易县泰宁山太平峪（今清西陵）。本来大臣们已经在遵化东陵替他挑选了一块上吉之地，但雍正认为那里"规模虽大，形局未全，且穴中之土带有砂石"，因此在易县另挑了陵区。为此，很多人还猜疑雍正是不是因为自己篡位，害怕去见九泉下的康熙云云。

不过话说回来，雍正死后埋葬的泰陵，山环水抱，景色极佳，的确是一个风水宝地。泰陵建造的规模很大，里面有大碑亭、享堂、隆恩殿、方城、明楼和地宫等建筑，气势恢宏。除此之外，还有一群大型的石像生，非常的宏伟壮观。可惜的是，在民国后泰陵也遭到相当程度的破坏。

　　由于清东陵和清西陵大都被盗，当时泰陵地宫也一直认为早被盗过。1980年时，国家文物局批准对泰陵地宫进行清理发掘，由于雍正"金头入葬"的传闻妇孺皆知，当时泰陵云集了大批的媒体记者，他们把镜头对准了雍正的地宫，想在第一时间揭开这个千古之谜。但是，在挖掘进行过程中，考古人员沿着盗洞口下挖了两米后，发现下面是原封土，这证明泰陵地宫并没有被盗过。

　　发现这一情况后，有关专家急忙向上汇报，国家文物局便叫停了这次发掘，并重新把琉璃影壁下的盗口砌死，恢复原状。如此一来，雍正的"金头之谜"也只能继续神秘下去了。相比而言，雍正是幸运的，在清朝那些皇帝里面，唯有他和他的后妃仍然躺在完好如初的泰陵地宫里，二百七十多年来，没有受到任何的干扰。

余论·治国就是治吏

——雍正的人才观与吏治观

四年十月,雍正借"查嗣庭案"发布上谕,称外间有流言"谓朕进人太骤,退人太速",但问题是,"朕在藩邸时,从未与外廷诸臣往还,即认识者甚少"。待即位后,各处亟需用人,不得已任用一些"素无认识之人",可用了之后,"徐观其人,实不可用,则不得不更易之",这如何能说是"进人太骤,退人太速"呢?况且各级官员的任免,大自督抚提镇,小至道府州县、参将游击,"每一缺出,苟不得其人","朕将吏、兵二部月摺翻阅再四,每至终夜不寝,必得其人,方释然于中。此为君之难,实不可以言语形容者也!"

用人难,难用人,雍正也不是以第一次叹苦经了。正如其所说,自古帝王治天下,无非用人与理财两端,而"用人之关系,更在理财之上",如任用得人,"又何患财之不理、事之不办"?类似的话,雍正说过不止一次,如其与鄂尔泰讨论如何选拔人才时即总结了一句话,叫"治天下惟以用人为本,其余皆枝叶事耳"。六年八月,在尹继善出任江苏巡抚时,雍正更是直白地说:"朕之责任,不过擢用汝等数员督抚而已。"

用人是行政第一大事,韩非子即有一句名言:"善张网者引其纲,……引其纲而鱼已囊矣。故吏者,民之本纲者也。故圣人治吏不治民。"这句话的大意是,善于打鱼的人,只要拉住渔网的绳索,鱼就自然被兜在网里;治理国家也是一样,圣明的君主不是直接管理民众,而是通过管理官吏去治理国家,官吏就是那个渔网(国家与民众）的绳索。

自古以来，各朝统治者都极其重视吏治（或称吏政），其所谓治国治民，说白了就是治吏。吏治的好坏成败，不仅事关官风民情，更是决定一个王朝兴衰强弱的关键性因素。用现在的话来说，就是"干部决定一切"，再好的方针政策，如果没有扎实可靠的干部加以推行，最终只能是歪嘴和尚倒念经，南辕而北辙。

广义地说，吏治即官员的选任、考核与监察。而所谓君权，无非八字：爵禄、废置、生杀、予夺。"治平尚德行，有事赏功能"，曹操的十字概括或为古今不易之理。作为本书的中心人物，雍正及其治官之道有着明显的个人风格，而其中又无外乎选官、用官、施政三大块，以下试述之。

一、选官不拘一格，功名只是参考

中国古代选官制度有不同的发展阶段，从先秦的世袭制到两汉的察举征辟制再到魏晋九品中正制，这一时期的官吏选拔虽然也主张以德取人、以贤取才，但由于选拔对象、程序、标准都没有一定之规，因而通常为上层贵族集团所垄断，官员的来源缺乏普泛性与公正性。隋唐以后，随着科举制的不断完善，贵族集团垄断官职的状况才被逐步打破，自下而上的人才流动得以实现。到了明清时期，科举制度已日臻成熟，其从报名到考试到录取，整个过程大体公开、公正，这也意味着官员的选拔已向全社会开放。

开放归开放，但要想金榜题名也并非易事。但凡进士出身的官员，从童子试到乡试到会试、殿试，期间过五关斩六将，千军万马过独木桥才脱颖而出，如没有过人的才华，当然不可能笑到最后。正因为经历了各种残酷的竞争与磨难，这些万里挑一的佼佼者才被视为"正途"出身，其他如捐纳的"异途"官员当然只能仰其鼻息。

科举制虽然相对科学合理，但离完美仍有相当的差距。首先，科考通常三年一试，每科进士不过两三百人，而中国有两千多个县，加上中央各部院、翰林院及县级以上的地方官职,这些新进士显然供不应求。① 其次,科举出身的官员虽然重名节,贪污率相对较低,但也普遍存在"高分低能"、因循守旧、行政能力差的现象。其三,因为同年、师生的缘故,科甲官员往往拉帮结派、相互援引而形成利益小集团,难逃朋党之嫌。

对此,雍正多有不满,说:"国家开科取士,原欲得读书明理之人,必期秉公持正,以端风俗、正人心。……今乃往来嘱托,彼此营求,以朝廷取士之途,为植党徇私之数,败风俗而坏人心,亦何取于科甲出身之人?"雍正还特意举了例子,说前户部尚书赵申乔也算是名臣了,其临终时嘱其子孙,说有门生三人从未谒见,待我百年后,不许其登门来吊!以赵申乔这样的清正大臣尚不能免此陋习,其他可知。

接着,雍正又说,现在有人议论朕不重视科甲官员,这种说法不值一驳,"国家首重科目,朕于一长可用之人尚必录用,况科甲出身乎?且乡会中试,文章知遇,师生礼貌之常,朕亦非概行禁绝,但能以党援为戒"。换言之,雍正反对的并非科甲而是朋党。

就事实论,雍正并非不重视官员的出身,但对其中的尺度十分谨慎,其表示:"国家用人,但当论其贤否,不当限以出身。朕即位以来,亦素重待科甲,然立贤无方,不可谓科甲之外遂无人可用,倘自恃科甲而轻忽非科甲之人,尤为不可。自古来名臣良辅,不从科甲出身者甚多,而科甲出身之人,亦屡见有荡检逾闲者。"

雍正曾说,"朕用人原只论才技,从不拘限成例";又说,"朕从来用人,不悉拘资格,即或阶级悬殊,亦属无妨","唯期要缺得人,何论升迁之迟速,则例之合否耶"!当然,雍正也不至于公然挑战那些官员升迁除陟的规则,但在实行中却屡屡加以变通而不受资

---

① 据学者王志明的统计,雍正朝引进文官中有四成为捐纳官员(晚清进一步上升为五成),科甲出身(进士、举人)的只占一半。州县官员中,进士三成不到,举人约占一半,其他多为监生、贡生等非科甲出身。见王志明:《雍正朝官僚制度研究》,第314、356、359页。

历、出身与旗汉的区别限制。如其对湖广总督杨宗仁说的，"如遇有为有守贤能之员，即行越格保题，以示奖励。如此则官吏劝而民心悦，地方有不改观者乎？"这是在鼓励越级提拔。七年四月，雍正命京官学士、侍郎以上，外官布政使、按察使以上，每人各密保一人，"将其人可胜督抚之任，或可胜藩臬之任，据实奏明。不必拘定满汉，亦不限定资格，即府县等员，官阶尚远者，果有真知灼见，信其可任封疆大僚，亦准列于荐牍之内。"荐府县为督抚，这当然是一种破格选才。

不拘成例固然是一种创新，破格选才更需要相当的魄力，但成例既然存在必有它的价值，无格可依同样会带来相应的风险。对此，雍正也是深有体会，其表示："自古知人为难，人心难测，事事时时留心体察，方不被其愚惑。知人不易，用人尤难，若不费一番苦心，公取舍，勤访察，耳目不广，精神不到，莫言知人用人之道也。"

为克服书面选人、看人不准的弊端，雍正对官员的引见尤其重视。一些官员经引见后，雍正通过观察其言谈举止，认为能力有问题的通常改为部用，以继续考察锻炼，如前文提到的陆生楠，即由吴县县令改为工部主事。由此，要想通过雍正的面试关，除了身材长相要过得去外，还要口齿伶俐，思路清晰，应对敏捷，若是引见印象不佳，往往难有重用。

以此而言，雍正的引见颇有些看相的味道，其对官员的印象往往随手批注在引见履历片上。其中有说眼神的，如查嗣庭"兼有狼顾之相"，高邮知州黄廷铨"眼光不定，未必似端人"，清江知县金广培"平常老实人，两只忠臣眼"；有说身材的，如广东广海寨守备杨宽"人去得，汉子，好倭粗身子"，苏松镇标游击林子龙"魁梧，可升用"，一等守备洪其烈"人似鬼头，小伶俐人"。类似记载比比皆是，其中颇多有趣之处。

履历片是重大机密文件，除军机处有关人员能看到外，其他人等一概不知。雍正用诸多大白话，将引见官员的观感从长相、禀赋、性格、能力各方面表达出来，这也侧面反映了他对中下级官员任用考核的高度重视。事实上，清朝各帝中在履历片上写朱批的仅康熙、乾隆、嘉庆与雍正四人，而写得最多且最认真的唯雍正一人。

雍正用人，从不求全责备，其曾表示，"人才难得，有才未必有守，有守或短于才，才守兼矣又谤其人素行可议，或其人出身微贱，或其人未曾读书，数者既全又谤其不能约束子弟家人"，诸如此类，"若不弃短录长，则无可用之人矣"。有鉴于此，雍正大胆起用新进，当有朝臣质疑新人"阅历经验不足"时，雍正的回答是：从未听说有"先学养子而后嫁者"，"若具中上才情之人，岂有于一邑事务必得阅历，而后始能措施之理"？

当然，新任州县官绝大部分是"初登仕籍之人"，他们虽然"饱读诗书"，但缺乏行政、司法、理财等相关方面的专业技巧和实践经验也是事实。因此，在面对纷繁复杂的地方具体事务时，这些人多少会有些手足无措或一味地依靠幕友，最终沦为傀儡。为此，雍正下令刊行涵盖了州县官主要工作内容的《钦颁州县事宜》，其中又以钱粮、刑名为主，以帮助新任官员认清职守，尽快上道。

二、用官才为德先，不要木偶官员

康熙皇帝在位六十一年，其施政的一大特点是以道德治国，同时又大力宣传清官事迹，其大意无非是让天下官员有所仿效。某次，有官员上奏禁止百姓为清官树立德政碑。康熙对此不以为然，说真是好官的话，禁止百姓立碑于理不合；如是劣迹昭著，就算强令立碑，后世也必毁坏；更何况，"做清官甚乐，不但一时百姓感仰，即离任之后，百姓追思建祠尸祝，岂非盛事"？

康熙朝的取士标准，"节操清廉，最为紧要"，因而这一朝也确实出了不少操守品望卓异者。如名臣于成龙长年舍不得吃肉而人送绰号"于青菜"；同样"清苦为人情所万不能堪"的巡抚陈瑸，康熙曾当众夸他为"苦行老僧"，其他如张鹏翮、蔡世远、陈鹏年等，都

是名重一时的廉员大吏，清官几成康熙治国的一面旗帜。如其第六次南巡时，江宁按察使张伯行入见，康熙说："到江南，即知尔为清官，今朕自保之，他日居官好，天下以朕为明主，否则笑朕不知人。"在其激励下，张伯行后来果然成为"操守天下第一清官"，如其禁止收礼的名言："一丝一粒，我之名节；一厘一毫，民之膏脂；宽一分，则民受赐不止一分；取一文，我为人不值一文。"

自古以来，官场以"清、慎、勤"为三字箴言，康熙也对此颇为推许，不过雍正对此却有自己的看法。如其在论巡抚职责时说的，"巡抚一官，原极繁难，非勉能'清、慎、勤'三字便可谓胜任也。用人虽不求备，惟至督抚必须全才，方不有所贻误，若无包罗通省之襟怀，统驭群僚之器量，即为不称厥职。"以此为标准，后来湖南巡抚王国栋即因"心有余而力不足"被内调刑部，雍正给出的说法是："清慎勤三字朕皆许之，然不能扩充识见，毫无益于地方，殊不胜任。"

雍正用人有着严格的标准，那就是"忠、公、能"三者兼备。"忠"，即对朝廷、对雍正个人忠诚无二；"公"，即公正廉明，有大局观，能为朝廷、皇上着想；"能"，即能任事，有办事之才。在雍正手下做官，忠心固然少不了，但才干更加重要，其所宠幸重用的大臣，如怡亲王允祥、果亲王允礼、鄂尔泰、张延玉、田文镜、李卫等，无一不是如此。对这些忠臣、能臣，雍正是推心置腹，放手任用。当他们受到弹劾围攻时，雍正全力支持，力保其过关，而发现其缺点时，则"惜之教之"，宠信不衰。这些人，也成为雍正推行新政的得力臂膀。

《东华录》中有句话，叫"康熙年间有清官，雍正年间无清官"，这大体也反映了康、雍两朝对待清官的不同态度。在雍正看来，官员人品再好，若是能力不行、干不好事，那也不过形同木偶，起不到应有的作用。六年八月，岳超龙被擢为湖广提督，其在奏谢折中说自己"惟有益思正己率属，砥砺官方，以仰报高厚之恩"。雍正阅后批评说，如只做到正己率属而"不知训练兵丁，涤除陋习"，那

"不过自了一身而已,与木偶何异?旷职之愆,仍不能免"。

当然,雍正也并非全无区别地反对清官,而是反对所谓"清官巧宦",而后者的一大特点即"洁己而不奉公"。四年七月,雍正在一篇关于如何识人、选人的谕旨中说,有些官员"但恃其操守,博取名誉,而悠悠忽忽,于地方事务不能整饬经理,苟且塞责,姑息养奸,贻害甚大";而那些操守平常的官员,"颇能整顿经理,一有不善,即加惩戒;此等之人,贻累于地方者尚轻"。正因为如此,为士人诟病的田文镜、李卫等平步青云、名噪一时,而负有盛名的李绂、杨名时等却屡被训斥与打击。

北宋司马光曾提出,德为才先,才为德用,"才者,德之资也;德者,才之帅也"。其认为,自古以来,那些乱臣贼子都是"才有余而德不足,以至于颠覆者多矣"。最好的用人之道,应该是"贤者在位,能者在职",这样才能达成公平、稳定与效率的平衡。若以此论,雍正也不否认品德的重要性,其认为"居官立身之道,自以操守廉洁为本",只不过操守仅为"居官之一节",其他如"安民察吏,兴利除弊"等都同样重要。某次,雍正在给新科进士们面加训谕时特别阐释了他所理解的"廉"字:"箪食豆羹,一介不取",此廉之小节;"理财制用,崇俭务本,使天下之人家给人足,路不拾遗,盗贼不生,争讼不作,贪官污吏无以自容",此廉之大者也。对于司马光所说"与其得小人,不若得愚人"的取人之术,雍正反其道而行之,他是宁用操守平常的能吏,也不用因循误事的清官。

雍正在位期间,对重才轻德的用人路线贯彻始终。即位之初,他指示湖广总督杨宗仁将"贪婪酷劣及老病无能、向来苟且姑留之辈,尽数纠参"。之后历次京察与大计中,被罢免的多为年老有疾、才力不及者,如雍正八年的大计中,直隶等七省被罢官员中,年老官五十五人、有疾官二十六人、浮躁官十二人、不谨官三十六人、软官十三人、才力不及官三十四人,其中贪官仅一人。① 雍正十一

① 吴太尚评著:《雍正》,第 161 页。

年，兵部郎中阿尔哈图、玛绅因"年力衰迈"而被勒令原品休致，雍正说，"此等人员留于部内，不但于部务无益，且碍后进之阶"。与此同时，各部院章京、笔帖式内"有此等年老衰迈平常者"，即行奏闻，加以清理。

再举一例。雍正初年，直隶巡抚李维钧拟将吴桥知县常三乐改为教职，原因是后者生性懦弱、能力欠缺，以致地方事务久拖不决，工作难有起色。吏部审查后认为，常三乐一向廉洁安分，并无劣迹也无过错，将之罢免于理不通、于例不合，遂将此议驳回。李维钧将此事奏报雍正，后者批示说，这事好办，按"居官罢软，殊属溺职"加以参革即可。由此可见，有德无能的官员在雍正朝的日子恐怕就不怎么好过了。

三、施政讲求实际，宽猛张弛有度

康熙晚年精力衰退，以"天下太平，不生事为贵"，但一味地求稳怕乱，结果导致吏治废弛，百弊丛生。雍正即位后，其明确表示："朕事事不及皇考，惟有洞悉下情之处，则朕得之于亲身阅历。朕在藩邸四十余年，凡臣下之结党怀奸、贪缘请托、欺罔蒙蔽、阳奉阴违、假公济私之习，皆深知灼见，可以屈指而数者。"①

正因为继位前即已熟知前朝的诸多弊政与官场积弊，雍正一上台即一改乃父的宽仁作风，其力推刚猛之政，大行严明之治，猛以济宽，以救时弊。为此，即便是入朝班行不齐这样的细微小事，也会被雍正用来大做文章，厉加斥责。在此高压之下，昔日大臣们的儒缓因循、拖拉马虎之风被一扫而空，新朝气象面目一新，令人刮目相看。

鄂尔泰任职西南期间，奏陈云南官场因循颓敝，"历来服官此地者，每多因循岁月，习于安逸，不以教养为事，此边省文官之积

---

① 萧奭:《永宪录》，第308页。

病也。"雍正批复说:"普天率土,莫非托赖圣祖福庇而已,外臣中懈弛者十居八九,岂止滇南一省为然?尔其竭力劝勉,除此积弊。"同时,雍正又谕令贵州巡抚毛文铨:"黔省文武各员委靡成风,非伊朝夕。尔等须大为整顿一番,身先倡率。"由此可见,因循苟且、居官懈怠的官场陋习在雍正朝同样普遍存在。

当然,积弊非一日所积,吏治顽症也非一日所成,雍正的一些做法有过操切,这也引起了官员士人们的非议,有人认为其"求治太速",有人认为其为政严苛,更有人暗指其贪财好杀,不一而足。对于这些议论与指责,雍正不为所动,其明确指出,陋习因循多年,"一旦遽然禁止,若非立法严峻、有犯无宥,不能使之永远遵奉",如惰者不惩,勤者不劝,必然上宽下慢,递相仿效。因此,"朕欲澄清吏治,又安民生,故于公私毁誉之间,分别极其明晰,晓谕不惮烦劳,务期振数百年之颓风,以端治化之本",至于"众口褒贬,后世之是非","朕不问也"。

直到五六年后,雍正前期的严厉政风才开始有所缓解,如其对诸大臣说的,"国家用人行政,惟宽与严。宽者,博大之谓,姑息不可以为宽也;严者,细密之谓,苛刻不可以为严也。"五年十一月,江西巡抚布兰泰参奏参将裴魁虚冒粮饷,雍正认为其到任伊始,尚未教导属员,即行参奏,"未免过刻",封疆大臣应"随事察理,因时制宜,遇属员中之小过,当加训戒,容其改悔自新,方能事事合乎公平至当也"。一年后,布兰泰奏称"在江西所办事件,往往从重、从严,待皇上敕改,使恩出自上"。雍正听了这话,"心中为之战栗,不觉汗流浃背",随后将其免职。正是那句老话说的,"上有所好,下必甚焉",雍正初年确实为政刚猛,一些不肖官员如布兰泰等遂以苛刻严厉讨好上峰,但对于雍正真正意义上的为政之道,他们并不理解。

雍正做事,一向不墨守成规,常告诫臣子:"不可行则变,因时而定,因人而定,因事而定。"所谓宽与猛,本身就是对立统一关系,"宽以济猛,猛以济宽,因时之宜,相众之机,凡事皆不可预

定必宽、必严也。总以公之一字，宽严皆可以对天地神明。"

文武之道，一张一弛，从雍正初年的严猛到中期的宽容，无非"此一时、彼一时"也。对于这点，雍正也反复说过，"人心玩已久，百弊丛生，此时若不加惩治，将来无所底止"；"若果人心知儆，旧习渐除，令朕可以施宽大之政，乃朕之至愿也。此意系朕于元年二月间即屡向左右大臣等密言之者"。

对此施政风格的变化，雍正在其遗诏中做了最终总结："宽严之用，又必因乎其时。从前朕见人情浇薄，官吏营私，相习成风，罔知省改，势不得不惩治整理，以戒将来。今人心共知儆惕矣，……若从前之例本宽而朕改易从严者，此乃整饬人心风俗之计，原欲暂行于一时。俟诸弊革除之后，仍可酌复旧章，此朕本意也。向后遇此等事，则再加斟酌，若有应照旧例者，仍照旧例行。"[1]

对于自己的治绩，雍正也在遗诏中作了相应的述评："十三年以来，竭力殚心，朝乾夕惕，励精图治，不惮辛勤，训诫臣工不辞谆复，虽未能全如期望，而庶政渐已肃清，人心渐臻良善……"就此而言，雍正还算是谦虚，没有夸大事实。终其一朝，在用人理财，治贪、去庸、奖勤、赏能，提高行政效率、树立官场新风气等方面，雍正虽有独断之讥，但毕竟成效是实实在在的。

最后要说的是，雍正自认为其治绩"未能全如期望"，这恐怕与其乾纲独断的基本原则立场有关。毕竟，雍正能力再强也只是一人之力，其用人之道、察吏之术再高明，也无法周知各地官场实情，更不可能一一明察天下大小官员。但是，要将用人、监察权力下放给各省督抚的话，又会削弱皇权的控制力，这对于信奉"一人治天下"的雍正来说是不可能接受的。由此，雍正以一人之力监控天下百官，其吏治能做到"庶政渐已肃清，人心渐臻良善"，这已经是相当不容易了。

---

[1]遗诏或为乾隆所拟，但大体反映了雍正的思想与认识。

雍正朝大事记

康熙六十一年（1722年）

十一月　康熙驾崩，雍正继位。以允禩、允祥、马齐、隆科多为总理事务王大臣。

十二月　封允禩为廉亲王，允祥为怡亲王，允祹为履郡王。

雍正元年（1723年）

正月　设会考府奏销钱粮。

二月　六科归于都察院，台省合一。

三月　加隆科多、马齐、年羹尧为太保，封年羹尧为三等公。

四月　命怡亲王允祥总理户部；复置起居注官；豁除山陕乐籍。

六月　山东巡抚黄炳奏请按地摊丁。

七月　命隆科多、王顼监修《明史》，徐元梦、张廷玉为总裁。

八月　定秘密立储制度。

九月　命纂修《律例》；直隶巡抚李维钧奏准摊丁入亩；罗卜藏丹津发动叛乱。

十月　授年羹尧为抚远大将军。

雍正二年（1724年）

正月　命岳钟琪为奋威将军，专征青海。

二月　御制《圣谕广训》，颁行天下；清军平定青海。

五月　降贝勒阿布兰为辅国公，贝子苏努削爵，削贝子弘春爵。

六月　以青海平定，勒石国学。

七月　御制《朋党论》，颁示群臣。

雍正三年（1725年）

二月　出现"日月合璧，五星连珠"的天文异象。

三月　年羹尧误写"夕阳朝乾"被斥。

四月　调年羹尧为杭州将军。

八月　削隆科多太保，命往阿兰山修城。

九月　逮年羹尧下狱。

十月　纂修玉牒告成。

十二月　廷臣议年羹尧罪九十二款。

雍正四年（1726年）

正月　削隆科多职，仍令赴俄罗斯议界。

三月　侍讲学士钱名世被斥"名教罪人"。

六月　议允禩罪四十款、允禟罪二十八款。

八月　允禟卒于保定。

九月　允禩卒于禁所；鄂尔泰提出改土归流策略；查嗣庭案发。

十月　因查嗣庭、汪景祺案，设浙江观风整俗使。

十一月　停浙江乡会试。

十二月　御史谢济世疏劾田文镜遭褫职遣戍。

雍正五年（1727年）

六月　削隆科多爵。

八月　定《恰克图互市界约》，置办理俄事大臣。

九月　与俄签订《布连斯奇界约》，划定中俄中段边界。

十月　禁锢隆科多于畅春园外。

雍正六年（1728年）

二月　果郡王允礼晋为亲王。

六月　隆科多死于禁所。

雍正七年（1729年）

二月　设福建、湖南观风整俗使。

六月　设军需房。

九月　刊行《大义觉迷录》。

十二月　设广东观风整俗使。

雍正八年（1730年）

五月　怡亲王允祥逝，谥"贤"，配享太庙。

六月　赐怡贤亲王"忠敬诚直勤慎廉明"八字加于谥上。

八月　京师地震。

雍正九年（1731年）

六月　傅尔丹兵败和通泊。

九月　皇后那拉氏逝，册谥为孝敬皇后。

十二月　《圣祖实录》、《圣祖圣训》告成。

雍正十年（1732年）

二月　封鄂尔泰一等伯。

三月　礼部铸造办理军机印信。

六月　清军光显寺大捷。

十月　纂修《大清会典》告成。

雍正十一年（1733年）

二月　皇四子弘历册封为宝亲王。

雍正十二年（1734年）

十月　原直郡王允禔卒，命照贝子治丧，封其子弘昉为镇国公。

雍正十三年（1735年）

三月　雍正亲耕藉田。

八月　雍正驾崩，遗命允禄、允礼、鄂尔泰、张廷玉辅政。

九月　初三日，弘历即位于太和殿，以次年为乾隆元年。

十月　治曾静、张熙罪，《大义觉迷录》永行收回。

十二月　斩曾静、张熙于市。

雍正治官语录

1.治天下惟以用人为本，其余皆枝叶事耳。

2.自古朋党之患，必至害于尔家，凶于尔国，而自身亦并受其毒。

3.从古帝王之治天下，皆言理财用人。朕思用人之关系，更在理财之上，果任用得人，又何患财之不理，事之不办乎？

4.从古圣帝明王之道，未有不以勤劳自励，而以逸乐无为为治者也。是以治天下，莫大于用人、理财二端。理财一事，自应付之臣下；至用人之权，不可旁落。

5.以循良为楷模，以贪墨为鉴戒。……操清廉乃居官之大本。故凡居官者，必当端其操守以为根本，乃可以为良吏。

6.凡事务实为要，从来君臣之间惟贵忠诚无隐。一切粉饰迎合，赞颂虚文，皆属陋习，不可效法。

7.朕欲澄清吏治，又安民生，故于公私毁誉之间，分别极其明晰，晓谕不惮烦劳，务期振数百年之颓风，以端治化之本；众口褒贬，后世之是非，朕不问也。

8.朕自朝至夕，凝坐殿堂，披览诸处章奏，目不停视，手不停批；训谕诸臣日不下千百言，悉出于至公至正之心。而叛逆之人谓朕权术驭下，夫欺人者人即欺之，今臣下有能欺隐乎？

9.此等奏折，皆本人封达朕前，朕亲自览阅，亲笔批发；一字一句，皆出朕之心思，无一件假手于人，亦无一人赞襄于侧。非如外廷宣布之谕旨，尚有阁臣等之撰拟也。雍正六年以前，昼则延接廷臣引见官弁，傍晚观览本章，灯下批阅奏折，每至二鼓、三鼓，不觉稍倦。

10.批河南巡抚田文镜折：

不过教你知道你主子为人居心真正明镜铁汉，越发小心勉力就是了。你若信得过自己，放心放心就是。金刚不能撼动朕丝毫，妖怪不能惑朕一点。你自己若不是了，就是佛爷也救不下你来。勉为之，朕待你的恩，细细的想，全朕用你脸，要紧要紧。

11.批两广总督杨琳折：

朕在此日出至晚一刻不闲，在此料理朝事，尔等何忍优游自在安闲于衙署也！大家着实用一番气力，振作兴替一番，用力三四年方可挽回流俗，不然非善事也。朕自即位来，不见你有什么兴利除弊之举，若仍如前以因循为安静，欺隐为敬君，贿赂为要务，渎法为善政，恐再负朕之行一觉，二罪俱罚，恐尔等噬脐不及也！勉之！慎之！

12.批福建布政使黄叔琬折：

虽许汝奏折，不可因此挟制上司，无体，使不得。若督抚有不合义处，只可密密奏闻。向一人声张，亦使不得。一省没有两个巡抚之理，权不划一，下重上轻，非善政也。尔可凡事与督抚开诚，就尔所见呈知上司。若有徇私不法之举，有实凭据之处，方是尔当奏之时。至于寻常地方事宜，与督抚共见同行之事，非尔奏之任也。奏不可频，恐尔上司疑忌，于尔无益。尔但实心勉力，秉公效力，朕自知也。

13.批湖广总督杨宗仁折：

封疆大臣进贤在其次，退不肖第一要务。尔等若姑容一日，百姓一日如在水火，何忍为之。将此以为惜人功名，宽厚安静，朕实不解。所以向尔等谆谆告诫者，警惕属员为第一要务，但要公平得当方好。

14.批广东总督阿克敦折：

朕即位今四年，舆论二字不但不足为据，竟全然听不得。大概众所喜者，尽皆洁己而不奉公，欺隐朝廷，纵容属吏平和安静、上下相安之名，废弛因循、诸务不理之人，此风乃吏治民生之大患，朕竭力挽回训饬者，此无知奸小之颓风，尔等亦当勉力，别革此习染。凡属员中做好好先生而不肯破颜办理事务者，当严惩以戒众。如有深刻多事，兵民交怨，性急过刚，但知有己而不知有人，傲上凌下，与众不和，翻驳前案，此等名色当详审之，不然不能察吏矣。察吏少不聪明，乏安民之术矣。将此谕当铭刻五衷，时时警惕，信受举行，方能不被人欺，不忝厥职矣，不然莫望安治也。勉之、勉之！

15.批福建总督高其倬折：

　　方欲行此一利，而又畏一害；方欲避此一害，而又不忍舍此利，辗转犹疑，毫无定见，若如此，天下无可办之事矣。治天下道，为人之理，如人向某方行路一理，未有坦然一无风雨阻隔山川险隘之道途，所以古人多吟咏行路难，大有深意，他人之扰乱阻挠已不堪当矣。若自难自身，愈无底止也。世间事不过择一是路力行之，利害不管，是非不顾，一切阻挠扰乱之无知庸流，毫不能动此坚忍不拔之志，方能成事也。

16.批两江总督范时绎折：

　　朕日理万机，毫不体朕，况岁底事更繁，哪里有功夫看此幕客写来的闲文章，岂有此理！况朕屡有训谕，只待秋成方可释怀，今冬雪乃预耳。若如此夸张声势，则汝毫无主敬以待之心矣。下愚不移，奈何！

17.批西安按察使塞钦折：

　　朕仍望尔成为超群之人。但对朕之指教，务必诚心竭力遵行。除诚实外，一切才能、知识、学问、聪巧、机敏、预计，于朕处皆无用，谅尔等亦不能，朕亦视之不希罕，止败坏自己而已。若始终铭记朕之此旨而能遵行之，则福将无穷也。勤之。

18.批镇国将军雍奇折：

你的这一本书内之言，皆朕孩提时背熟之文，并非神奇众人不会奥妙之学。着你作速悄悄销毁，勿令人看后讥笑。惟你看在你这汇奏折内朕之批示后，便可知你的学识浅薄。若将此本内意，俱皆给你教诲指示，则朕不得闲暇，所办之事甚多。朕皆详细看了。心可取而学问识见不及。

19.批福建水师提督蓝廷珍折：

求名务建大名，求利须谋大利，远害亦当计虑大害，方是大丈夫之胸襟局量。若斤斤好行私恩小惠以自矜，汲汲只图微名小利以自益，是乃小人之情态，夫岂封强大帅之所当为？戒之，勉之！

20.批闽浙总督满保折：

尔等大臣既蒙主知，受封疆之寄，当以千古名节为重，若为目前小利，自坏声价，无乃愚甚！纵不能效法古之名臣，即如吴升、魏经国、韩良辅清廉之誉，尔岂不闻乎！今之舆论，即千秋史册之凭据。但实乃名之本，名乃实之华，必躬行实践方为名实相副，非可矫情虚诈而能者，设以矫诬博一时虚名，事久论定，终必败露。尔果能实行，朕自有鉴照，不在此一奏也。尔等有功于国之人，若肯自爱，非但成全自己，乃成全朕待功臣之有始终也！否则朕岂可因尔等一时之功，而隳朝廷万载之法纪以姑容之耶！向后当勉之又勉！

雍正治官语录

参考书目

1. 冯尔康：《雍正传》，人民出版社1985年版。
2. 冯尔康：《雍正继位新探》，天津人民出版社2008年版。
3. 梁希哲：《雍正传》，吉林文史出版社1993年版。
4. 杨启樵：《揭开雍正皇帝神秘的面纱》，上海书店出版社2002年版。
5. 杨启樵：《雍正帝及其密折研究》，上海古籍出版社2003年版。
6. 杨启樵：《雍正篡位说驳难》，上海书店出版社2012年。
7. 庄吉发：《雍正事典》，紫禁城出版社2010年版。
8. 邹范平：《君臣道》，陕西人民出版社2006年版。
9. 王志明：《雍正朝官僚制度研究》，上海古籍出版社2007年版。
10. 杨珍：《清朝皇位继承制度》，学苑出版社2001年版。
11. 刘子扬：《清代地方官制考》，紫禁城出版社1988年版。
12. 史景迁：《曹寅与康熙：一个皇帝宠臣的生涯揭秘》，上海远东出版社2005年版。
13. 朱子彦：《多维视角下的皇权政治》，上海人民出版社2007年版。
14. 王友英：《清前期社会教化研究》，上海人民出版社2009年版。
15. 吴太尚评著：《雍正》，巴蜀书社2004年。

16. 梅朝荣：《大改革家雍正》，武汉大学出版社 2006 年版。
17. 陈捷先：《雍正写真》，浙江文艺出版社 2003 年版。
18. 张研：《原来雍正》，重庆出版社 2006 年版。
19. 纪连海：《说雍正》，上海辞书出版社 2007 年版。
20. 李傲：《睁眼看雍正》，中国华侨出版社 2006 年版。
21. 二月河：《雍正皇帝》，长江文艺出版社 2002 年版。
22. 邓玉娜、张宜：《雍正王朝》，中国青年出版社 2013 年版。
23. 马玉东：《中国治贪第一帝：遥看雍正治贪》，团结出版社 2012 年版。
24. 金恒源：《雍正称帝及其对手》，上海人民出版社 2008 年版。
25. 秦国经、苑洪琪：《紫禁城皇家生活》，时事出版社 2006 年版。
26. 徐广源：《大清皇陵》，海南出版社 2007 年版。
27. 陈晔主编：《多元视野下的清代社会》，黄山书社 2008 年版。
28. 曾小萍：《州县官的银两》，中国人民大学出版社 2005 年。
29. 洪振快：《亚财政：非正式财政与中国历史弈局》，新星出版社 2008 年版。
30. 吴思：《潜规则：中国历史中的真实游戏》，复旦大学出版社 2011 年版。
31. 付松岩：《雍正原理》，复旦大学出版社 2010 年版。
32. 陈锡良：《铁面仁心杨名时》，江苏古籍出版 2002 年版。
33. 牛寨中：《孙嘉淦：山西清朝第一名臣》，山西人民出版社 2010 年版。
34. 李秀梅：《清朝统一准噶尔史实研究》，民族出版社 2007 年版。
35. 慕容似：《伴虎行：年羹尧隆科多伏诛》，山西人民出版社 1997 年版。
36. 季永海等点校：《年羹尧满汉奏折译编》，天津古籍出版社 1995 年版。

37.高阳：《柏台故事》，华夏出版社 2004 年版。

38.萧奭：《永宪录》，中华书局 1959 年版。

39.昭梿：《啸亭杂录》，中华书局 1980 年版。

40.小横香室主人：《清朝野史大观》，中央编译出版社 2009 年版。

后 记

话说"四爷"这几年比较忙,从《甄嬛传》到《步步惊心》,再到《君临天下》,到处都是"四爷"忙碌的身影。回头想想,这电视剧里的"四爷"忙得很,历史上的雍正也不轻松。只可惜,这么勤政的一个人,人们说起"康乾盛世"时——没他的名。

认真说,"康乾盛世"其实是三个人,康熙、雍正与乾隆,要没有雍正在中间承前启后、励精图治的话,这百余年的"盛世"还能不能成立,恐怕是个问题。学者杨启樵即说:"康熙宽大,乾隆疏阔,要不是雍正的整饬,清朝恐早衰亡。"此评价可谓一语中的。

历朝帝王中,雍正大概是最为勤政的一个。其在位十三年,从清查亏空到耗羡归公,从推行养廉银到军机处的设立,从平定青海到改土归流,从密折制度到秘密建储,其所作所为,大刀阔斧,一扫康熙末年的积弊与颓风,由此国库充盈、吏治澄清、老百姓的负担也有所减轻。但吊诡的是,后世之人对此往往视而不见,更津津乐道于雍正的"恶名恶行",诸如"谋父逼母"、"弑兄屠弟"、"抄家皇帝",等等,更有将之比附为江湖武林人士,"血滴子"、"粘杆处"的野史传闻似乎更受欢迎。

比起康熙与乾隆,雍正也确实更有争议并更具传奇色彩,其唯我独尊、专横残忍的严苛之风有时也难免让人喜欢不起来。但如梁启超说的,"誉满天下,未必不为乡愿;谤满天下,未必不为伟人","天下惟庸人无咎无誉"。以此论,雍正的个性与能力决定了他在康、乾之间不仅仅是承前启后而且是不可或缺的。雍正的高度与厚度，决定了乾隆的长度与广度，正因为他给儿子奠定了强盛的根基，这才有了乾隆六十年的繁盛江山。如果雍正能多做十年皇帝，其功业断不会比康熙和乾隆逊色。

本书是"康雍乾"系列的第二本，前一本《夺位战争：康熙和他的儿子们》已于2014年3月出版，后一本《皇城秘史：乾隆和他的妃子们》也即将面世。颇觉欣慰的是，本系列也将在台湾出版发行，届时两岸读者都可一睹为快，这无疑是件好事。

大体而言，本书属于通俗历史而非学术书的范畴，添加一些必要的底注也主要为有兴趣的读者提供线索，扩展阅读。另需指出的是，书中的注释并不完备也未必标准，其中从清实录、《清史稿》等相关文献中检索出的即不加注释（否则未免太繁琐而失去通俗本义）。再有，书中年份通常省去年号也不另标公元纪年，有兴趣的读者可自行参考附录的大事记。

最后，笔者要对山西人民出版社的长期支持表示感谢。因为各种原因，这一稿件耗时较长，交稿一再延误，在此特别感谢编辑李鑫兄的信任与包容。

金满楼
2015年元旦于上海